工程建设理论与实践丛书

公路桥梁隧道设计与施工

GONGLU QIAOLIANG SUIDAO SHEJI YU SHIGONG

颜云阳 郑 苑 程 曦 骆红军 主编

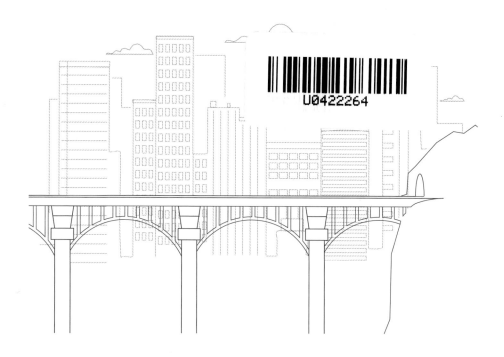

华中科技大学出版社
http://press.hust.edu.cn
中国·武汉

内容简介

本书全面梳理和介绍了公路桥梁隧道的设计与施工要点，内容涵盖公路工程设计、公路工程施工、桥梁工程设计、桥梁工程施工、隧道工程设计、隧道工程施工等多方面，并且结合了典型的工程案例，通过案例分析的方式展示施工操作过程，具有现实指导意义，可供从事公路桥梁隧道工程设计与施工的专业人员参考。

图书在版编目(CIP)数据

公路桥梁隧道设计与施工/颜云阳等主编．－－武汉：华中科技大学出版社，2024.9.
ISBN 978-7-5772-1193-0

Ⅰ.U448.145.1；U459.2

中国国家版本馆 CIP 数据核字第 20242PW572 号

公路桥梁隧道设计与施工　　　　　　　　颜云阳　郑　苑　程　曦　骆红军　主编
Gonglu Qiaoliang Suidao Sheji yu Shigong

策划编辑：周永华	
责任编辑：段亚萍	
封面设计：杨小勤	
责任校对：刘　竣	
责任监印：朱　玢	
出版发行：华中科技大学出版社(中国·武汉)	电话：(027)81321913
武汉市东湖新技术开发区华工科技园	邮编：430223
录　　排：华中科技大学惠友文印中心	
印　　刷：武汉科源印刷设计有限公司	
开　　本：710mm×1000mm　1/16	
印　　张：21.25	
字　　数：382 千字	
版　　次：2024 年 9 月第 1 版第 1 次印刷	
定　　价：98.00 元	

本书若有印装质量问题，请向出版社营销中心调换
全国免费服务热线：400-6679-118　竭诚为您服务
版权所有　侵权必究

编委会

主　编　颜云阳　湖南尚上市政建设开发有限公司
　　　　　郑　苑　广州市城市规划勘测设计研究院
　　　　　　　　　有限公司
　　　　　程　曦　招商局重庆公路工程检测中心有限公司
　　　　　骆红军　湖南省醴娄高速公路建设开发有限公司

副主编　童　潇　湖南尚上市政建设开发有限公司

编　委　史永龙　江苏省交通工程建设局
　　　　　莫志鹏　河南交投郑平高速公路有限公司
　　　　　邱堂堂　中交通力建设股份有限公司
　　　　　陈　辉　保利长大工程有限公司

前　言

随着科技的不断进步与社会的快速发展，公路桥梁隧道作为现代交通体系的重要枢纽，正面临着前所未有的发展机遇和挑战。在过去的几十年里，特别是进入21世纪以来，我国公路桥梁隧道建设取得了举世瞩目的成就，无论是在技术水平、材料革新、施工管理方面还是在设计理念等方面，均有了长足的进步和发展。

公路桥梁隧道的规模日益扩大，结构形式日趋多样。从传统的钢筋混凝土桥梁到现代化的钢桥、斜拉桥、悬索桥等，以及从短隧道到特长高速公路隧道，技术和材料的进步都为工程设计和施工提供了更为广阔的空间。特别是近年来，随着高速公路网的不断完善，公路桥梁隧道的建设更是成为交通基础设施建设的重中之重。

本书旨在全面梳理和介绍公路桥梁隧道的设计与施工要点，并且结合了典型的工程案例，通过案例分析的方式展示施工操作过程。全书共分为7章，分别为绪论、公路工程设计、公路工程施工、桥梁工程设计、桥梁工程施工、隧道工程设计、隧道工程施工，可供从事公路桥梁隧道工程设计与施工的专业人员参考。

本书力求详细、系统地展现公路桥梁隧道设计与施工的全貌，其中大量引用了相关专业文献和资料，在此对相关文献的作者表示感谢。限于编者的理论水平和实践经验，书中难免存在疏漏和不妥之处，恳请广大读者批评指正。

目　　录

第1章　绪论 ···(1)
　1.1　公路基本知识 ···(1)
　1.2　桥梁基本知识 ···(3)
　1.3　隧道基本知识 ···(7)
第2章　公路工程设计 ···(11)
　2.1　公路总体设计 ··(11)
　2.2　公路路线设计 ··(19)
　2.3　公路交叉设计 ··(38)
第3章　公路工程施工 ···(57)
　3.1　路基施工 ···(57)
　3.2　沥青路面施工 ··(78)
　3.3　水泥混凝土路面施工 ··································(94)
　3.4　××高速公路项目标段路基工程施工技术方案 ·············(104)
第4章　桥梁工程设计 ···(119)
　4.1　桥梁设计的基本原则及基本资料 ·················(119)
　4.2　桥梁平、纵、横断面设计 ···························(123)
　4.3　桥梁设计和建设程序 ·································(126)
　4.4　桥梁的设计荷载 ·······································(133)
　4.5　桥面布置与构造 ·······································(140)
第5章　桥梁工程施工 ···(150)
　5.1　桥梁基础施工 ···(150)
　5.2　桥梁下部结构施工 ···································(163)
　5.3　桥梁上部结构施工 ···································(172)
　5.4　桥面工程桥面系及附属工程施工 ················(198)

  5.5 ××高速公路项目标段桥梁工程施工技术方案 …………………(201)

第6章 隧道工程设计 ……………………………………………………(225)
  6.1 隧道勘察 …………………………………………………………(225)
  6.2 隧道选线设计 ……………………………………………………(243)
  6.3 隧道结构构造 ……………………………………………………(260)

第7章 隧道工程施工 ……………………………………………………(275)
  7.1 隧道施工准备 ……………………………………………………(275)
  7.2 隧道施工的方法及选择 …………………………………………(284)
  7.3 隧道开挖与洞口洞身施工技术 …………………………………(290)
  7.4 隧道支护与衬砌 …………………………………………………(301)
  7.5 隧道防排水施工 …………………………………………………(312)
  7.6 隧道辅助施工技术 ………………………………………………(317)

参考文献 ………………………………………………………………………(326)
后记 ……………………………………………………………………………(329)

第1章 绪 论

1.1 公路基本知识

1.1.1 公路分级

公路是布置在大地表面供各种车辆行驶的一种线形带状结构物。它主要承受汽车荷载重复作用和经受各种自然因素的长期影响。因此,公路不仅要有平顺的线形、和缓的纵坡,而且要有坚实稳定的路基、平整和防滑性能好的路面、牢固耐用的人工构造物以及不可缺少的附属工程和设施。

《公路工程技术标准》(JTG B01—2014)规定,公路分为高速公路、一级公路、二级公路、三级公路及四级公路等五个技术等级。

(1)高速公路为专供汽车分方向、分车道行驶,全部控制出入的多车道公路。高速公路的年平均日设计交通量宜在15000辆小客车以上。

(2)一级公路为供汽车分方向、分车道行驶,可根据需要控制出入的多车道公路。一级公路的年平均日设计交通量宜在15000辆小客车以上。

(3)二级公路为供汽车行驶的双车道公路。二级公路的年平均日设计交通量宜为5000~15000辆小客车。

(4)三级公路为供汽车、非汽车交通混合行驶的双车道公路。三级公路的年平均日设计交通量宜为2000~6000辆小客车。

(5)四级公路为供汽车、非汽车交通混合行驶的双车道或单车道公路。双车道四级公路年平均日设计交通量宜在2000辆小客车以下;单车道四级公路年平均日设计交通量宜在400辆小客车以下。

1.1.2 公路的基本组成部分

公路由路基、路面、排水结构物和隧道等基本部分组成,此外,还有路线交叉、防护工程和沿线设施等。

1. 路基

路基，是路面的基础，是按照预定路线的平面位置和设计高程在原地面上开挖和填成一定断面形式的线形人工土石构造物。路基作为行车部分的基础，设计时必须保证行车部分的稳定性，并防止水分及其他自然因素对路基本身的侵蚀和损害。因此，它既要有足够的力学强度和稳定性，又要经济合理。路基通常由路肩、边坡、边沟等部分组成，并为路面提供基础。

2. 路面

路面，是供汽车安全、迅速、经济、舒适行驶的公路表面部分，它是用各种不同的坚硬材料铺筑于路基顶面的单层或多层结构物，其目的是加固行车部分，使之具有足够的强度和良好的稳定性，以及表面平整、抗滑和无尘。

路面是道路上最重要的建筑物，行车的安全、舒适和经济均取决于路面的质量，因此经常以路面的质量来判断整条公路的质量。

3. 排水结构物

一条较长的路线常常需要跨越不同的水流，故需要修建桥梁和涵洞。桥涵，是公路跨越河流、山谷等障碍物而架设的结构物。桥梁应满足安全、经济、适用、美观的要求。公路上常用的桥涵一般用钢筋混凝土、块石、钢材等材料建造而成。涵洞是指在公路工程建设中，为了使公路顺利通过水渠不妨碍交通，设于路基下修筑于路面以下的排水孔道（过水通道），通过这种结构可以让水从公路的下面流过。

除桥梁和涵洞外，当公路所跨越的水流流量不大时，可以使水流以渗透的方式通过石块砌成的路堤，这种结构称为渗水路堤。周期性的水流有时也容许从行车部分表面流过，这种行车部分称为过水路面。当水流需从公路上方跨过时，可设置渡水槽。当公路跨越较大的水面，而交通量又较小时，为了节省投资，避免建造桥梁，可以采用渡船或浮桥。路线上地面水可用边沟、截水沟、排水沟及急流槽等设施排除（地面排水系统）；当地下水的影响严重时，可以采用暗沟、渗沟、渗井等设施进行排除（地下排水系统）。

4. 隧道

在山区修筑公路时，常常会遇到山岭。若用盘山公路绕过山脊，必须采用展线的方法。在展线的公路线路上,当上爬的地势高、里程较长、坡度较陡、线形曲折迂回时,技术标准很难提高;如果在山岭的腰部,选择一处高度适中、地形合适的地方,打通一条山洞把山岭两侧的公路连接起来,就可以得到一条捷径,也避免了公路因展线所带来的技术标准低的缺点,这类山洞便是公路隧道。

虽然隧道的修建在施工技术上较复杂,工程造价也可能比一般的石方路面要高一些,但是它提高了公路的技术等级和行车效率,降低了运输成本,这是任何展线线形方案都无法与之相比的。

5. 防护工程与路线交叉

为保证路基的强度和稳定性,特别是在不利的水文、地质条件下,为了维持正常的汽车运输,确保行车安全,以及保持公路与自然环境相协调,必须对路基进行防护和加固。此举措除了可保证公路的使用品质外,更主要的是对提高投资效益具有重要的意义。

公路与公路、公路与铁路以及公路与其他道路或管线交叉,除管线必须采用立体交叉外,公路与公路或其他道路相交既可采用平面交叉也可采用立体交叉,这就是路线交叉。

6. 公路沿线设施

在公路上,除了上述各种基本组成结构外,为了保证行车安全、提升行驶舒适度及美化环境,还需要设置交通安全设施、交通管理设施、防护设施、服务性设施、公路养护管理房屋以及绿化等公路沿线设施。

1.2 桥梁基本知识

1.2.1 桥梁定义

桥梁是指架设在江河湖海上,使车辆、行人等能顺利通行的建筑物。它的主要作用是供公路、铁路、渠道、管线和人群跨越江河、山谷或其他障碍物,它是交通线的重要组成部分,是公路中的关键工程。

桥梁是道路路线需要穿过江河湖泊、山谷深沟以及其他线路(公路或铁路)等障碍时,人们为了保证道路的连续性并充分发挥其正常的运输能力而修建的结构物。因此可以说桥梁是跨越障碍物的最重要结构,桥梁是路线的"延续",主要起着跨越、承载、传力的作用。桥梁工程在学科分类上是土木工程中的一个分支,它在交通工程中发挥着关键性的枢纽作用。

1.2.2　桥梁的组成与分类

1. 桥梁的基本组成

桥梁一般由上部结构、下部结构、支座和附属设施等几部分组成。

上部结构:线路中断时跨越障碍的主要承重结构,是桥梁支座以上(无铰拱起拱线或钢架主梁底线以上)跨越桥孔的总称;跨越幅度越大,上部结构的构造也就越复杂,施工难度也相应增加。

下部结构:包括桥墩、桥台和基础。桥墩和桥台是支撑上部结构并将其传来的恒载和车辆等活载再传至基础的结构物。设置在桥跨中间部分的称为桥墩,设置在桥跨两端与路堤相衔接的部分称为桥台。除了上述作用外,桥台还具有抵御路堤的土压力及防止路堤滑塌等作用。桥墩和桥台底部的奠基部分,称为基础。基础承担了从桥墩和桥台传来的全部荷载,这些荷载包括竖向荷载,以及地震力、船舶撞击墩身而引起的水平荷载。由于基础往往深埋于水下地基中,因此基础是桥梁施工中难度较大的一个部分,也是确保桥梁安全的关键。

支座:设在墩(台)顶,用于支撑上部结构的传力装置,它不仅要传递很大的荷载,还要保证上部结构按设计要求能产生一定的变位。

附属设施:包括桥面系、伸缩缝、桥梁与路堤衔接处的桥头搭板和锥形护坡等。

2. 桥梁的分类

目前桥梁的种类繁多,它们都是在长期的生产活动中通过反复实践和不断总结发展起来的。按照桥梁的受力、用途、材料和规模等区别,有不同的桥梁分类方法,以下分别加以介绍。

(1)按桥梁的受力体系分类。

①梁式桥。

梁式桥(梁桥)是一种在竖向荷载作用下无水平反力的桥梁。由于外力(恒载和活载)的作用方向与桥梁结构的轴线接近垂直,故与同样跨径的其他结构体系相比,梁桥内产生的弯矩最大,通常需用抗弯、抗拉能力强的材料(如钢、钢筋混凝土等)来建造。

对于中、小跨径的公路桥梁,目前应用最广泛的是标准跨径钢筋混凝土或预应力混凝土装配式简支梁(板)桥。这种梁桥结构简单、施工方便,且对地基承载力的要求也不高。钢筋混凝土简支梁桥的跨径一般要小于25 m。当跨径较大时,应采用预应力混凝土,但即便如此,其跨径一般也不宜超过50 m。

为了改善受力条件和使用性能,当地质条件较好时,中、小跨径梁桥均可修建连续梁桥。对于大跨径和特大跨径的梁桥,可采用预应力混凝土、钢和钢-混凝土组合梁桥。

②拱式桥。

拱式桥(拱桥)的主要承重结构是主拱圈或拱肋。在竖向荷载作用下,桥墩和桥台将承受水平推力。同时,墩台向拱圈或拱肋提供水平反力,这将大大抵消在拱圈或拱肋中由荷载引起的弯矩。因此,与同跨径的梁式桥相比,拱桥的弯矩、剪力和变形要小得多。拱圈或拱肋以受压为主。拱桥对墩台有水平推力,其承重结构以受压为主,这是拱桥的主要受力特点。因此,通常可采用抗压能力强的圬工材料(如砖、石、混凝土等)和钢筋混凝土来建筑拱桥。

同时应注意,由于拱桥往往有较大的水平推力,为了确保拱桥的安全,下部结构(特别是桥台)和地基必须具备承受很大水平推力的能力。一般应选择地质条件较好的地域修建拱桥。

在地质条件不适合修建承受强大推力的拱桥的情况下,也可采用无水平推力的系杆拱桥,其水平推力由系杆承受,系杆可由预应力混凝土、钢等制作。另外,也可修建近年发展起来的水平推力很小的"飞鸟式"三跨自锚式系杆拱桥,即在边跨的两端施加强大的预加力传至拱脚,以抵消主跨拱脚巨大的恒载水平推力。

拱桥不仅跨越能力强,而且外形较美观,在条件允许的情况下,修建拱桥往往是较为经济合理的。按照行车道处于主拱圈的不同位置,拱桥可分为三种,即上承式、中承式和下承式。

③悬索桥。

传统的悬索桥(也称吊桥)均采用悬挂在两边塔架上的强大缆索作为主要的承重结构。悬索桥的承重结构包括主缆、塔柱、加劲梁、锚碇及吊杆。在竖向荷载作用下,通过吊杆使主缆承受巨大的拉力。主缆悬跨在两边塔柱上,锚固于两端的锚碇结构中,由锚碇承受主缆传来的巨大拉力,这就需要在两岸桥台的后方修筑巨大的锚碇结构。悬索桥也是具有水平反力(拉力)的结构。现代悬索桥的主缆用高强度的钢丝编制而成,以充分发挥其优良的抗拉性能。

相对于其他体系的桥梁而言,悬索桥自重轻,结构的刚度较小,属于柔性结构,是目前跨越能力最强的桥型。但在车辆荷载和风荷载的作用下,悬索桥将产生较大的变形和振动。

④刚架桥。

刚架桥的主要承重结构是梁(或板)和立柱(或竖墙体)结合在一起的钢架结构,梁和柱的连接处具有很大的刚性。在竖向荷载作用下,主梁端部产生负弯矩,柱脚处产生水平反力。

刚架桥的跨中建筑高度可做得较小,因此通常适用于需要较大的桥下净空和建筑高度受到限制的情况,如跨线桥、立交桥和高架桥等。刚架桥在竖向荷载的作用下,一般都会产生水平推力。为此,必须有良好的地基条件或用较深的基础(如桩基础、沉井基础等),也可用特殊的构造措施来抵抗水平推力的作用。另外,刚架桥大多数为超静定结构,故在混凝土收缩、徐变、温度变化、墩台不均匀沉陷和预应力等因素的作用下,刚架桥均会产生较大的附加内力,应在设计和施工中予以注意。

除了门式刚架桥外,还有T形刚架桥、连续刚构桥和斜腿刚架桥。大跨径的刚架桥一般要承受正负弯矩的交替作用,主梁横截面宜采用箱形截面。

⑤斜拉桥。

斜拉桥是将主梁用许多拉索直接拉在桥塔上的一种桥梁,是由承压的塔、受拉的索和承弯的梁体组合起来的一种结构体系。其可看作拉索代替支墩的多跨弹性支撑连续梁,这种结构体系可使梁体内弯矩减小,降低建筑高度,减轻结构重量,节省材料。

斜拉桥主要由塔柱、主梁、斜拉索组成,斜拉桥实际上是梁式桥与吊桥的组合形式。

斜拉桥的主要受力特点是:斜拉索受拉力,它将主梁多点吊起(类似吊桥),将主梁的恒载和车辆等其他荷载传至塔柱,再通过塔柱传至基础和地基。塔柱以受压为主。由于被斜拉索吊起,主梁内的弯矩较一般梁式桥大大减小,这也是斜拉桥具有较大跨越能力的主要原因。主梁受到斜拉索水平力的作用,因此为压弯构件。

斜拉桥的塔柱、斜拉索和主梁在纵向面内形成了稳定的三角形,因此斜拉桥的结构刚度较悬索桥大,其抗风稳定性较悬索桥好。在目前所有的桥型中,斜拉桥的跨越能力仅次于悬索桥。当斜拉桥的跨度很大时,悬臂施工的斜拉桥会因主梁悬臂过长,承受斜拉索传来的水平压力过大,因而风险较大,塔柱也过高,外侧斜拉索过长,这也是斜拉桥跨越能力不能与悬索桥相比的主要原因。

(2)桥梁的其他分类。

桥梁除了可以按受力特点分类外,还可以按桥梁的用途、大小规模、建桥的材料等进行分类。

①按用途来划分,桥梁可分为公路桥、铁路桥、公铁两用桥、人行桥、水运桥(或渡桥)和管线桥等。

②按桥梁总长和跨径的不同来划分,桥梁可分为特大桥、大桥、中桥、小桥和涵洞。

③按主要承重结构采用的材料来划分,桥梁可分为钢筋混凝土桥、预应力混凝土桥、圬工桥、钢桥、钢-混凝土组合桥和木桥等。木材易腐,而且资源有限,因此除了少数临时性桥梁外,一般不采用木材作为主要承重结构。

④按跨越障碍的性质来划分,桥梁可分为跨河桥、跨线桥(立体交叉)、高架桥和栈桥。高架桥一般指跨越深沟峡谷以代替高路堤的桥梁,以及在城市中跨越道路的桥梁。

⑤按上部结构的行车道位置来划分,桥梁可分为上承式桥、中承式桥和下承式桥。桥面布置在主要承重结构上的称为上承式桥;桥面布置在承重结构之下的称为下承式桥;桥面布置在桥跨结构高度中间的称为中承式桥。

1.3 隧道基本知识

1.3.1 基本概念

1. 公路隧道定义

公路隧道是指供汽车、非机动车和行人通行的地下通道,一般分为汽车专用隧道和汽车、非机动车与行人共同通行的隧道。

2. 修建公路隧道的目的

修建公路隧道的目的有:克服山体、河流、建筑物及市政设施等障碍,缩短行车里程、提高交通便捷性、改善行车条件;利用地下空间、节省建设用地、减少生态破坏、保护自然环境;避免公路出现高边坡,防止碎落、崩塌、滑坡、泥石流、冰雪危害等,保证道路通行安全。

3. 公路隧道的基本组成

公路隧道包括洞身和洞门。隧道洞身一般埋于地下,置于地层包围之中。根据隧道所在道路等级和长度的不同,一些隧道内还设有人行横通道、车行横通道、紧急停车带、风道、斜井或竖井、地下风机房、平行通道、避难洞室等辅助洞室。高速公路、一级公路隧道一般是双洞布置,单向行车,也有半幅路基、半幅隧道布置方式;二级及二级以下公路的隧道通常是单洞双向行车。特长隧道一般设有辅助救援平行通道。

山岭公路隧道洞身由围岩、喷锚衬砌(初期支护)、模筑混凝土衬砌(二次衬砌)、仰拱衬砌、仰拱填充、防水层、排水盲管、深埋水沟、路侧边沟、路面结构、电缆沟及盖板等组成。

隧道内还须配备照明、通风、监控、交通标志、防火、防灾、救援等设施。

1.3.2 隧道分类

公路隧道可按长度、跨度或车道数、布置方式、隧道所处位置、修建方式、开挖掘进方式、横断面结构形状、埋置深度等进行分类。

1. 按隧道长度分类

我国现行《公路隧道设计规范 第一册 土建工程》(JTG 3370.1—2018)规定,公路隧道按长度分为特长隧道、长隧道、中隧道和短隧道四类,见表1.1。

表1.1 公路隧道按长度分类

分类	长度L/m
特长隧道	$L>3000$
长隧道	$1000<L\leqslant3000$
中隧道	$500<L\leqslant1000$
短隧道	$L\leqslant500$

2. 按隧道跨度或车道数分类

(1)一般跨度隧道:指单洞两车道隧道,隧道净宽为9.0~12.5 m;隧道内路面设硬路肩时,净宽可达14.5 m。

(2)中等跨度隧道:指单洞三车道隧道,隧道净宽为14.5～16.0 m。

(3)大跨度隧道:指单洞四车道及以上隧道,隧道净宽不小于18.0 m。

3. 按隧道所处位置分类

(1)山岭隧道:指穿越山体的隧道。

(2)城市隧道:指在城镇市区,为克服山体、建筑物、市政道路及市政设施障碍而修建的隧道。

(3)水下隧道:指为下穿地表水体(江河、海洋、湖泊)而修建的隧道。

4. 按隧道布置方式分类

(1)分离式隧道:指两洞并行布置,且相互不产生有害影响的隧道。

(2)小净距隧道:指并行布置的两隧道间距较小、两洞结构彼此产生有害影响的隧道。

(3)连拱隧道:指并行的两拱形隧道之间无中夹岩柱、隧道的人工结构连接在一起的隧道。

(4)分岔隧道:指由单洞大跨隧道,经连拱隧道、小净距隧道逐渐过渡到分离式隧道的,或由连拱隧道,经小净距隧道逐渐过渡到分离式隧道的隧道。分岔隧道一般出现在隧道洞口和地下立交匝道与主洞分离的局部地段。

(5)交叠隧道:指上下两层隧道相互交叉、重叠,距离较近,并相互影响的隧道,一般出现在地下立交匝道隧道下穿和上跨主线隧道中。

5. 按隧道修建方式分类

(1)明挖隧道:指采用明挖法修建的隧道,即先将地面挖开,在露天情况下修筑隧道结构,再回填土石覆盖的隧道,也称明洞。

(2)暗挖隧道:指在地下先开挖形成空间,然后按需要修筑衬砌结构的隧道。

(3)沉管隧道:指在岸边将隧道预制成若干管段,通过浮运的方式把预制管节运至指定位置,沉放安装在已疏浚好的基槽内,并将管节拼连起来形成的隧道。

6. 按隧道开挖掘进方式分类

(1)钻爆法(或称矿山法)隧道:指在地层中通过人工、机械挖掘或爆破方式开挖形成地下空间,随后按需要修筑衬砌而形成的隧道。少数低等级公路中的隧道,围岩自身稳定,没有衬砌。

(2)掘进机法隧道:指利用隧道掘进机进行机械破碎岩石、出碴和支护连续作业修筑的隧道,是采用挖掘、出碴、支护联动机械施工的方法(或称TBM法)修筑而成,常用于岩石地层中,隧道断面一般为圆形。

(3)盾构法隧道:指采用盾构机一边进行前部掘进,控制围岩及掌子面不发生坍塌,一边进行出碴,并在机内拼装管片衬砌修建的隧道,常用于土质地层和软岩地层中,隧道采用预制拼装衬砌,一般为圆形。

(4)破碎机法隧道:指采用岩石破碎机进行开挖的隧道,一般是采用单臂球形钻头对岩体进行挖掘,可用于岩石或土质隧道开挖。

7. 按隧道横断面结构形状分类

(1)拱形隧道:指断面上部为拱形、边墙为直墙或曲墙(也称马蹄形结构)的隧道。根据边墙情况,又可分为直墙拱形结构、曲墙拱形结构和半圆拱形结构。拱形衬砌结构是我国公路隧道采用最多的结构形式。一般钻爆法修建的隧道、明挖隧道等大多采用这种形式。

(2)矩形隧道:指断面为矩形的隧道。沉管法修建的隧道,下穿地面构筑物、隧道拱顶高度受到限制的明挖隧道,一般采用矩形断面。

(3)圆形隧道:指断面为圆形的隧道。采用盾构法、隧道掘进机法修建的隧道,开挖形成的断面一般为圆形,采用圆形衬砌结构。

8. 按隧道埋深分类

隧道按埋置深度,可分为深埋隧道和浅埋隧道。隧道埋置深度是指隧道拱顶结构外缘至地表的垂直覆盖层厚度(上覆盖层厚度)。隧道属深埋还是浅埋没有统一的划分标准,它与隧道跨度、围岩条件和周边环境有关,以隧道开挖后围岩是否能成洞为判定条件。围岩条件好时,上覆盖层厚度较小也能成洞;围岩条件差时,上覆盖层厚度较大才能成洞。通常在Ⅲ、Ⅳ级围岩中,隧道上覆盖层厚度小于开挖跨度的2~2.5倍时可判断为浅埋隧道,大于2~2.5倍时可判断为深埋隧道。浅埋隧道一般出现在隧道洞口段。

第2章 公路工程设计

2.1 公路总体设计

2.1.1 公路总体设计的原则、考虑因素及要点

公路总体设计主要是为了保障行车安全、提高公路交通服务质量,需要处理好公路工程与外部环境的关系,协调好路线与路基、路面、桥涵、隧道等各个专业之间的关系,从而合理确定建设规模、技术标准及整体设计方案等。

1. 公路总体设计的原则

(1)应坚持"全寿命周期"的原则。公路工程的寿命周期主要是指公路的设计、施工、运营三个阶段。尤其在设计阶段应统筹考虑项目的建设规模、实施难度、施工方案可能产生的代价。在运营阶段的经济费用分析可以参考工程可行性研究中的经济评价方式,从降低运营成本效益、旅客节约时间效益、减少交通事故的效益三方面进行量化效益分析;同时,可以通过固定资产投资、日常养护及管理费用、大修工程费用三方面进行量化成本分析。

(2)应坚持"安全、节约、耐久、和谐"的原则。公路的第一要求就是保证行车安全,首先应将公路设计的路线、路基、路面、桥涵、隧道、交叉等各专业对行车安全的影响分析放在总体设计的第一位。其次是处理好公路与环境的关系。

另外,由于我国人均资源相对较少,从"可持续发展"角度分析必须提出"节约"的总体设计原则;"耐久"是从公路自身的经济性、安全性角度出发,要求结构物必须有一定的耐久性;"和谐"则是从公路建设的社会影响角度分析,必须尽量维护大多数人的利益。因此,在总体设计中,公路的各专业设计须始终坚持以上理念,才能够发挥公路最大的社会效益和经济效益。

(3)应坚持"系统化"的设计方法。公路设计、施工过程中涉及的影响因素较多,各影响因素有的在逻辑上有相关性,有的则相对独立,应分析、确定影响公路总体设计的主要因素,从而把握公路设计中的重点和难点。系统化的总体设计

应贯穿公路勘察设计的各个阶段,并根据每个阶段应完成的工作内容,从宏观到微观、从整体到局部进行细化、分析,针对具体项目采取逻辑分析的方法进行制约因素的分析,找出总体设计中的所有约束关系,确定公路设计中的重点和难点,从而梳理出总体设计中各影响因素之间的关系。

2. 公路总体设计考虑的因素

(1)根据路线在路网中的位置、功能,综合考虑路线走廊带范围内的远期社会发展及经济发展,城市、工矿企业的现状与远期规划,铁路、水路、航空、管道的布局及自然资源状况等,确定项目起讫点、主要控制点及与之平行、交叉等项目的衔接关系。

(2)合理确定建设规模,科学选取技术标准,合理运用技术指标,精心做好路线设计,必要时宜进行安全性评价,以保障行车安全。注意地区特性与差异,结合地方特色,做好"畅、安、舒、美"等绿化环保设施。因条件受限制而采用下限技术指标或对线形组合设计有难度的路段,应采用运行速度进行检验,并采取相应的技术对策。

(3)应在调查路线走廊带的自然环境、地形、地质情况等条件的基础上,认真研究路线方案,并结合工程建设项目与铁路、水路、管道及生态环境、自然资源的关系,采取工程防护与生态防护相结合的技术措施,减少对生态的影响,加大恢复力度,最大限度地保护环境。

(4)协调好公路与综合运输体系、农田和水利建设、城市规划等的关系,充分利用现有资源,切实保护耕地,使走廊带的自然资源得以充分利用,公路建设得以可持续发展。

(5)总体设计还应协调好公路工程各专业之间,以及公路工程与相邻行业和社会公众之间的关系,其采用的指标、措施等应符合相关法律法规、规范、标准的要求。其建设规模、设计思路、构造物的设置等,应听取社会公众的意见。

3. 公路总体设计的要点

(1)路线起点、终点应符合路网规划要求。确定路线起点、终点位置时,须为后续项目预留一定长度的接线方案。

(2)根据公路的服务功能、设计交通量、沿线地形与自然条件等,论证并确定公路等级、设计速度及设计路段。合理选择不同设计路段的衔接位置,并处理好衔接处的过渡及其前后一定长度范围内的线形设计。

(3)由路网至走廊带、由走廊带至路线沿线查明工程地质概况、气象水文情况,地震烈度、重大自然灾害、地质病害的分布范围、状态及其对工程的影响程度,论证并确定穿越、绕避或病害整治的方案与对策。

(4)高速公路、一级公路应根据设计交通量论证并确定车道数;具有集散功能的一级公路、二级公路应根据混合交通量及其交通组成论证设置爬坡车道的条件,并确定其设置位置、过渡方式、横断面形式与宽度。

(5)高速公路、一级公路在一般情况下宜采用整体式路基;位于丘陵、山区时,应结合地形、地质条件及桥梁、隧道的布设条件等,论证采用分离式路基或错台式路基。

(6)路线设计应合理确定路堤高度,减少对沿线生态环境的影响,并做好防护、排水、取土、弃土等设计,防止水土流失,保护环境,使公路工程建设融入自然。当出现高填、深挖时,应同桥梁、隧道方案进行比选论证。

(7)厘清作为控制点的学校、医院、工矿企业等与路线的关系,合理确定紧靠或绕避方案;合理确定特大桥、特长隧道等与路基的连接位置和连接方式。

(8)综合拟订互通式立体交叉、收费站、服务区、停车区、公共汽车停靠站等重要设施的位置、规模、交叉形式及间距,以满足安全、服务功能所需的合理距离。厘清公路与铁路、其他公路、管道交叉的形式,合理确定立体交叉形式及平面交叉方式,同时做好安全通道等保畅措施。

(9)确定交通工程及沿线设施的建设规模与技术标准。

(10)根据沿线自然环境确定路线沿线的边坡防护形式及环境保护措施。

(11)调查沿线自然条件,确定须改移的既有道路、沟渠,合理选取改移方案。

(12)调查沿线自然条件及地质情况,确定沿线施工便道,施工用水、用电,砂石料,主材等情况,合理确定筑路材料来源及运输条件。

(13)根据项目建设规模,合理确定施工工期及进度计划。

2.1.2　公路总体设计的内容及要求

1. 公路总体设计的内容

公路总体设计的内容主要包括项目概况、项目的建设条件、项目的总体设计原则、路线、路基路面及排水工程、桥涵工程、隧道工程、路线交叉、交通工程及沿线设施、环境保护工程、渡口码头及其他工程、沿线筑路材料、施工方案、初步设计概算(施工图设计预算)等。另外,根据地方特色,可加入"畅、安、舒、美"设计、安全性评价等。

2. 公路总体设计的要求

(1)概述。

①项目的背景。介绍项目在路网中的重要作用,从通行能力、服务水平及有利于当地人民群众的生产生活方面凸显其迫切性。

②任务依据。相关的勘察设计合同,工程可行性研究报告,工程可行性研究报告的批复(施工图阶段应增加初步设计的批复),工程建设标准强制性条文,公路工程技术标准、规范、规程,以及现行有关法律、法规等。

③设计标准。根据工程可行性研究报告的研究结论,结合项目所处的自然环境和资金筹措情况,以及项目在路网中的地位与作用、预测的远景交通量等,确定公路建设标准、设计速度、路基宽度等。

④测设经过。根据"勘察设计合同书"要求,研究工程可行性路线走廊带,在1:10 000的地形图上确定路线走向,进行平面控制网及高程控制网的布设及1:2000地形图的测绘,组织路线、桥涵、地质、测绘等专业技术人员进行现场实地踏勘,并根据现场实地踏勘收集有关资料。根据初步测量深度要求及部颁现行勘察规范,进行控制测量、外业勘察和资料收集工作,并对沿线老路、桥梁、高压电线、输油管线、光缆及电杆、房屋、学校、厂矿等构造物进行准确调绘,以便规避利用。对所拟订的路线方案实地施放控制桩,全面进行桥涵、隧道、路线交叉、工程地质、路基路面、征地拆迁、电力电信、沿线筑路材料的勘察和调查。在进行测量的同时,各专业组进行全面的基础资料收集工作,收集沿线有关城镇、水利、电力和通信、路网规划与水文气象资料。路线地质勘查应同时进行,并开始实地勘探工作。

⑤路线走向、主要控制点及建设规模。介绍路线的起点、主要控制点、桥梁、隧道、终点的情况及路线总长等。

⑥对工程可行性研究报告批复的执行情况(施工图阶段为初步设计的批复执行情况)。根据工程可行性研究报告批复文件,对工程可行性方案的设计标准、建设规模及路线走向做进一步分析和论证,并对工程可行性批复的建设规模、技术标准、投资估算等进行逐条回复。

⑦对外业验收会议纪要的执行情况。根据外业验收会议纪要,针对外业验

收对设计方案的推荐线与比较线的选取、与地方规划的协调情况,以及桥梁、隧道的设置情况等意见进行逐条回复。

(2)建设条件。

①项目区域城镇现状布局、规划与拟建项目的关系。介绍项目与区、县、市、省路网的关系,突出项目的重要性,结合当地矿产资源、旅游资源等,体现项目对地方经济更好、更快发展及为人们的日常出行带来的积极现实影响。

②沿线自然地理条件。介绍项目所处地理位置、区域内气象与水文状况,以及当地地形地貌、地层岩性、地质构造、地震、水文地质等对公路建设的影响。

③沿线环境敏感区(点)重要设施的分布。介绍项目沿线的敏感区,如房屋、学校、电力、通信设施等对项目的影响,并采取相应措施减少干扰。

④社会条件。介绍项目是新建还是改、扩建工程,是否满足当地经济发展、资源开发与沿线群众出行的需求;当地政府及沿线所经主要城镇的地方政府是否迫切希望等。

⑤交通条件。介绍项目所在区域路网情况、交通条件是否满足要求。

(3)总体设计的原则。

①设计理念。根据项目所处地形条件,结合项目资金筹措情况,深入贯彻科学发展观,贯彻"安全、耐久、节约、和谐"的设计理念进行勘察设计。充分结合项目区域的实际情况,全面体现"综合交通、智慧交通、绿色交通、平安交通"的发展要求,在地形、地质选线的基础上,强调安全和环境保护,加强公路沿线绿化及景观设计工作,建设"畅、安、舒、美"的公路工程。

②安全设计措施。介绍项目沿线为确保边坡稳定和行车安全采取的防护措施、交通安全措施等。

③公路一般路段与特殊路段的横断面布置方案的设置情况。介绍项目路基横断面的布置情况。

④全线土石方情况,取土、弃土方案。介绍项目挖方、填方、借方、弃方及取土坑、弃土场的设置情况。

⑤占用土地情况。介绍项目的临时征地和永久征地情况。

⑥下阶段施工图设计需深入解决的问题。介绍项目在下阶段施工图设计时需业主、地方政府解决的难题。

(4)路线。

①路线设计原则。介绍路线设计时主要考虑的设计理念、技术指标、改造措施、保畅方法,对沿线城镇、地形、地物、地质条件、桥位、平面交叉位置,以及地方

道路规划和水利设施、环境保护等方面的统筹兼顾措施。在工程可行性研究报告的基础上具体布设路线方案时,综合考虑路线平、纵、横关系,妥善处理桥梁、路基和自然环境的协调,不遗漏任何一个可选方案。

②路线布设及主要技术指标的采用情况。介绍路线设计时采用的技术指标情况。

③路线方案比选论证。介绍路线拟订的备选方案情况,即比较线的方案。

④安全设施。介绍安全设施采用的设计标准及依据、标线设置的原则和内容、标志设置的原则和内容、护栏设置的原则和形式等。

(5)路基路面及排水。

①路基路面及排水设计依据、原则。介绍公路设计时一般路基的设计原则及路基横断面加宽、超高方案。设计时尽可能减少对原有地形地貌的破坏,应根据不同地形、地质条件,采用合理的边坡形式和支挡结构;尽量在维持路基稳定的前提下,减少公路对环境的影响;路基防护结合工程地质条件采用工程防护和植物防护相结合的原则,确保路基稳定并与生态环境相协调;路面设计应遵循因地制宜、合理选材、方便施工、利于养护的原则;路基排水结合沿线路线、桥涵设计,在充分调查沿线水文、排灌系统的基础上综合考虑;排水沟通过桥涵构造物与沿线排涝渠或天然沟渠衔接形成完整的排水系统。

②填方路基。介绍路基设计时填方路基的各种处理措施。

③挖方路基。介绍路基设计时挖方路基采取的不同开挖方式。

④陡坡路堤设计。介绍路基设计时陡坡路堤的设计方法和采取的支挡措施。

⑤路基压实度标准。介绍路基设计时路基压实度的技术标准。

⑥路基防护设计。介绍路基设计时路基防护工程的设计思路,结合沿线地形、地貌和地质、水文状况分段采取不同的防护措施。

⑦特殊路基设计。介绍对沿线存在的不良地质及特殊性岩土的路段,采取避让、跨越的方式,或选择安全可靠、经济合理的处置措施,对不同的不良地质及病害采取不同的工程措施。

⑧路面设计。路面设计根据交通量及车辆组成类别的使用要求,结合当地气候、水文、土质等自然条件,遵循因地制宜、合理选材、方便施工、利于养护、节约投资的原则,进行路面结构方案的技术比较,从而选出技术先进、经济合理、安

全可靠、有利于机械化及工厂施工的路面结构方案。

⑨排水设计。路基路面排水系统的设计的好坏,对是否能维持路基路面结构的稳定性和耐久性,保证项目在其使用期内的使用性能,具有相当重要的意义。排水设计主要介绍各排水设施设置的路段及尺寸,对有特殊要求的路段应根据洪水频率、降雨量来确定边沟尺寸。

(6)桥梁、涵洞。

①设计原则。桥涵总体原则上不降低原有河道、沟渠功能,尽量不破坏原有水系和排灌网络,满足水利配套和农灌的需要;桥位选择原则上结合桥位所处水文、地形、地质、农田水利等条件,分桥孔兼跨地方道路、河流,尽量注意桥路配合,与景观协调;涵洞按沿线路基、路面排水及农业灌溉的需要,结合地形综合考虑,原有涵洞不满足荷载要求的均应拆除重新修建;通道兼作涵洞时,应根据地形、通行等实际情况,灵活掌握净空标准;在满足桥梁使用功能的前提下,力求造型美观、布局合理,并使桥梁与周围景观相协调,充分体现"安全、经济、实用、美观"的原则。

②桥涵主要设计标准。介绍项目桥梁、涵洞的设置情况、设计洪水频率、抗震设防烈度、结构形式等。

③桥梁抗震设计情况。根据《中国地震动参数区划图》(GB 18306—2015),确定项目区域的稳定状态,并采取相应的抗震设计。

④桥梁耐久性设计及措施。介绍项目所处环境类别、桥梁混凝土设计时的控制指标和钢筋采用的型号等。

⑤沿线水系及水文概况、特征,农田水利设施与桥涵设置位置及孔径选择关系。介绍路线走廊带内大型地表水流、小型的泉点、山塘及雨源型溪沟,沿线的农田水利设施、天然河沟分布情况,以及其与桥涵设置的关系。

(7)隧道。

介绍设置的隧道位置、长度,隧道所处区域的地层岩性、地质构造与地震烈度、岩土构成、水文地质情况。

(8)路线交叉。

介绍项目路线交叉的设置原则,以及设置互通式立体交叉、平面交叉、管线交叉的位置。

(9)交通工程及沿线设施。

交通工程及沿线设施按照"保障安全、提供服务、利于管理"的原则进行设计,介绍交通工程设置的形式、位置、数量及占地规模。

(10)环境保护。

以"安全、实用、经济、美观"为宗旨,以"绿化、美化、彩化"为目标,贯彻"不破坏就是最大的保护"的理念,倡导尊重自然、爱护自然、与自然和谐相处的环境伦理精神。在植物的选择上遵循"乡土树种为主、适地适树"的原则,既要提高公路绿化的档次,又要考虑总造价的平衡,力求做到低投入、高效果,创造出最佳、最美的公路景观。

介绍环境保护的设计依据、设计方案、对社会环境的影响、对生态环境的影响及其对策、环境污染及防治措施、路基环境保护设计内容、桥梁的景观设计等。

(11)其他工程。

介绍项目的改移道路、改移河道等情况。

(12)沿线筑路材料。

介绍路线沿线砂、石料的开采情况,项目所需的沥青、木材、钢材和水泥等主材来源与运输条件,以及路线沿线施工、生活用水、用电情况,通信条件等。

(13)施工方案。

介绍整体施工方案及控制性工程的施工要点、施工便道布设情况、设计方案及施工工期等。

(14)初步设计概算(施工图阶段为施工图预算)。

介绍编制范围、编制依据及人工单价、主要材料价格、机械台班单价、分部分项工程费及措施费、利润、税金,设备、工器具与家具购置费,公路用地及青苗补偿费和拆迁安置补助费,建设单位管理费、工程监理费、设计文件审查费、竣(交)工验收试验检测费及专项评估费等。

(15)专项设计。

按照交通运输部提出的加快发展绿色交通,将绿色循环低碳发展理念贯彻落实到交通运输发展的各个领域和各个环节,实现经济效益、社会效益和环境效益有机统一的要求,落实"畅通主导、安全至上、服务为本、创新引领"十六字方针,贯彻公路养护管理"更好地为公众服务"的价值观并进行专项设计。

(16)安全性评价。

对高填深挖路段采取路基稳定性验算方式加强路基边坡防护,以确保路基的稳定性;以运行速度安全评价方式进行公路路线平、纵、几何线形设计的合理性分析和安全性验证,对低于设计速度的路段采取限速标志、减速标线等措施,强制进行减速,以保证运营的安全性。

2.2 公路路线设计

2.2.1 公路平面线形设计

1. 平面线形设计的一般原则

(1)平面线形应便捷、连续、顺适,并与地形、地物相适应,与周围环境相协调。

在地形平坦、开阔的平原微丘区,路线顺直,在平面线形三要素中直线所占比例较大;而在地势起伏很大的山岭重丘区,路线多弯曲,曲线所占比例较大。路线要与地形相适应。直线、圆曲线、回旋线的选用与合理组合取决于地形地物等具体条件,片面强调路线要以直线为主或以曲线为主都是错误的。

(2)保持平面线形的均衡与连贯。高、低标准之间应结合地形变化,使路线的平面线形指标逐渐过渡,避免出现突变,不同标准路段相互衔接的地点,应选在交通量发生变化处。

(3)应避免连续急弯的线形。连续急弯的线形不仅给驾驶员造成了不便,给乘客的舒适感也带来了不良影响。设计时可在曲线之间插入足够长的直线或回旋线。插入回旋线时不宜太长,应综合考虑路线排水问题。

(4)平曲线应有足够的长度。若平曲线长度过短,汽车在短曲线上行驶时,司机易产生错觉,在高速行驶时比较危险。《公路路线设计规范》(JTG D20—2017)规定,各级公路设计平曲线长度不宜过短,见表2.1。

表2.1 公路平曲线最小长度

设计速度/(km·h^{-1})	平曲线最小长度/m	
	一般值	最小值
120	600	200
100	500	170
80	400	140
60	300	100

续表

设计速度/(km·h^{-1})	平曲线最小长度/m	
	一般值	最小值
40	200	70
30	150	50
20	100	40

注:"一般值"为正常情况下的采用值;"最小值"为条件受限时可采用的值。

依据《公路工程技术标准》(JTG B01—2014),平面设计中只有条件限制不得已时方可设置小转角、大半径的平曲线。小转角设置大半径曲线是曲线长度规定所致,否则路容将出现扭转,还会引起曲率看上去比实际大的错觉,应尽量少采用。

《公路路线设计规范》(JTG D20—2017)规定,当路线转角 α 小于或等于 7°时,应设置足够长的平曲线。

2. 平面线形组合的类型

路线根据具体情况可选用以下线形组合形式。

(1)基本型。

基本型是设计中最常用的线形,基本型的形式为:直线—缓和曲线—圆曲线—缓和曲线—直线,设计时应尽量使缓和曲线:圆曲线:缓和曲线(长度比)＝1:1:1,圆曲线可稍长。两缓和曲线的参数值可根据地形条件变化设计成非对称的曲线,但是缓和曲线参数 $A_1:A_2$ 不应大于 2.0,并注意设置基本型的几何条件:$α>2β$($α$ 为平曲线转角;$β$ 为缓和曲线切线角)。

同时缓和曲线参数 A 应满足以下要求:

①当平曲线半径 R 小于 100 m 时,A 宜大于或等于 R。

②当平曲线半径 R 接近 100 m 时,A 宜等于 R。

③当平曲线半径 R 较大或接近 3000 m 时,A 宜等于 $R/3$。

④当平曲线半径 R 大于 3000 m 时,A 宜小于 $R/3$。

(2)S 型。

两个反向圆曲线用回旋线连接起来的组合线形为 S 型,其形式为:直线—缓和曲线—圆曲线—缓和曲线—缓和曲线(反向)—圆曲线(反向)—缓和曲线(反向)—直线。

S型相邻两个回旋线参数A_1和A_2宜相等。当采用不同参数时,$A_1:A_2$应大于1:2,有条件时$A_1:A_2$宜大于1:1.5。另两圆曲线半径之比不宜过小,以$R_1:R_2$=1/3~1为宜。

(3)C型。

两个同向圆曲线用回旋线连接起来的组合线形为C型,其形式为:直线—缓和曲线—圆曲线—缓和曲线—缓和曲线(同向)—圆曲线(同向)—缓和曲线(同向)—直线。

C型曲线线形组合方式只有在特殊地形条件下方可采用。

(4)卵型。

用一个回旋线连接两个同向圆曲线的组合线形为卵型,其形式为:直线—缓和曲线—圆曲线—缓和曲线—圆曲线—缓和曲线—直线。卵型曲线线形组合中共有三个回旋线。

(5)凸型。

两个同向回旋线间不插入圆曲线而径向衔接的线形为凸型,其形式为:直线—缓和曲线—缓和曲线(同向)—直线。

凸型曲线在两回旋线衔接处,由于曲率发生突变,不仅对行车不利,而且由于设置超高,路面边缘线纵断面也在该处形成转折,故凸型曲线作为平面线形是非常不理想的,在设计中不宜采用。只有当地形、地物受到严格限制时,才能在低等级道路上采用。

(6)复合型。

两个及两个以上的基本型、S型、卵型、C型曲线在回旋线曲率相等处相互连接的形式称为复合型。复合型的线形组合仅在地形或其他特殊因素限制时(互通式立体交叉除外)采用。

2.2.2 路线纵断面设计

1. 路线纵断面的设计要点

1)纵断面设计内容

纵断面设计主要是指纵坡和竖曲线设计。其主要内容是根据公路等级和相应的有关规定,以及路线自然条件和拟建构造物的标高要求等,确定路线适当的标高、各坡段的坡度和坡长,并设计竖曲线。

纵断面设计首先涉及的内容是纵断面线形布置,其包括不同地形条件下的设计标高控制、各坡段的纵坡设计和转坡点位置确定等。

(1)各种地形条件下的标高控制。

设计标高的控制是指在纵坡设计时将路线安排在哪一个高度上最为合适。

①在平原区,地形平坦,河沟纵横交错,水源丰富,地下水水位较高。因此,路线设计标高主要按保证路基稳定的最小填土高度控制。

②在丘陵地区,地面有一定的高差,除局部地段外,路线在纵断面上克服高差比较容易。因此,设计标高主要由土石方平衡和降低工程造价所控制。

③在山岭地区,地形变化频繁,地面自然坡度大,布线有一定的困难。因此,设计标高主要由坡度和坡长控制,但也要从土石方尽量平衡及路基防护工程经济性等方面考虑,力求降低工程造价。

④沿溪线路段,为保证路基安全稳定,路基一般应高出规定洪水频率的计算水位加壅水高、波浪侵袭高和0.5 m的安全高度。

另外,纵断面设计标高的控制,还应考虑公路的起点、终点、交叉口、垭口、隧道、桥梁、排泄涵洞、地质不良地段等方面的要求。有时,这些地物和人工造物对设计标高控制起着决定性的作用。

(2)各种地形条件下的纵坡设计。

对不同地形的纵坡,要在初步拟订设计标高控制的基础上求得纵坡设计合理。

①平原、微丘地形的纵坡应均匀、平缓,并应注意保证路基最小填土高度和最小排水纵坡的要求。

②丘陵地形的纵坡应避免过分迁就地形而使路线起伏过大。

③山岭、重丘地形的沿溪线,应尽量采用平缓的纵坡,坡长不宜过短,纵坡坡度不宜过大,高等级的公路更应注意不宜采用陡坡。

④越岭线的纵坡应力求均匀,尽量不采用极限或接近极限的坡度,更不宜连续采用极限长度的陡坡之间夹短距离缓和坡段的纵坡线形。越岭线不应设置反坡,以免浪费高程。

⑤山脊线和山腰线,除结合地形不得已时采用较大的纵坡外,在一般情况下应采用平缓的纵坡。

(3)转坡点位置的确定。

转坡点是两条相邻设计纵坡线的交点,两个转坡点之间的水平距离称为坡长。转坡点位置的确定,直接影响到纵坡坡度的大小,坡长,平、纵面组合,土石方填挖平衡和公路的使用质量。因此,在确定转坡点位置时,除要尽量使填、挖工程量最小和线形最理想外,还应使最大纵坡、最小纵坡、坡长限制、缓和坡段满足有关规定的要求,同时,还要处理好平面线形、纵面线形的相互配合和协调。为方便设计和计算,转坡点的位置一般宜设置在 10 m 的整数桩号处。

2)纵断面设计方法与步骤

公路的纵坡是通过公路定线和室内设计两个阶段来实现的。在定线阶段,选线人员在现场或纸上定线时结合平面线形、地形等已对公路纵坡做了全面的考虑。因此,在纵断面设计时,路线纵坡的确定是由选线人员在室内根据选线时的记录,以及桥涵、地质等方面对路线的要求,综合考虑工程技术与经济的因素定出的。

纵断面设计一般按以下方法与步骤进行:

(1)准备工作。纵坡设计(俗称拉坡)前首先应收集和研究地形、地质、水文、筑路材料的各项记录、图表等野外资料,熟悉领会设计意图和各项具体要求。然后,在纵断面图上点绘出里程、桩号、地面高程和地面线、直线与平曲线,并将桥梁、涵洞、隧道、交叉、地质情况等与纵坡设计有关的资料在纵断面图上标明,以便供拉坡时参考。

(2)标注控制点。控制点是指影响纵坡设计的高程控制点,如路线的起点、终点、垭口、桥涵、地质不良路段、最小填土高度、最大挖深,以及沿溪线的洪水位、隧道进出口、平面交叉点和立体交叉点、与铁路交叉位置及受其他因素限制路线必须通过的高程。这些高程控制点使路线必须通过它或限制从其上方、下方通过。

(3)试定纵坡。试定纵坡应以控制点为依据,照顾多数"经济点"。试坡要点为"前后照顾,以点定线,反复比较,以线交点"。在满足控制点和坡度、坡长要求的情况下,尽可能地多照顾经济控制点,才能达到符合技术标准和节省工程投资的目的。

(4)调整纵坡。试定纵坡之后,首先将所定的坡度与定线时所考虑的坡度进行比较,两者应基本相符。若有较大差异,应全面分析,找出原因,决定取舍。然后检查纵坡坡度、坡长、合成坡度等是否满足规定要求,以及平、纵组合是否合理,若有问题应进行调整。调整纵坡的方法一般有抬高、降低、延长、缩短坡线和加大、减小纵坡坡度等,调整时应以少脱离控制点,尽量减少填、挖量,与自然条件协调为原则,使调整后的纵坡与试定纵坡基本相符。

(5)与横断面进行核对。根据已调整的纵坡线,选择有控制意义的重点横断面,如高填深挖、挡土墙、重要桥涵等横断面,在纵断面上直接估读出填、挖高度,并对照相应的横断面图进行认真的核对和检查。若出现填、挖工程量过大,填方坡脚落空及挡土墙工程量过大等情况,应再次调整纵坡线,直到满足要求为止。

(6)确定纵坡。公路的起点、终点设计标高是根据接线的需要事先确定的。纵坡线经调整核对无误后,即可确定纵坡。方法是从起点开始,根据坡度和坡长分别计算出各转坡点的设计标高。转坡点设计标高确定后,公路纵坡设计线也随之确定。

设计纵坡时还应注意以下几点:

(1)在回头曲线地段设计纵坡时,应先确定回头曲线上的纵坡,然后从两端接坡,以满足回头曲线的特殊纵坡要求。

(2)大、中桥上,一般不宜设置竖曲线,尤其是凹型竖曲线。桥头两端的竖曲线,其起点、终点应设置在桥头10 m以外。

(3)小桥涵可设置在斜坡地段和竖曲线上,但对等级较高的公路,为使公路纵坡具有一定的平顺性,应尽量避免小桥涵处出现急变的"驼峰式"纵坡。

2. 公路平、纵面线形组合

公路线形是指公路在三维空间中的立体几何形态。公路线形设计是在路线的各项几何技术指标满足与道路等级相应的技术标准要求的前提下,进一步研究线形各要素的运用和进行巧妙组合。结合地形、地物、景观、视觉和经济性等,研究如何满足驾驶员在视觉和心理方面的连续性、舒适性及与周围环境相协调,以保证汽车行驶的安全、舒适与经济。

1)平、纵面线形组合原则和要求

公路平、纵面线形组合应遵循以下设计原则和要求:

(1)应在视觉上自然地诱导驾驶员的视线,并保持视觉的连续性。

(2)平、纵面线形的技术指标应大小均衡,避免出现平面高标准、纵断面低标准,或与此相反的情况,使线形在视觉上、心理上保持协调。

(3)选择组合得当的合成坡度,以利于路面排水和行车安全。设计时要注意纵坡不应小于0.3%,同时,应避免形成合成坡度过小或过大的线形。因为,若合成坡度过小,路面排水迟缓,容易滞水,妨碍汽车高速行驶;若合成坡度过大,则妨碍行车安全,容易发生事故,特别是在积雪严寒冰冻地区危险性更大。

(4)平、纵面线形组合注意与周围环境相配合,充分利用公路周围的地貌、地形、天然树林、建筑物等,尽量保持自然景观的连续,以消除景观单调感,使公路与大自然融为一体,起到观赏悦目的作用,减轻驾驶的疲劳感。合宜的景观设计还能起到诱导视线的作用。

2)平曲线与竖曲线组合

(1)平曲线与竖曲线重合时,平曲线应稍长于竖曲线,即"平包竖"。

(2)平曲线与竖曲线的顶点对应关系,最理想的是顶点重合(转坡点设置在平曲线上的曲中点位置)。若平曲线与竖曲线的顶点错开不超过四分之一,还可以得到较理想的线形;如果超过四分之一,就易出现不合理的平、纵组合。

(3)平曲线和竖曲线的半径大小应保持均衡,可使线形顺滑优美,于视觉上获得美学上的满足,且行车安全舒适,这是平、纵面线形组合设计的重要环节。平曲线半径大时,竖曲线半径也要相应地大;平曲线长时,竖曲线也须相应地长,这样就可以达到两者均衡。表2.2所列的平曲线、竖曲线的对应关系,是考虑了视觉要求和工程费用相协调平衡的关系值,在设计时可参考采用。

表2.2 平、竖曲线半径的均衡

平曲线半径	竖曲线半径
500	10000
700	12000
800	16000
900	20000
1000	25000
1100	30000
1200	40000
1500	60000
2000	100000

(4)选择适宜的合成坡度,有条件时,一般最大合成坡度不宜大于8%,最小合成坡度不宜小于0.5%,应避免急弯与陡坡重合的线形。

在下列情况下,平曲线与竖曲线应避免组合:

(1)计算车速大于或等于 40 km/h 的公路,凸型竖曲线的顶部和凹型竖曲线的底部,应避免插入小半径平曲线;凸型竖曲线的顶部,不得与反向平曲线的拐点重合。如果在凸型竖曲线的顶部设有小半径的平曲线,则驾驶员须驶近坡顶才能发现平曲线,会导致制动并急转转向盘而易发生行车危险,即"抬头坡";在凹型竖曲线的底部设有小半径平曲线,会导致汽车高速下坡时急转弯,同样可能发生行车危险。

(2)凸型竖曲线的顶部,不得与反向平曲线的拐点重合,除上述所列原因外,还因为组合后的扭曲会使线形很不美观。

(3)小半径竖曲线不宜与缓和曲线相互重叠。

3)平面与纵坡的组合

平面与纵坡组合时,在平面的长直线上不宜设置陡坡,并应避免在长陡坡下端设置小半径平曲线。有条件时,应将合成坡度的控制与线形组合设计相结合,特别应避免急弯与陡坡重合的线形,以策安全。

直线路段的纵面应避免出现驼峰、暗凹、跳跃等使驾驶员视觉中断的线形,特别是在短直线上反复变坡更会加剧这种现象,使线形既不美观也不连贯。所以,公路的纵坡若有两次以上的较大起伏,就应避免采用长直线,而使平面线形随纵坡的变化略加转折,同时注意平面与纵面的合理组合。

4)平、纵面线形组合与景观的协调配合

(1)应在道路的规划、选线、设计、施工全过程中重视景观要求,尤其在规划和选线阶段。

(2)在选定路线时,应充分地利用自然风景,尽量做到路线与大自然融为一体,不产生生硬感和隔断大自然。特别是在长直线路段上,应使驾驶者能看到前方显著的景物。

(3)对道路本身不能仅将它当作技术对象,还应将它作为景观来看待,修建时要减少对沿线自然景观的破坏,尽量避免高填深挖。

(4)横面设计要使边坡造型和绿化与现有景观相适应,弥补填、挖等施工步骤对自然景观的破坏。

(5)应进行综合绿化处理,避免形式和内容上的单一化,应将绿化作为诱导视线、点缀风景及改造环境的一种措施而进行专门设计。

(6)应根据技术和景观要求合理选定构造物的造型、色彩,使道路构造物成为对自然景观的补充。

2.2.3 公路横断面设计

横断面设计需综合考虑公路等级、交通量、通行能力,以及地形、地质、气候、水文等沿线条件,同时结合平面设计和纵断面因素来确定,设计时力争使构成断面的各要素之间相互协调,做到组成合理、用地节省、经济合理和有利于环境保护。同时,为路基土石方工程量计算、公路的施工和养护提供依据。

横断面设计的主要内容是:确定标准横断面的车道数与路基宽度、断面构成与形式;结合公路沿线地形特点提出相应的典型横断面形式,各组成部分的形状、位置和尺寸;根据各桩号的横断面地面线情况绘制横断面设计线,计算各断面的填挖面积,然后进行全线的路基土石方数量计算和调配。

1. 横断面设计的步骤

(1)按1:200的比例绘制横断面地面线。定测阶段,横断面地面线是现场测绘的,若纸上定线,可在大比例的地形图上内插获得。在计算机辅助设计中,可以通过数字化仪或键盘向计算机输入横断面各变化点相对中桩的坐标,由计算机自动绘制。

(2)从"路基设计表"中抄入路基中心填挖高度,对于有超高和加宽的曲线路段,还应抄入"左高""右高""左宽""右宽"等数据。

(3)根据现场调查所得来的"土壤、地质、水文资料",参照"标准横断面图"设计出各桩号横断面,确定路幅宽度,填或挖的边坡坡线,在需要各种支挡工程和防护工程的地方画出该工程结构的断面示意图。在计算机辅助设计中,由计算机自动设计,并利用人机对话调整特殊断面。

(4)根据综合排水设计,画出路基边沟、截水沟、排灌渠等的位置和断面形式。必要时需注明各部分尺寸(不必绘出路拱,但必须绘出超高、加宽)。另外,对于取土坑、弃土坑、绿化等也尽可能画出。经检查无误后,修饰描绘。

(5)分别计算各桩号断面的填方面积(A_t)、挖方面积(A_w),并标注于图上。若一条道路的横断面图数量极大,为提高手工绘制的工作效率,可事先制作若干透明模板。但根本的解决办法是"路线CAD",它不但能准确绘制横断面图,而且能自动计算横断面面积。

2. 路基土石方数量计算及调配

1)横断面面积计算

通常可以积距法或者坐标法进行计算。

(1)积距法。如图2.1所示,将断面按单位横宽划分为若干个梯形和三角形,每个小条块的面积近似按每个小条块中心高度与单位宽度的乘积计算,见式(2.1):

$$A_i = b \times h_i \tag{2.1}$$

式中:A_i——每个小条块的面积;

b——每个小条块的宽度;

h_i——每个小条块的中心高度。

断面面积见式(2.2):

$$A = bh_1 + bh_2 + bh_3 + \cdots + bh_n = b\sum h_i \tag{2.2}$$

式中:A——断面面积;

$h_1, h_2, h_3, \cdots, h_n$——第1,2,3,$\cdots$,$n$个小条块中心高度;

其余符号意义同前。

当$b=1$ m时,则A在数值上就等于各个小条块平均高度之和$\sum h_i$。

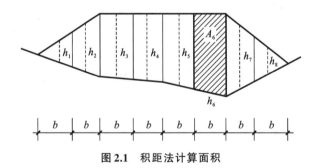

图2.1 积距法计算面积

(2)坐标法。坐标法的计算精度较高,适合用计算机计算。已知断面图上各转折点坐标(x_i, y_i),则断面面积见式(2.3):

$$A = \frac{1}{2}\left[\sum\left(x_i y_{i+1} - x_{i+1} y_i\right)\right] \tag{2.3}$$

式中:x_i、y_i、x_{i+1}、y_{i+1}——断面图上各转折点坐标;

其余符号意义同前。

2)土石方数量计算

土石方数量在工程上通常采用近似计算,常采用平均断面法进行计算,如图 2.2 所示。假定相邻断面间为一棱柱体,体积计算公式见式(2.4):

$$V = (A_1 + A_2)\frac{L}{2} \tag{2.4}$$

式中:V——体积,即土石方数量,m^3;

A_1, A_2——相邻两断面的面积,m^2;

L——相邻两断面的距离,m。

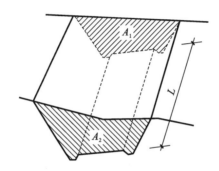

图 2.2 平均断面法计算图示

用平均断面法计算土石方体积更简便、实用,是公路工程中常采用的方法,但只有当 A_1、A_2 相差不大时才较准确,当 A_1、A_2 相差大时其精度较差。

当 A_1、A_2 相差较大时,则按棱台体积公式计算更为接近,其计算公式见式(2.5):

$$V = \frac{1}{3}(A_1 + A_2)L\left(1 + \frac{\sqrt{m}}{1+m}\right) \tag{2.5}$$

式中:m——A_1/A_2,其中 $A_1 < A_2$;

其余符号意义同前。

第二种方法精度较高,应尽量采用,特别适用于计算机计算。

若路基是以填方为主或以挖方为主,则填方要扣除、挖方要增加路面所占的那一部分面积。特别是路面厚度较大时更不能忽略。

计算路基土石方数量时,应扣除大、中桥及隧道所占路线长度的体积;桥头引道的土石方,可视需要全部或部分列入桥梁工程项目中,但应注意不要遗漏或重复;小桥涵所占的体积一般可不扣除。

路基工程中的挖方按天然密实方体积计算,填方按压实后的体积计算,各级公路的各类土石方与天然密实方换算系数见表2.3,土石方调配时应注意换算。

表2.3 路基土石方换算系数

公路等级	土石方类别				
	土方				石方
	松土	普通土	硬土	运输	
二级及二级以上公路	1.23	1.16	1.09	1.19	0.92
三、四级公路	1.10	1.05	1.00	1.08	0.84

3)土石方调配

(1)调配原则。

①在半填半挖的断面中,应首先考虑在本路段内移挖作填进行横向平衡,多余的土石方再做纵向调配,以减少总运量。

②土石方调配应考虑桥涵位置对施工运输的影响,一般不采用大沟跨越运输,同时应注意施工的可能性与方便性,尽可能避免和减少上坡运土。

③为使调配合理,必须根据地形情况和施工条件,选用适当的运输方式,确定合理的经济运距,用以分析工程用土是调运还是外借。

④土方调配"移挖作填"固然要考虑经济运距问题,但这不是唯一的考虑因素,还要综合考虑弃方和借方的占地、赔偿青苗损失及对农业生产的影响等。有时将路堑的挖方纵向调配做路堤的填方,虽然运距超出一些,运输费用可能高一些,但如果能减少占地,对农业生产的影响减少,这样对整体来说未必是不经济的。

⑤不同的土方和石方应根据工程需要分别进行调配,以保证路基稳定和人工构造物的材料供应。

⑥位于山坡上的回头曲线路段,要优先考虑上下线的土方竖向调运。

⑦土方调配中对于借土和弃土应事先与地方协商,妥善处理。借土应结合地形、农田规划等选择借土地点,并综合考虑借土还田、整地造田等措施。弃土应不占或少占耕地,在可能条件下宜将弃土平整为可耕地,防止乱弃乱堆,或堵塞河流,损害农田。

(2)调配步骤。

①土石方调配是在土石方数量计算与复核完毕的基础上进行的,调配前应

将可能影响运输调配的桥涵位置、陡坡大沟等在设计方案表旁注明,供调配时参考。

②计算并填写设计方案表中"本桩利用""填缺""挖余"各栏。当以石做填土时,石方数应填入"本桩利用"的"土"一栏,并以符号区别。然后按填挖方分别进行闭合核算,其核算式见式(2.6)和式(2.7):

$$填方 = 本桩利用 + 填缺 \tag{2.6}$$

$$挖方 = 本桩利用 + 挖余 \tag{2.7}$$

③在做纵向调配前,根据"填缺""挖余"的分布情况,选择适当施工方法及可采用的运输方式定出合理的经济运距,供土方调配时参考。

④根据"填缺""挖余"分布情况,结合路线纵坡和自然条件,本着技术经济、少占用农田的原则,具体拟订调配方案。将相邻路段的挖余就近纵向调配到填缺内加以利用,并将具体调运方向和数量用箭头在纵向调配栏中标明。

⑤经过纵向调配,如果仍有填缺或挖余,则应会同当地政府协商确定借土或弃土地点,然后将借土或弃土的数量和运距分别填注到借方或废方栏内。

⑥调配完成后,应分页进行闭合核算,其核算式见式(2.8)和式(2.9):

$$填缺 = 远运利用 + 借方 \tag{2.8}$$

$$挖余 = 远运利用 + 废方 \tag{2.9}$$

⑦本公里调配完毕,应进行本公里合计,总闭合核算除上述规定外,具体要求见式(2.10):

$$(跨公里调入方) + 挖方 + 借方 = (跨公里调出方) + 填方 + 废方 \tag{2.10}$$

⑧土石方调配一般在本公里内进行,必要时也可跨公里调配,但需将调配的方向及数量分别注明,以免混淆。

⑨每公里土石方数量计算与调配完成后,须汇总列入"路基每公里土石方表",并进行全线总计与核算。

(3)土石方调配中的几个参量。

①平均运距。土方调配的运距,是从挖方体积的重心到填方体积的重心之间的距离。在路线工程中为简化计算起见,这个距离可简单地按挖方断面间距中心至填方断面间距中心的距离计算,称为平均距离。

②免费运距。土、石方作业包括挖、装、运、卸等工序,在某一特定距离内,只按土、石方数量计价而不计运费,这一特定距离称为免费运距。施工方法不同,其免费运距也不同,如人工运输的免费运距为20 m,铲运机运输的免费运距

为 100 m。

在纵向调配时,当其平均运距超过定额规定的免费运距,应按其超运运距计算土石方运量。

③经济运距。填方用土来源,一是路上纵向调运;二是就近路外借土。一般情况下,采用路堑挖方"调"去填筑距离较近的路堤还是比较经济的。但如调运的距离过长,以至运价超过了在填方附近借土所需的费用时,移挖作填就不如在路堤附近就地"借"土经济。因此,采用"借"还是"调",有个限度距离问题,这个限度距离即所谓"经济运距",其值 $L_{经}$ 按式(2.11)计算:

$$L_{经}=B/T+L_{免} \tag{2.11}$$

式中:B——借土单价,元/m^3;

T——远运运费单价,元/($m^3 \cdot km$);

$L_{免}$——免费运距,km。

经济运距是确定借土或调运的界限,当调运距离小于经济运距时,采取纵向调运是经济的;反之,则可考虑就近借土。

④运量。土石方运量为平均超运运距单位与土石方调配数量的乘积。具体计算见式(2.12)和式(2.13):

$$总运量 = 调配(土石方)数量 \times n \tag{2.12}$$

$$n=(L-L_{免})/A \tag{2.13}$$

式中:n——平均超运运距单位(四舍五入取整数);

L——土石方调配平均运距,m;

$L_{免}$——免费运距,m;

A——超运运距单位,m(如人工运输 $A=10$ m,铲运机运输 $A=50$ m)。

在生产中,例如,工程定额是将人工运输免费运距 20 m、平均每增运距 10 m 划为一个运输单位,称之为"级"。当实际的平均运距为 40 m 时,则超运运距为 20 m,为两个运输单位,称为二级,在路基土石方数量计算表中记作②。

e.计价土石方数量。在土石方计算与调配中,所有挖方均应予计价,但填方则应按土的来源决定是否计价,如是路外就近借土就应计价,如是移"挖"作"填"的纵向调配利用土石方,则不应再计价,否则形成双重计价。计价土石方数量见式(2.14):

$$V_{计}=V_{挖}+V_{借} \tag{2.14}$$

式中:$V_{计}$——计价土石方数量,m^3;

$V_{挖}$——挖方数量,m^3;

$V_{借}$——借方数量,m^3。

3. 城市道路横断面规划设计

城市道路横断面是指垂直于道路中心线方向的断面,通常由车行道、人行道、绿化带和分车带等部分组成。近期横断面宽度,通常称为路幅宽度;远期规划道路用地总宽度则称为红线宽度。红线是指城市中的道路用地和其他用地的分界线。

城市道路横断面规划设计的主要任务是根据道路的功能、红线宽度、两侧用地以及有关交通资料,同时综合考虑建筑艺术、绿化环境、秩序管理、管线布置等方面的要求,确定以上各部分的宽度,合理规划道路横断面,在适应交通需求的前提下尽可能提高土地资源利用效率,保障交通有序安全,充分体现以人为本的理念。

1)城市道路横断面组成要素分析

(1)机动车道宽度及车道数。

机动车道由多条车行道组成,其宽度是车速的函数,一般在3.20~3.80 m之间变化。道路等级不同,行驶车速不同,车型比例不同,车道所处的位置不同,相应的车道合理宽度也不同。《城市道路工程设计规范》(CJJ 37—2012)规定,设计速度大于60 km/h时,大型车或混行车道最小宽度为3.75 m,小客车专用道最小宽度为3.5 m;设计速度不大于60 km/h时,大型车或混行车道最小宽度为3.5 m,小客车专用道最小宽度为3.25 m。

对于城市快速路,双向六车道机动车道宽度建议按25~26 m规划设计,双向八车道机动车道宽度建议按30~31 m考虑。对于城市主干路,机动车道宽度按照平均每个车道宽度3.5 m规划设计,能够满足车辆正常通行的要求。对于城市次干路,机动车道宽度按照平均每个车道宽度3.3 m规划设计,能够满足要求。对于城市支路,如考虑公交车通行时,其车行道宽度需按照平均每个车道宽度3.5 m规划设计;如考虑以小汽车为主时,平均每个车道宽度可以按照3.3 m考虑,也能够满足车辆正常通行的要求。对于以非机动车交通为主的街巷道路,平均每个车道宽度建议按照3.0 m来考虑。

(2)非机动车道宽度及车道数。

一般以自行车作为非机动车道的设计车辆。自行车道路网应由单独设置的自行车专用道、城市干路两侧的自行车道、城市支路和居住区的道路共同构成一个能保证自行车连续行驶的交通网络。

非机动车道宽度包括非机动车车辆宽度、车辆的摆动距离以及与侧石或分隔设施的安全距离。一条自行车车道宽度为1 m,靠路边和靠分隔设施的一条车道侧向安全距离为0.25 m。自行车车道路面宽度应按车道数的倍数计算,车道数应按自行车高峰小时交通量确定。

快速路:一般在快速路上不考虑设置非机动车道,对与快速路平行流向的非机动车流可利用由与快速路平行的支路改造成的非机动车专用道路。

主干路:主干路上近期应考虑设置非机动车道。对于近期非机动车流量较小的道路,非机动车道可以考虑近期宽度按3.5 m规划设计,远期作为公交专用道;近期非机动车流量较大的道路,非机动车道可以考虑近期宽度按5.5 m规划设计,远期可以作为一条公交专用道和路边停车带。

次干路:次干路上应考虑设置非机动车道,根据非机动车可能的服务范围,一般非机动车道宽度考虑为3.5 m以上。

支路:从交通功能上看,支路是道路交通系统"通达"功能实现的主要支柱,应考虑在加大支路网密度的同时,设置必要的非机动车出行网络系统。考虑到支路的道路红线宽度在20 m左右,考虑非机动车道宽度为3.5 m以上。

(3)人行道宽度的确定。

人行道的宽度设置应考虑与道路沿线用地性质相匹配,满足道路下管线敷设所需宽度的要求。不同类别、不同性质的道路应具有不同的人行道宽度。

快速路:由于道路沿线主要是交通用地,所以一般不考虑设置人行道。但有些城市将快速路与主干路功能合并设置,则需要按照主干路人行道标准考虑。

主干路:对于主干路,应以交通功能为主,两侧避免商业开发和限制出入,因此,没有必要考虑设置过宽的人行道,只需满足城市绿化、管线敷设以及适当的行人通行宽度,建议其宽度为3~4 m。对于景观性道路可以根据沿线用地情况及绿化要求适当加宽。

次干路:对于次干路,由于其沿线用地主要为商业或单位出入口,必须考虑适当规模的城市人行道宽度,以满足居民出行及出入需要,宽度至少为4 m。对于生活性次干路,宽度至少为5 m。

支路:对于支路等级的道路,人行道宽度应至少为3 m。在步行街区或历史文化街区,道路宽度主要包括人行道宽度、隔离设施及公用设施宽度。

(4)公交专用道设置。

公交专用道设置形式主要有三种:沿内侧车道设置的公交专用道;沿外侧车道设置的公交专用道;仅设置于交叉口进口道处的公交专用道。

公交专用道宽度与一般车道宽度的确定基本一致,取决于设计车速、车辆宽度和运营特征。典型的公交车辆宽度为2.5 m,因此推荐公交专用道的宽度值为3.0~3.5 m;考虑侧向净空的影响,沿道路中央或沿路侧设置的公交专用道,宽度应稍大一些,取3.5 m;对延伸到交叉口进口道停车线处的公交专用道,其宽度应做相应的调整,即在交叉口处外围通行区域内,公交专用道的宽度可随车速的降低减至3.0 m左右。由于公交车辆在停靠站附近的车速较低,因此停靠站处的车道宽度可以适当压缩,取2.8~3.0 m,以降低对道路空间资源的要求。

(5)分车带。

分车带按其在横断面中的不同位置及功能,可分为中间分车带(简称中间带)及两侧分车带(简称两侧带)。分车带由分隔带及两侧路缘带组成,侧向净宽为路缘带宽度与安全带宽度之和;分隔带包括设施带和两侧安全带,分隔带最小宽度值系按设施带宽度为1 m考虑的,具体应用时,应根据设施带实际宽度确定。《城市道路工程设计规范》(CJJ 37—2012)规定分车带的最小宽度应符合表2.4的要求。

表2.4 分车带最小宽度

类别		中间带		两侧带	
设计速度/(km/h)		≥60	<60	≥60	<60
路缘带宽度/m	机动车道	0.50	0.25	0.50	0.25
	非机动车道	—	—	0.25	0.25
安全带宽度/m	机动车道	0.25	0.25	0.25	0.25
	非机动车道	—	—	0.25	0.25
侧向净宽/m	机动车道	0.75	0.50	0.75	0.50
	非机动车道	—	—	0.50	0.50
分隔带最小宽度/m		1.50	1.50	1.50	1.50
分车带最小宽度/m		2.50	2.00	2.50(2.25)	2.00

(6)人行道绿化带及路侧绿化带。

为保证行道树的存活率,单行行道树树穴宽度一般为1.5~2.0 m。同时,根据国内一些城市经验,当人行道绿化带宽度不小于1.5 m时,能满足设置市政设施的要求。因此,建议人行道绿化带宽度为1.5~2.0 m,有条件时取大值。

对于不同等级、功能、性质的城市道路,路侧绿化带要求也不同。一般,次干路宽度为1 m,主干路宽度为2 m,有特殊要求如路边停车时,宽度至少应为4 m。预留轨道交通空间时,考虑到交通走廊空间及减少噪声影响,路侧绿化带宽度至少为30 m。

2) 规划原则

(1) 横断面布置与道路功能协调。如交通性干道应保证足够的机动车车道数和必要的分隔设施,实现双向分流、人车分流以保障交通安全;商业性大街应保证足够宽的人行道。车行道应考虑公交车辆临时停靠的便利。

(2) 横断面布置要与当地地形地物相协调。

(3) 横断面形式与各组成部分尺寸的确定需考虑道路现状形式、两侧建筑物性质等,并结合道路交通量(目前和远期的车流量、人流量及流向等)、车辆组成种类、行车速度、地下管线资料等综合分析研究确定。

(4) 横断面布置应充分发挥绿化的作用,保证雨水的排除,避免沿路的地上、地下管线,各种构筑物以及人防工程等相互干扰。

(5) 横断面布置需要满足近远期过渡的需求。

3) 横断面形式与选择

城市道路由机动车道、非机动车道、人行道及分隔设施等组成。横断面可选用单幅路、双幅路、三幅路、四幅路四种形式;路面分隔设施可为绿岛或隔离墩(栏)。

(1) 单幅路。

单幅路即"一块板"道路,所有车辆在同一车行道上混合行驶。在交通组织上有两种方式:一种是在车行道上划出快、慢车行驶的分车线,机动车在中间行驶,非机动车在两侧行驶;另一种是不划分车线,车道的使用可以在不影响安全的条件下予以调整。一块板道路横断面形式优缺点:占地少,节省投资,但各种交通流混合在一起,不利于交通安全,尤其是机动车、非机动车和行人这3种交通流中,人流是弱势群体,且移动的随意性较强,易造成交通事故。单幅路仅适用于机动车交通量不大、非机动车较少的城市次干路、支路以及用地不足拆迁困难的旧城改造的城市道路。

(2) 双幅路。

双幅路即"两块板"道路,在行车道中心用分隔带或隔离墩将车行道分成两半,对向机动车分向行驶。各自再根据需要确定是否划分快、慢车道。两块板道路横断面形式优缺点:对向机动车流已分隔,比较安全,但同向机动车和非机动车之间没有进行分隔,存在一定的交通隐患。故这种形式适用于城市快速路、机动车交通量较大且非机动车流量较小的城市次干道。

(3)三幅路。

三幅路即"三块板"道路,中间为双向行驶的机动车道,两侧设置分隔带将机动车和非机动车分隔,分隔带外侧为非机动车行车道和人行道。三块板道路横断面形式优点:将同向机动车、非机动车及行人进行了分隔,路段安全性高;在分隔带上布置绿化,一方面有利于夏天遮阳、布置路灯等,另一方面将减少机动车对自行车及行人的干扰。三块板道路横断面形式缺点:对向机动车之间存在一定的交通隐患;同时,由机动车流和非机动车流所产生的混合交通流在交叉口范围产生一定的交通阻塞,降低了道路通行能力。故这种形式适用于机动车和非机动车交通流量均较大且道路红线大于或等于40 m的城市主干路。

(4)四幅路。

四幅路即"四块板"道路,在三幅路的基础上,设置中央分隔带将对向行驶的机动车进行分隔,实现机动车、非机动车、行人各行其道。四块板道路横断面形式优缺点:不但将同向机动车、非机动车和行人进行了分隔,还将对向行驶的机动车进行了分隔,确保了路段上所有交通流的安全顺畅,但这种断面占地多、投资大。故这种形式适用于机动车车速较高,双向六车道及以上,非机动车较多的城市主干路,以及快速路。

各级道路横断面对应的断面形式宜符合表2.5的规定。

表2.5 不同等级道路适用断面形式

道路类别	断面形式			
	单幅路	双幅路	三幅路	四幅路
快速路		√		√
主干路			√	√
次干路	√	√		
支路	√			

2.3 公路交叉设计

2.3.1 公路交叉口交通分析

1. 平面交叉口的交通分析

进出交叉口的车辆,由于行驶方向不同,以直行、右转弯或左转弯的方式,汇入欲行驶方向的车流后再驶离交叉口。由于行驶方向的不同,车辆间的交错就有所不同。当行车方向互相交叉时(此时一般行车路线的交角大于45°),两车可能发生碰撞,这些地点称为冲突点;当来向不同而汇驶同一方向时(此时一般行车路线的交角小于45°),两车可能发生挤撞,这些地点称为合流点。显然,交叉口的冲突点和合流点,是危及行车安全和易发生交通事故的地点,统称为危险点。其中,冲突点的影响和危害程度比合流点大得多。因此,设计交叉口时,应尽量消除、减少冲突点,或采用渠化交通等方法,把冲突点限制在较小的范围内。公路与公路平面交叉口的冲突点和合流点的分布如图2.3所示。

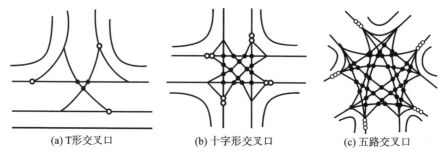

(a) T形交叉口　　　(b) 十字形交叉口　　　(c) 五路交叉口

图 2.3　平面交叉口的交错点

注:"○"为冲突点;"●"为合流点。

无交通管制时,三路、四路和五路相交平面交叉口的交错点分布数量见表2.6。

表 2.6　平面交叉口交错点数量表

交叉口类型	交错点数量/个			
	冲突点	分流点	合流点	总数
三路交叉口	3	3	3	9

续表

交叉口类型	交错点数量/个			
	冲突点	分流点	合流点	总数
四路交叉口	16	8	8	32
五路交叉口	50	15	15	80

分析图2.3后可知：

（1）交叉口危险点的多少，随交叉口相交路线的数量和形式而异，且随相交路线数量的增加而显著增加。图2.3(a)所示为T形交叉口，有3个冲突点、3个合流点；图2.3(b)所示为十字形交叉口，有16个冲突点、8个合流点；图2.3(c)所示为五路交叉口，有50个冲突点、15个合流点。因此，在规划设计交叉口时，除特殊情况外，交会的岔路不得多于4条，并应采用合理的交叉口布置形式，以减少危险点。

（2）产生冲突点最多的是左转弯车辆。如果没有左转车辆，则冲突点就由16个减少为4个，如图2.4所示；又如图2.5所示，同样是四路十字形交叉口，如果采用信号灯或交通警察等交通管制，冲突点会减少为2个，合流点减少为4个。因此，在交叉口设计中，正确处理和组织左转弯车辆，采取必要的交通管制措施，是保证交叉口交通安全和畅通的关键。

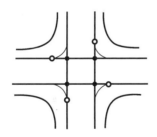 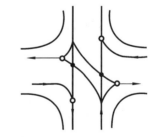

图2.4 无左转弯车辆的冲突点　　图2.5 交通管制后的危险点

2. 减少或消灭冲突点的具体措施

1）建立交通管制

如装设交通信号灯或由交通警察指挥交通，使直行车和左转弯车的通行时间错开。

2)采用渠化交通

如适当布置交通岛限制行车路线,使车流按一定组织方式通过交叉口,可将冲突点限制在一定范围内;又如采用环形交叉(俗称转盘),使进入交叉口后的车辆按逆时针方向环绕中心岛做单向行驶,至所要去的路口驶出,均以同一方向依序前进,就消灭了交叉口的冲突点。

3)构建立体交叉

将相互冲突的车流分别设在不同高程的车道上行驶,互不干扰,这是彻底解决交叉口交通问题的办法。但由于立体交叉造价高,有的立体交叉仍有平面交叉问题,所以不能随意采用立体交叉。

为了交通安全,应在交叉口前设置交叉的标志牌,使驾驶员提前做好准备;同时,交叉口处应具有足够视距,使驾驶员能看到各个方向来车情况,以便及时采取措施。

为确保交叉口过往行人的安全以及减少行人对交通的影响和干扰,除加强交通法规的宣传教育外,必要时,应在交叉口设置人行横道和其他交通安全设施。

2.3.2 公路平面交叉

1. 交叉口设计的基本要求和主要内容

1)交叉口设计的基本要求

(1)保证车辆与行人在交叉口能以最短的时间顺利通过,使交叉口的通行能力能适应各条道路的行车要求。

(2)正确地进行交叉口立面设计,保证转弯车辆的行车稳定,同时满足排水要求。

2)交叉口设计的主要内容

(1)平面设计。正确选择交叉口的形式,确定各组成部分的几何尺寸。

(2)进行交通组织设计,合理布置各种交通设施。

(3)立面设计。合理地确定交叉口的高程,布置雨水口和排水管道。

(4)处理好主要公路与次要公路的关系。主要公路与次要公路交叉时,平、纵面线形要全盘考虑、相互配合,使其能各自符合有关技术标准的要求,但一般应首先保证主要公路线形的舒顺、平缓。

(5)正确合理地进行交通组织和交通管制,如设置必要的交通安全设施,合理布设交通岛和人行横道等。

综上所述,公路平面交叉的规划与设计,应根据交通量、设计速度、交通组成和车流分布情况,并结合该地区的地形、土地使用情况,分别进行单独设计。改建公路时,还应研究交叉处交通事故情况,有针对性地进行改建设计。

2. 平面交叉口的技术要求

(1)平面交叉形式应根据公路网规划、地形和地质条件、相交公路的功能、技术等级、交通量、交通管理方式和用地条件等确定。

(2)平面交叉的交通管理方式可分为主路优先、无优先交叉和信号交叉三种,应根据相交公路的功能、技术等级、交通量等确定所采用的方式。

(3)平面交叉角宜为直角,必须斜交时,交叉角应大于45°。同一位置平面交叉岔数不宜多于5条。

(4)当两相交公路的技术等级或交通量相近时,平面交叉范围内的设计速度可适当降低,但不宜低于路段设计速度的70%。平面交叉右转弯车道的设计速度不宜大于40 km/h;左转弯车道的设计速度不宜大于20 km/h。

(5)平面交叉的间距应根据其对行车安全、通行能力和交通延误等的影响确定。有条件时应尽量通过支路合并等措施,减少平交口数量,增大平交口间距。一级公路、二级公路平面交叉的最小间距应符合表2.7的规定。

表2.7 平面交叉最小间距

公路技术等级	一级公路			二级公路	
公路功能	干线公路		集散公路	干线公路	集散公路
	一般值	最小值			
间距/m	2000	1000	500	500	300

(6)三级及三级以上公路的平面交叉均应进行渠化设计。

(7)各级公路平交范围内应进行通视三角区停车视距检验。

3. 平面交叉的类型和适用范围

平面交叉口的设计形式,取决于道路网的规划、交通用地及其周围的地形、地物等情况,同时,也与交通量、交通性质和交通组织等情况有关。交叉口的设计直接影响到投资和使用价值,所以应切合实际地考虑远期的需要和近期的可能两方面因素,选择合理的方案。平面交叉按构造组成分为渠化交叉和非渠化交叉;按几何形状分为T形交叉、十字形交叉和环形交叉。限于篇幅,下面主要介绍非渠化交叉、渠化交叉和环形交叉。

1)非渠化交叉

设计速度较低、交通量较小的双车道公路相交,可采用非渠化交叉。

(1)主要公路的设计速度不大于60 km/h,或设计速度为80 km/h但交通量较小时,次要公路为县乡公路或四级公路的T形交叉,当转弯交通量较小时可采用图2.6(a)所示的非加宽式T形交叉。

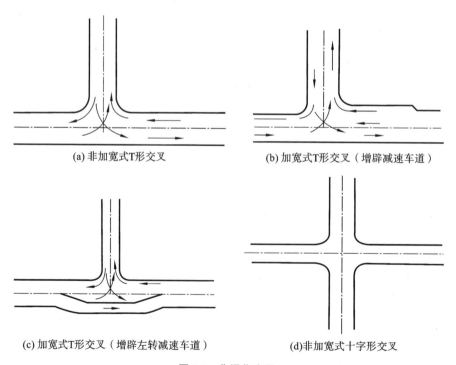

(a) 非加宽式T形交叉　　(b) 加宽式T形交叉(增辟减速车道)

(c) 加宽式T形交叉(增辟左转减速车道)　　(d) 非加宽式十字形交叉

图2.6　非渠化交叉

(e) 加宽式十字形交叉

续图 2.6

（2）主要公路的设计速度为 80 km/h，次要公路为县乡公路或四级公路的 T 形交叉，当转弯交通量较大而会导致直行车辆的过分减速时，应采用加宽式 T 形交叉。主要公路右转弯交通量较大者，应采用图 2.6(b) 所示的形式；左转弯交通量较大者，可采用图 2.6(c) 所示的形式。

（3）县乡公路或三、四级公路相交的十字形交叉，可采用图 2.6(d) 所示的形式。

（4）主要公路的设计速度为 80 km/h，次要公路为县乡公路或三、四级公路且转弯交通量不大的十字形交叉，可采用图 2.6(e) 所示的形式。

2) 渠化交叉

相交公路等级较高或交通量较大的平面交叉，应采用由分隔岛、导流岛来指定各向车流行径的渠化交叉。

（1）主要公路为二级公路的 T 形交叉，当直行交通量不大，而与次要公路之间的转弯交通量占相当比例时，可采用图 2.7(a) 所示的只在次要公路上设分隔岛的渠化 T 形交叉；当主要公路的直行交通量较大时，则采用图 2.7(b) 所示的在主要公路和次要公路上均设分隔岛的渠化 T 形交叉。

（2）主要公路为四车道公路，或设计速度不小于 60 km/h 且有相当比例转弯交通量的二级公路，或与互通式立体交叉直接沟通的双车道公路的 T 形交叉，应采用图 2.8 所示的设置导流岛的渠化 T 形交叉。

（3）主要公路为四车道公路以及设计速度为 80 km/h 的双车道公路，或虽然设计速度为 60 km/h，但属区域干线的双车道公路，其上的十字形交叉应采用图 2.9 所示的渠化十字形交叉。

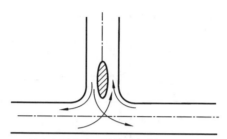

(a) 只在次要公路上设分隔岛的渠化T形交叉

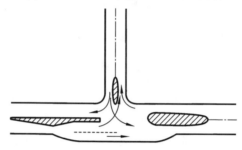

(b) 在主要公路和次要公路上均设分隔岛的渠化T形交叉

图 2.7　只设分隔岛的渠化 T 形交叉

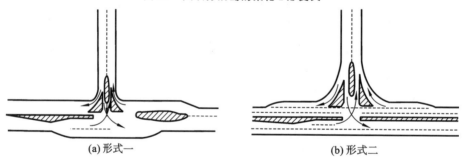

(a) 形式一　　　　　　　　　　　　　(b) 形式二

图 2.8　设置导流岛的渠化 T 形交叉

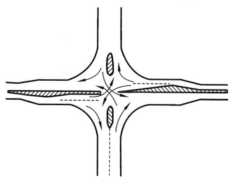

图 2.9　渠化十字形交叉

3）环形交叉

环形交叉适用于交通量适中,经过验算后出入口之间的距离能满足交织长度的要求,或按"入口让路"规则设计能满足交通量需要的3～5岔的交叉。

（1）环形交叉宜采用图2.10所示的适应"入口让路"的行驶规则的形式。

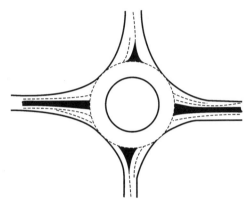

图2.10　"入口让路"环形交叉

（2）"入口让路"环形交叉适用于一条四车道公路和一条双车道公路的交叉,以及两条高峰小时不明显的四车道公路的交叉。

4. 平面交叉的勘测设计要点

1）勘测要点

（1）搜集原有公路的等级、交通量、交通性质、交通组成、交通流向等资料和远景规划。

（2）根据地形和其他自然条件以及掌握的资料,按照有关规定,拟定交叉形式。

（3）选定交叉位置和确定交叉点,使各相交路线在平、纵、横方面都有较好的衔接。通常交叉点设在原有公路的中心线上或中心线的延长线上。

（4）测量交叉角、中线、纵断面和横断面。

（5）当地形和交叉口较复杂时,为更合理地选定交叉口的位置和形式,并便于排水,应详测地形图,以便做平面交叉竖向设计,其比例尺采用1∶500～1∶1000。

2)设计要点

(1)平面线形。

①平面交叉范围内两相交公路应正交或接近正交,且平面线形宜为直线或大半径曲线,尽量避免采用需设超高的曲线半径。

②新建公路与等级较低的既有公路斜交时,应对次要公路在交叉前后一定范围内做局部改线,使交叉的交角不小于70°。

(2)纵面线形。

①平面交叉范围内,两相交公路的纵面应尽量平缓。纵面线形应满足最小停车视距要求。

②主要公路在交叉范围内的纵坡应在0.15%～3%的范围内;次要公路上紧接交叉的部分引道以0.5%～2.0%的上坡通往交叉,而且此坡段至主要公路的路缘至少25 m。

③主要公路在交叉范围内是超高曲线的情况下,次要公路的纵坡应服从主要公路的横坡。

(3)视距。

①引道视距。每条岔道和转弯车道上都应提供与行驶速度相适应的引道视距。引道视距在数值上等于停车视距,量取标准为:视点眼高1.2 m;物高0 m。各种设计速度所对应的引道视距及凸型竖曲线的最小半径规定,见表2.8。

表2.8 引道视距及相应的凸型竖曲线最小半径

设计速度/(km·h^{-1})	引道视距/m	引道凸型竖曲线最小半径/m
100	160	10700
80	110	5100
60	75	2400
40	40	700
30	30	400
20	20	200

②通视三角区。两相交公路间,由各自停车视距所组成的三角区内不得存在任何有碍通视的物体。

(4)立面设计。

平面交叉处两相交公路共有部分的立面形式及其引道横坡,应根据两相交公路的相对功能地位,平、纵面线形以及交通管理方式等因素而定。

①采用"主路优先"交通管理方式的交叉,应使主要公路的横断面贯穿交叉,而调整次要公路的纵断面以适应主要公路的横断面;当调整纵断面有困难时,应同时调整两公路的横断面。

②主要公路设超高曲线时,应根据次要公路纵断面的不同情况处理立面。

③两相交公路的功能地位相同或相仿,或者是信号交叉时,则两路均应做适当的调整。

(5)平面交叉范围内设置的附加车道有变速车道和转弯车道。

(6)平面交叉处的排水设计是一项重要内容。平面交叉处的排水设计应绘制排水系统图,并注明流向和坡度等。公路用地范围内由路基和路面排除所降雨水,公路用地范围外的雨水等不允许流入交叉处路面范围内。

(7)平面交叉的渠化设计,可采用导流岛、路面标线、交通岛等方式。

(8)交叉口应设置人行横道、人行天桥或通道,并设置限速、指路和其他有关标志、标线和信号。

(9)改建旧平面交叉可采用增设车道、渠化、改为立体交叉等方法。

2.3.3 公路立体交叉

公路立体交叉是指公路与公路(或铁路)相交时,利用"跨线"结构物使其在不同高程相互交叉连接,达到避免车流交叉行驶的目的。其作用是提高通行能力,减少交通事故的发生。

1. 立体交叉的组成

公路立体交叉是由跨线构造物、正线、匝道、出入口及变速车道几部分组成的。

(1)跨线构造物。跨线构造物是立交实现车流空间分离的主体构造物,包括设于地面以上的跨线桥(上跨式)以及设于地面以下的地道(下穿式)。

(2)正线。正线是组成立交的主体,其是指相交道路的直行车行道,主要包括连接跨线构造物两端到地坪高程的引道和交叉范围内引道以外的直行路段。

(3)匝道。匝道是立交的重要组成部分,其是指供上、下相交道路转弯车辆行驶的连接道,有时包括匝道与正线以及匝道与匝道之间的跨线桥(或地道)。

(4)出口与入口。由正线驶出进入匝道的道口为出口,由匝道驶入正线的道口为入口。

(5)变速车道。为适应车辆变速行驶的需要,而在正线右侧的出入口附近设置的附加车道,称为变速车道。出口端为减速车道,入口端为加速车道。

2. 主要设计内容与一般要求

高等级公路相交或交通量过大而平面交叉无法适应时,或是行车速度高、地形条件适合做成立体交叉,从经济上考虑又合理时,均可以考虑用立体交叉。立体交叉可分为互通式和分离式两种。相交公路通过跨线桥、匝道等连接上、下路线的立体交叉,称为互通式立体交叉;相交公路通过跨线桥,但不能直接连接的立体交叉,称为分离式立体交叉。

(1)高速公路和其他各级公路交叉时,必须采用立体交叉。

(2)符合以下条件时应设置互通式立体交叉:

①高速公路与承担干线和集散功能的公路相交时。

②高速公路与连接其他重要交通源的连接线公路相交时。

③作为干线功能的一级公路与其他干线公路和集散公路相交时。

④一级公路采用平面交叉冲突交通量较大,通过渠化或信号控制仍不能满足通行能力要求时。

互通式立体交叉的形式、设置的间距及加(减)速车道、匝道的设计,应根据有关规定及具体情况确定。

(3)当一级公路与交通量较大的公路交叉时,应采用立体交叉。交叉形式可根据具体情况采用互通式或分离式立体交叉。

(4)对于二、三、四级公路之间的交叉,在直行交通量大时,宜采用立体交叉。

(5)互通式立体交叉。

①互通式立体交叉的基本形式分为T形、Y形和十字形三种。按功能可将互通式立体交叉分为枢纽互通式立体交叉和一般互通式立体交叉。枢纽互通式立体交叉一般为高速公路与高速公路之间的交叉,其匝道无收费站等设施,且应保证所有交通流无交叉冲突;一般互通式立体交叉为除枢纽互通式立体交叉外的其他互通式立体交叉,一般用于高速公路或一级公路与双车道公路之间的交叉,允许合并设置收费站和在被交公路的匝道端部采用平面交叉。互通式立体交叉结构复杂、占地多,但车辆可以近距离安全转弯、连续行驶。相邻互通式立体交叉的间距最小为4 km,最大为30 km。

②匝道是连接立体交叉上、下路线的通道。匝道的设计速度见表2.9。匝道

的圆曲线最小半径见表2.10。匝道及其端部,凡曲率变化较大处均应设回旋线,参数$A \leqslant 1.5 R$(R为圆曲线半径)为宜,并不小于表2.11规定的值。驶入匝道的分流点应具有较大的曲率半径,并使曲率变化适应行驶速度的变化,分流鼻处的曲率半径与回旋线参数见表2.12。

表2.9　互通式立体交叉匝道设计速度

匝道形式	匝道设计速度/(km·h^{-1})	
	枢纽互通式立体交叉	一般互通式立体交叉
直连式	50～80	40～60
半直连式	40～80	40～60
环形匝道	40	30～40

表2.10　匝道圆曲线最小半径

匝道设计速度/(km·h^{-1})	匝道圆曲线最小半径/m	
	一般值	最小值
80	280	230
70	210	175
60	150	120
50	100	80
40	60	50
35	40	35
30	30	25

表2.11　匝道回旋线参数及长度

匝道设计速度/(km·h^{-1})	回旋线参数A/m	回旋线长度/m
80	140	70
70	100	60
60	70	50
50	50	40
40	35	35
35	30	30
30	20	25

表2.12 分流鼻处曲率半径与回旋线参数

主线设计速度/(km·h⁻¹)	曲率半径/m		回旋线参数A/m	
	一般值	极限值	一般值	极限值
120	350	300	140	120
100	300	250	120	100
≤80	250	200	100	80

③匝道最大纵坡应按照表2.13确定,最小竖曲线半径及竖曲线长度按表2.14确定。分流鼻附近竖曲线半径和最小长度规定于表2.15。

表2.13 匝道的最大纵坡

匝道设计速度/(km·h⁻¹)		80	70	60	50	40	35	30
最大纵坡/(%)	出口匝道 上坡	3		4		5		
	出口匝道 下坡	3		3		4		
	入口匝道 上坡	3		3		4		
	入口匝道 下坡	3		4		5		

表2.14 匝道竖曲线的最小半径及最小长度

匝道设计速度/(km·h⁻¹)	竖曲线最小半径/m				竖曲线最小长度/m	
	凸型		凹型			
	一般值	极限值	一般值	极限值	一般值	最小值
80	4500	3000	3000	2000	100	75
70	3500	2000	2000	1500	90	60
60	2000	1400	1500	1000	70	50
50	1600	800	1300	700	60	40
40	900	450	900	450	40	35
35	700	350	700	350	35	30
30	500	250	400	300	30	25

表2.15　分流鼻附近匝道最小竖曲线半径及最小长度

主线设计速度/(km·h^{-1})	竖曲线最小半径/m				竖曲线最小长度/m	
	凸型		凹型			
	一般值	最小值	一般值	最小值	一般值	最小值
120	3500	2000	2000	1500	90	60
100	2000	1400	1500	1000	75	50
80	1600	800	1400	700	60	40
60	900	450	900	450	40	35

④匝道的超高和加宽应设置过渡段。

⑤变速车道分为直接式和平行式两种。设计时应使车辆能够安全舒适地通行。

⑥相关设计内容还有收费广场、环境协调、景观设计、绿化设计、排水设计等。

⑦互通式立体交叉范围内的主要技术指标见表2.16。

表2.16　互通式立体交叉范围内的主要技术指标

设计速度/(km·h^{-1})	平曲线最小半径/m		竖曲线最小半径/m				最大纵坡/(%)	
			凸型		凹型			
	一般值	最小值	一般值	最小值	一般值	最小值	一般值	最小值
120	2000	1500	45000	23000	16000	12000	2	2
100	1500	1000	25000	15000	12000	8000	2	2
80	1100	700	12000	6000	8000	4000	3	4
60	500	350	6000	3000	4000	2000	4.5	5.5
40	250	150	2000	1500	3000	1500	5	6

注：一般情况下，平曲线及竖曲线半径应大于或等于表列一般值，纵坡应小于或等于表列一般值，当受地形条件或其他特殊情况限制时，方可采用表列极限值。

3. 测设要点

(1)应收集的资料，除立体交叉所要求提供的资料外，还应征求当地政府及有关部门的意见。

(2)实地初步拟定交叉的位置,以相交公路的中线为基线布设控制网,以供测量地形之用。

(3)地形测量,除分离式立体交叉外,均需测绘地形图,比例尺用1∶500～1∶1000。测绘的范围视实际需要而定,一般应测至交叉范围外至少100 m处。

(4)在地形图上定出不同方案的交叉位置和形式(包括匝道),并到实地核对,然后根据纸上资料等进行初步设计,拟订方案。为方便对方案进行比选,必要时需做模型和绘出透视图。

(5)按方案在实地放样,并测得平面、纵断面、横断面三方面资料。

(6)地质勘探,在跨线桥和其他构造物处应进行地质钻探。

2.3.4 城市道路交叉口控制规划

城市道路的通行能力往往不取决于路段,而取决于网络系统节点,即道路交叉口的通行能力。交叉口范围内路面的交通负荷一般为两相交道路交通量之和,如两条交通量相等的道路相交,则交叉口的交通负荷为相交道路的2倍,这就是交叉口总是拥挤阻塞形成"瓶颈",车辆等难以通过的根本原因。而传统的交叉口设计很少注意这个问题,没有从网络系统的总体平衡考虑,将交叉口范围内路段予以拓宽,相反却在四周兴建一些吸引大量人流的大型商贸单位,从而加剧了交叉口地区的拥堵。

1. 立体交叉口控制性规划

1)立体交叉设置条件

高速公路与城市各级道路相交时,必须采用立体交叉。快速路与快速路相交,必须采用立体交叉;快速路与主干路相交,应采用立体交叉。主干路与主干路交叉口的交通量超过4000～6000 pcu/h,相交道路为四车道以上,且对平面交叉口采取改善措施、调整交通组织均收效甚微时,可设置立体交叉。两条主干路交叉或者主干路与其他道路相交,当地形适宜修建立体交叉,且技术经济比较合理时,可设置立体交叉。道路跨河或跨铁路时,可利用桥梁边孔修建道路与道路的立体交叉。

2)立交形式选择

城市道路立体交叉口的形式选择,应符合以下规定:

(1)整个道路网中,立体交叉口的形式应力求统一,其结构形式应简单,占地面积少;

(2)交通主流方向应走捷径,少爬坡和少绕行;

(3)非机动车应行驶在地面层上或路堑内;

(4)当机动车与非机动车分开行驶时,不同的交通层面应相互套叠组合在一起,减少立体交叉口的层数和用地。

3)立体交叉用地控制要求

各种形式立体交叉口的用地面积和规划通行能力宜符合表2.17的规定。

表2.17 立体交叉口规划用地面积和通行能力

立体交叉口层数	立体交叉口匝道基本形式	机动车与非机动车有无冲突	用地面积/万平方米	通行能力/(千辆/h)	
				当量小汽车	当量自行车
二	菱形	有	2.0~2.5	7~9	10~13
	苜蓿形	有	6.5~12.0	6~13	16~20
	环形	有	3.0~4.5	7~9	15~20
		无	2.5~3.0	3~4	12~15
三	十字形	有	4.0~5.0	11~14	13~16
	环形	有	5.0~5.5	11~14	13~14
		无	4.5~5.5	8~10	13~15
	苜蓿形与环形①	无	7.0~12.0	11~13	13~15
	环形与苜蓿形②	无	5.0~6.0	11~14	20~30
四	环形	无	6.0~8.0	11~14	13~15

注:①表示三层立体交叉口中的苜蓿形为机动车匝道,环形为非机动车匝道;②表示三层立体交叉口中的环形为机动车匝道,苜蓿形为非机动车匝道。

2.平面交叉口控制性规划

在城市道路系统中,除快速路系统和个别主干路上的立体交叉口外,城市中的道路交叉口基本上均为平面交叉口。平面交叉口有十字形、T形、环形等多种形式。

应根据相交道路等级、分向流量、公交站点设置、交叉口周围用地性质,确定交叉口形式及其用地范围。

1)平面交叉口设置要求

平面交叉口必须进行渠化规划设计,必须通过增加交叉口进口道车道数来弥补时间资源的损失,使交叉口通行能力与路段通行能力相匹配;交叉口渠化改造和规划建设必须考虑系统性,不能孤立改造某个交叉口,将交通矛盾转移到其他交叉口;尽可能利用平面交叉口渠化来挖掘既有设施潜力,尽量不建立交;平面环形交叉口可采用"环交+信号灯"控制方式。

2)环交设置应满足下列要求

机动车与非机动车混行的环形交叉口,环道总宽度宜为18～20 m,中心岛直径宜取30～50 m,其规划通行能力宜按表2.18的规定采用。

表2.18 环形交叉口的规划通行能力

机动车的通行能力/(千辆/h)	同时通过的自行车数/(千辆/h)
2.6	1
2.3	4
2.0	7
1.6	11
1.2	15
0.8	18
0.4	21

注:机动车换算成当量小汽车数,非机动车换算成当量自行车数。

规划交通量超过2700 pcu/h的交叉口不宜采用环形交叉口。环形交叉口的任意交织段上,规划的交通量超过1500 pcu/h时,应改建交叉口。

3)平面交叉口用地控制要求

城市道路平面交叉口的规划用地面积宜符合表2.19的规定。

表2.19 平面交叉口规划用地面积(单位:万平方米)

相交道路等级	T形交叉口 城市人口			十字形交叉口 城市人口			环形交叉口		
	>200万人	50万~200万人	<50万人	>200万人	50万~200万人	<50万人	中心直径/m	环道宽度/m	用地面积/万平方米
主干路与主干路	0.60	0.50	0.45	0.80	0.65	0.60	—	—	—
主干路与次干路	0.50	0.40	0.35	0.65	0.55	0.50	40~60	20~40	1.0~1.5
次干路与次干路	0.40	0.30	0.25	0.55	0.45	0.40	30~50	16~20	0.8~1.2
次干路与支路	0.33	0.27	0.22	0.45	0.35	0.30	30~40	16~18	0.6~0.9
支路与支路	0.20	0.16	0.12	0.27	0.22	0.17	25~35	12~15	0.5~0.7

4)交叉口范围红线拓宽

车辆通过交叉口的可通车时间仅相当于路段可通车时间的一半还不到,导致交叉口进口道上每条车道的通行能力不到路段通行能力的一半。因此,平面交叉口规划设计须使进口道通行能力与其上游路段通行能力相匹配,可采取增大交叉口处的红线宽度,在交叉口进口道增加车道等措施。

平面交叉口进口道的展宽段长度和宽度应根据规划交通需求量和车辆在平面交叉口的排队长度确定。表2.20提供了平面交叉口规划红线宽度增加值和长度指标。平面交叉口出口道红线可增宽3m,增宽长度视道路等级取60~80m,渐变段取30~50m。

表2.20 新建平面交叉口进口道规划红线宽度增加值和长度(单位:m)

交叉口	相交道路								
	规划红线宽度增加值			进口道规划红线长度					
				展宽段长度			展宽渐变段长度		
	主干路	次干路	支路	主干路	次干路	支路	主干路	次干路	支路
主干路与主干路	10~15	—	—	80~120	—	—	30~50	—	—
主干路与次干路	5~10	5~10	—	70~100	50~70	—	20~40	20~40	—
主干路与支路	3~5	—	3~5	50~70	—	30~40	15~30	—	15~30
次干路与次干路	—	5~10	—	—	50~70	—	—	15~30	—

续表

交叉口	相交道路								
	规划红线宽度增加值			进口道规划红线长度					
				展宽段长度			展宽渐变段长度		
	主干路	次干路	支路	主干路	次干路	支路	主干路	次干路	支路
次干路与支路	—	3~5	3~5	—	40~60	30~40	—	15~30	15~30
支路与支路	—	—	3~5	—	—	20~40	—	—	15~30

第3章 公路工程施工

3.1 路基施工

3.1.1 概述

公路路基是路面的基础,是线形承重主体,承受着自身土体的自重和路面结构的重量,以及由路面传递下来的行车荷载。没有稳定坚固的路基,就不会有一个好的路面。松软的路基会产生不均匀下沉现象,造成路面开裂和不平整,进而影响行车的速度、安全、舒适和道路的畅通。

对于一级公路和高速公路,路基又可分为整体式断面路基和分离式断面路基两类。根据填挖情况的不同,路基可分为路堤、路堑和填挖结合路基三种类型。路堤是指全部用岩、土(或其他填料)填筑而成的路基;路堑是指全部开挖形成的路基;当天然地面横坡比较大,一侧开挖,另一侧填筑时,称为填挖结合路基,也称半堤半堑路基。

对于路堤来讲,按路基的填土高度不同,又可划分为矮路基(小于1.5 m)、高路基(大于18 m)和一般路基(1.5~18 m);按填料不同,又可分为土质路基、石质路基和土石混合路基。路基在结构上又分为上路堤和下路堤、路床。上路堤是指路面底面以下0.8~1.5 m的填方部分,下路堤是指上路堤以下的填方部分。路床是指路面底面以下0~0.8 m的路基部分,又可分为上路床和下路床。

路堑按其开挖方式的不同,又可分为全挖式路基、台口式路基和半山洞式路基。按其材质不同,路堑又可分为土质路堑和石质路堑。

路基填筑工程量巨大,路基填料的选择一般遵循因地制宜的原则,"宜土则土","宜石则石"。凡是具有规定强度且能被压实到规定密实度和能形成稳定路基的材料均为适用的填料。也就是说,无论是细粒土、粗粒土还是爆破之后的岩石或工业废渣,只要符合一定的技术要求,都可以用作路基填料。

对于一级以上公路,或使用新材料、新技术、新工艺、新设备的施工路段,施工单位在正式施工之前,应首先进行一定长度的试验路段施工,试验路段的施工方法与正式施工相同。进行试验路段施工的目的是:确定填方施工的松铺厚度、验证最佳含水率范围,确定碾压组合形式,确定最佳的机械配套和施工组织。路段试验应对所有的试验环节做好记录,包括压实设备的类型、碾压组合方式、碾压速度和碾压遍数、含水率的大小及均匀程度、有无出现翻浆及处理办法、填料的松铺厚度及压实厚度、最后实测的压实度等。这些试验结果将作为以后该种填筑材料施工控制的重要依据。

3.1.2 一般路基施工

1. 土质路堤施工

1)施工取土

(1)路基填方取土,应根据设计要求,结合路基排水和当地土地规划、环境保护要求进行,不得任意挖取。

(2)施工取土应不占或少占良田,尽量利用荒坡、荒地,取土深度应结合地下水等因素考虑,利于复耕。原地面耕植土应先集中存放,以利再用。

(3)自行选定取土方案时,应符合下列技术要求:地面横向坡度陡于1∶10时,取土坑应设在路堤上侧;桥头两侧不宜设置取土坑;取土坑与路基之间的距离,应满足路基边坡稳定的要求。取土坑与路基坡脚之间的护坡道应平整密实,表面设1%~2%向外倾斜的横坡;取土坑兼作排水沟时,其底面宜高出附近水域的常水位或与永久排水系统及桥涵出水口的标高相适应,纵坡不宜小于0.2%,平坦地段不宜小于0.1%;线外取土坑等与排水沟、鱼塘、水库等蓄水(排洪)设施连接时,应采取防冲刷、防污染的措施。

(4)对取土造成的裸露面,应采取整治或防护措施。

2)施工方法

路堤填筑是把填料用一定方式运送上堤进行铺平、碾压密实的过程。路堤填筑分为分层填筑法、竖向填筑法和混合填筑法三种方法。

(1)分层填筑法。

路堤填筑根据不同的土质,从原地面逐层填起并分层压实,每层填土的厚度可按压实机具的有效压实深度和压实度确定。分层填筑法又可分为水平分层填筑和纵向分层填筑两种。

①水平分层填筑:填筑时按照横断面全宽分成水平层次,逐层向上填筑,如

原地面不平,应由最低处分层填起,每填一层,经过压实符合规定要求之后,再填上一层,循环进行直至达到设计高程。

②纵向分层填筑:此方法适用于用推土机从路堑取土填筑距离较短的路堤,依纵坡方向分层,逐层向上填筑,原地面纵坡大于12%的地段常采用此法。

(2)竖向填筑法。

竖向填筑是指从路基一端或两端同时按横断面的全部高度,逐步推进填筑。此方法适用于无法自下而上填筑的深谷、陡坡、断岩、泥沼等运土和机械无法进场的路堤。

竖向填筑因填土过厚不易压实,施工时要选用沉陷量较小、透水性较好及颗粒粒径均匀的砂石材料或附近开挖路堑的废石方,并一次填足路堤全宽度;选用振动式或夯击式压实机械;暂时不修建较高级的路面,容许短期内自然沉降。

(3)混合填筑法。

在路堤下层竖向填筑,上层水平分层填筑,使上部填土经分层压实获得需要的压实度。此方法适应于因地形限制或填筑堤身较高,不宜自始至终采用分层填筑法或竖向填筑法进行填筑的情况。在深谷、陡坡地段填筑路堤,尽量采用混合填筑法。施工时可以单机作业,也可多机作业,一般沿线路分段进行,每段距离以20~40 m为宜,多在地势平坦或两侧有可利用的山地土场的场合采用。

3)施工要点

(1)地基表层处理应符合下列规定。

①二级及二级以上公路路堤基底的压实度应不小于90%;三级、四级公路应不小于85%。路基填土高度小于路面和路床总厚度时,基底应按设计要求处理。

②原地面坑、洞、穴等,应在清除沉积物后,用合格填料分层回填、分层压实。

③泉眼或露头地下水,应按设计要求,采取有效导排措施后方可填筑路堤。

④地基为耕地、松散土、水稻田、湖塘、软土、高液限土等时,应按设计要求进行处理,局部软弱的部分也应采取有效的处理措施。

⑤地下水位较高时,应按设计要求进行处理。

⑥陡坡地段、土石混合地基、填挖界面、高填方地基等都应按设计要求进行处理。

(2)路堤填筑应符合下列规定。

①性质不同的填料,应水平分层、分段填筑,分层压实。同一水平层路基的

全宽应采用同一种填料,不得混合填筑。每种填料的填筑层压实后的连续厚度不宜小于500 mm。填筑路床顶最后一层时,压实后的厚度应不小于100 mm。

②潮湿或冻融敏感性小的填料应填筑在路基上层,强度较小的填料应填筑在下层。在有地下水的路段或临水路基范围内,宜填筑透水性好的填料。

③在透水性不好的压实层上填筑透水性较好的填料前,应在其表面设2％~4％的双向横坡,并采取相应的防水措施。不得在由透水性较好的填料所填筑的路堤边坡上覆盖透水性不好的填料。

④每种填料的松铺厚度应通过试验确定。每一填筑层压实后的宽度不得小于设计宽度。

⑤路堤填筑时,应从最低处起分层填筑,逐层压实;当原地面纵坡大于12％或横坡陡于1:5时,应按设计要求挖台阶,或设置坡度向内并大于4％、宽度大于2 m的台阶。

⑥填方分几个作业段施工时,接头部位如不能交替填筑,则先填路段,按1:1~1:2坡度分层留台阶。如能交替填筑,则应分层相互交替搭接,搭接长度不小于2 m。

(3)选择施工机械。

应考虑工程特点、土石种类及数量、地形、填挖高度、运距、气候条件、工期等因素经济合理地确定施工机械。填方压实应配备专用碾压机具。

(4)压实度检测应符合以下规定。

①用灌砂法、灌水(水袋)法检测压实度时,取土样的底面位置为每一压实层底部;用环刀法试验时,环刀中部处于压实层厚的1/2深度;用核子仪试验时,应根据其类型,按说明书要求进行操作。

②施工过程中,每一压实层均应检验压实度,检测频率为每1000 m^{2}至少检验2点,不足1000 m^{2}时检验2点,必要时可根据需要增加检验点。

2. 填石路堤施工

1)填料要求

路堤填料粒径应不大于500 mm,并不宜超过层厚的2/3,不均匀系数宜为15~20。路床底面以下400 mm范围内,填料粒径应小于150 mm;路床填料粒径应小于100 mm。膨胀岩石、易溶性岩石不宜直接用于路堤填筑,强风化石料、崩解性岩石和盐化岩石不得直接用于路堤填筑。

2)填筑方法

填石路堤的填筑施工方式有倾填(含抛填)和逐层填筑、分层压实两种。

(1)倾填。

倾填又可分为石块从岩面爆破后直接散落在准备填筑的路堤内和用推土机将爆破后堆置在半路堑上的石块以及用自卸汽车从远处运来的爆破石块推入路堤两种情况。二级及二级以下且铺设低级路面的公路在陡峻山坡地段施工特别困难或大量爆破以挖作填时,可采用倾填方式将石料填筑于路堤下部,但倾填路堤在路床底面下不小于1.0 m范围内仍应分层填筑压实。

(2)逐层填筑、分层压实。

高速公路、一级公路和铺设高级路面的其他等级公路的填石路堤不宜采用倾填式施工,而应采用分层填筑、分层压实的方法。

采用分层填筑、分层压实方式施工,又可分为机械作业和人工作业两种方法。机械施工分层填筑时,高速公路及一级公路分层松铺厚度一般为50 cm,其他公路为100 cm。施工中应安排好石料运输路线,专人指挥,按水平分层,先低后高、先两侧后中央卸料。由于每层填筑厚度较大,故摊铺平整工作必须采用大型推土机进行,个别不平处应配合人工用细石块、石屑找平,如果石块级配较差、粒径较大、填层较厚,石块间的空隙较大时,可于每层表面的空隙里扫入石碴、石屑、中砂、粗砂,再以压力水将砂冲入下部,反复数次,使空隙填满。人工摊铺、填筑填石路堤,当铺填粒径25 cm以上石料时,应先铺填大块石料,大面向下,小面向上,摆平放稳,再用小石块找平,石屑塞填,最后压实;铺填粒径25 cm以下石料时,可直接分层摊铺,分层碾压。

3)施工要点

(1)基层处理时,其承载力应满足设计要求;在非岩石地基上填筑填石路堤前,应按设计要求设置过渡层。

(2)路堤施工前,应先修筑试验路段,确定满足孔隙率标准的松铺厚度、压实机械型号及组合、压实速度及压实遍数、沉降差等参数。

(3)路床施工前,应先修筑试验路段,确定能达到最大压实干密度的松铺厚度、压实机械型号及组合、压实速度及压实遍数、沉降差等参数。

(4)岩性相差较大的填料应分层或分段填筑,严禁将软质石料与硬质石料混合使用。

(5)中硬、硬质石料填筑路堤时,应进行边坡码砌。码砌边坡的石料强度、尺寸及码砌厚度应符合设计要求。边坡码砌与路基填筑宜基本同步进行。

(6)压实机械宜选用自重不小于18 t的振动压路机。

(7)在填石路堤顶面与细粒土填土层之间应按设计要求填筑过渡层。

4)质量检验

(1)上路堤、下路堤的压实质量应符合规定。

(2)填石路堤施工过程中的每一压实层,可用试验路段确定的工艺流程和工艺参数,控制压实过程;用试验路段确定的沉降差指标检测压实质量。

(3)填石路堤填筑至设计标高并整修完成后,其施工质量应符合规定。

(4)填石路堤成形后的外观质量标准:路堤表面无明显孔洞;大粒径石料不松动,铁锹挖动困难;边坡码砌紧贴、密实,无明显孔洞、松动,砌块间承接面向内倾斜,坡面平顺。

3. 土石路堤施工

土石路堤是指石料含量占总质量30%~70%的土石混合材料填筑的路堤。

1)填料要求

(1)膨胀岩石、易溶性岩石等,不宜直接用于路堤填筑,崩解性岩石和盐化岩石等不得直接用于路堤填筑。

(2)天然土石混合填料中,中硬、硬质石料的最大粒径不得大于压实层厚的2/3;石料最大粒径不得大于压实层厚。

2)填筑方法

土石路堤不得采用倾填方法,只能采用分层填筑、分层压实。

当土石混合料中石料含量超过70%时,宜采用人工铺填,即先铺填大块石料,且大面向下,放置平衡,再铺小块石料、石碴或石屑嵌缝找平,然后碾压。当土石混合料中石料含量小于70%时,可用推土机将土石混合料铺填,每层铺填厚度应根据压实机械类型和规格确定,不宜超过40 cm。用机械铺填时应注意避免硬质石块,特别是集中在一起的尺寸大的硬质石块。

3)施工要点

(1)在陡坡、斜坡地段,土石路堤靠山一侧应按设计要求做好排水和防渗处理。

(2)压实机械宜选用自重不小于18 t的振动压路机。

(3)施工前应根据土石混合材料的类别分别进行试验路段施工,确定能达到最大压实干密度的松铺厚度、压实机械型号及组合、压实速度及压实遍数、沉降差等参数。

(4)碾压前应使大粒径石料均匀分散在填料中,石料间空隙应填充小粒径石料、土和石碴。

(5)压实后透水性差异大的土石混合材料,应分层或分段填筑,不宜纵向分幅填筑。如确需纵向分幅填筑,应将压实后渗水良好的土石混合材料填筑于路堤两侧。

(6)土石混合材料来自不同料场,其岩性或土石比例相差较大时,宜分层或分段填筑。

(7)填料由土石混合材料变为其他填料时,土石混合材料最后一层的压实厚度应小于300 mm,该层填料最大粒径宜小于150 mm,压实后,该层表面应无孔洞。

(8)中硬、硬质石料的土石路堤,应进行边坡码砌。边坡码砌与路堤填筑宜基本同步进行。软质石料土石路堤的边坡按土质路堤边坡处理。

4)质量检验

(1)中硬、硬质石料土石路堤在施工过程中的每一压实层,可用试验路段确定的工艺流程和工艺参数,控制压实过程;用试验路段确定的沉降差指标,检测压实质量。路基成形后质量应符合规定。

(2)软质石料填筑的土石路堤应符合地基表层处理的规定。

(3)土石路堤的外观质量标准包括:路基表面无明显孔洞;大粒径填石无松动,铁锹挖动困难;中硬、硬质石料土石路基边坡码砌紧贴、密实,无明显孔洞、松动,砌块间承接面应向内倾斜,坡面平顺。

4. 挖方路基施工

1)土质路开挖

(1)土方开挖方法。

路堑开挖施工,除需考虑当地的地形条件、采用的机具等因素外,还需考虑土层的分布及利用。在路堑开挖前,应做好现场伐树除根等清理工作和排水工作。如果移挖作填,还应将表层土单独剥离,或按不同的土层分层挖掘,以满足路堤填筑的要求。路堑的开挖根据路堑深度、纵向长短及现场施工条件,可采用纵向全宽掘进开挖(横挖法)、横向通道掘进开挖(纵挖法)和混合式挖掘法。

①横挖法:是在路线一端或两端,沿路线纵向向前开挖。单层掘进开挖,其高度即等于路堑设计深度,掘进时逐段成形向前推进,由相反方向运土送出。单层掘进的高度受到人工操作安全及机械操作有效因素的限制,如果施工紧迫,对于较深路堑,可采用双层纵向掘进开挖,上层在前,下层随后,下层施工面上留有上层操作的出土和排水通道。双层或多层开挖,增大了施工工作面,加快了施工进度,层高应视施工方便且能保证安全而定,一般为1.5~2.0 m。

②纵挖法:是先在路堑纵向挖出通道,然后分段同时由横向掘进。此法工作面多,既可人工施工,亦可机械施工,也可分层纵向开挖,即将路堑分为宽度和深度都合适的纵向层次向前掘进开挖,可采用各式铲运机施工。在短距离及大坡度时,可用推土机施工,较长、较宽的路堑可用铲运机并配以运土机具进行施工。

③混合式挖掘法:是横挖法和纵挖法的混合使用,即先顺路堑开挖通道,然后沿横向坡面挖掘,以增加开挖坡面,每一开挖坡面应能容纳一个施工组或一台开挖机械作业。在较大的挖土地段,还可沿横向再挖沟,配以传动设备或布置运土车辆。当路线纵向长度和深度都很大时,宜采用混合式挖掘法。

(2)土方开挖施工要点。

①土方开挖应自上而下进行,不得乱挖超挖,严禁掏底开挖。土方应分类开挖、分类使用,非适用材料应按设计要求或作为弃方按规定处理。开挖过程中,应采取措施保证边坡稳定。开挖至边坡线前,应预留一定宽度,预留的宽度应保证刷坡过程中设计边坡线外的土层不受到扰动。

②路基开挖中,基于实际情况,如需修改设计边坡坡度、截水沟和边沟的位置及尺寸等时,应及时按规定报批。边坡上稳定的孤石应保留。开挖至零填、路堑路床部分后,应尽快进行路床施工;如不能及时进行施工,宜在设计路床顶标高以上预留至少300 mm厚的保护层。采取临时排水措施,确保施工作业面不积水。挖方路基路床顶面终止标高,应考虑因压实而产生的下沉量,其值通过试验确定。

③边沟与截水沟应从下游向上游开挖,截水沟通过地面坑凹处时,应将凹处填平夯实。边沟及截水沟开挖后,应及时进行防渗处理,不得渗漏、积水和冲刷边坡及路基。

④挖方路基施工遇到地下水时,应采取排导措施,将水引入路基排水系统,不得随意堵塞泉眼。路床土含水率高或为含水层时,应采取设置渗沟、换填、改良土质等处理措施,路床填料应具有良好的透水性能。

2)石质路施工

(1)石质路堑施工注意事项。

采用松土法或破碎法施工应注意的事项与土质路堑开挖基本相同。当采用爆破施工时,应注意以下事项。

①爆破影响区内既有建筑物、管线的调查:一旦确定采用爆破法开挖岩石后,应查明爆破区内有无电力、电信、供排水管道等地面、地下管线,既有建筑物的类型、权属、年限等。若有还应明确其具体的平面位置、埋置深度、迁移可行性。此外,对开挖边线范围外的既有建筑物、各类管线距离、权属也应充分调查,以便制订爆破方案,确保线外建筑物、管线的安全。

②报请当地公安等部门审批爆破方案:对大型、中型爆破,确定方案后,应分别报送当地公安局、建筑物及管线的直接单位及主管部门、监理工程师审批。

③持证上岗:持证上岗是杜绝爆破伤亡事故的根本保证。凡从事爆破作业的施工人员均必须经过专业培训,取得爆破证书后才能上岗。必须一人一证,严禁一证多人使用。

④清碴工作:清碴应自上而下,将松动的、破碎的岩石撬落。不准掏"神仙碴"(即在下面往里掏成悬岩状,石碴在自重的作用下坍落),以免坍塌伤人。目前多用大功率推土机集石,装载机装车,或直接用斗容量1.5~2.0 m^3的正铲挖掘机装车。对特大的孤石,可采用钢纤炮二次爆破解小。

⑤安全:爆破施工安全包括爆破器材安全管理、施工操作安全及警戒线之内的其他人员、物资安全。爆破施工是一项危险作业,要求杜绝各种事故的发生,做到安全生产。对爆破作业的每一道工序,都必须认真执行各有关爆破安全规程,有组织、有计划、有步骤地进行施工。为了避免事故,石方爆破作业以及爆破器材的管理、加工、运输、检验和销毁等均应按《爆破安全规程》(GB 6722—2014)执行。

⑥排水:节理发育的岩石,例如石灰岩地区,地表水会沿裂缝缝隙往下渗入,一般不用设置截水天沟。但在开挖区内应在纵向、横向形成坡面,确保工作面不积水。其他石质路堑视现场而定。

(2)公路工程特殊爆破技术。

公路工程施工中比较常用的特殊爆破技术有光面爆破、预裂爆破、定向爆破、深孔多排微差爆破等。下面就以上特殊爆破技术做简要介绍。

①光面爆破：是指在开挖界面的周边，适当排列一定间隔的炮孔，在有侧向临空面的情况下，用控制抵抗线和落量的方法使爆破后的坡面保持光滑、顺直、平整而不受明显破坏的爆破方法。

光面爆破施工的技术要点有以下几点。a.选择要求工作空间较小的优良钻机，精确凿岩，控制炮眼底部的偏离，严格保持炮孔在同一平面内。b.光面爆破在主炮起爆之后，间隔时间应在25～50 ms范围内；同一排炮孔必须同时爆破，以免影响起爆质量，最好用传爆线起爆。c.采用恰当的药包结构，并控制装药量。一般地，光面爆破装药量比正常减少1/3～1/2，炮孔直径不大于50 mm，且大于药卷直径1～2倍，或采用间隔药包、间隔钻孔装药。d.边孔间距可通过计算确定，也可由工地试验决定，曲线边孔应加密到0.2 m，采用小孔径，可间隔1～2孔装药。

使用光面爆破的地质条件：a.岩体稳定性好，坡顶上部无倾向路基的堆积覆盖层；b.有多向临空面；c.岩体的结构面层理、产状与路线平行；d.岩体构造无软弱结构面、不整合面、软弱夹层。

②预裂爆破：是沿岩体设计开挖面与主孔之间布置一排预裂炮孔，并使预裂炮孔超前主炮孔起爆（一般超前50～150 ms起爆），从而沿设计开挖面将岩石拉断，形成贯通预裂，使爆破主体与山体分离形成隔震减震带，为全部爆破完成后岩石开挖面形成要求的轮廓的一种爆破方法。

预裂爆破是在没有侧向临空面和最小抵抗线的情况下，按一定间距钻一排小孔距平行炮孔，孔内装入少量炸药，在开挖区主炮孔起爆之前，这些炮孔首先爆破，预裂出一条裂缝，预裂缝在一定范围减小主炮孔的爆破震动效应，使开挖界限以外的山体或建筑物免遭爆破震动的破坏，并且防止额外超爆，有效保护开挖边坡，减小破坏。预裂爆破是在光面爆破基础上发展起来的一项特殊爆破技术。

施工时，为了获得良好的预裂爆破效果，除选择合理的爆破参数、起爆顺序和布孔方式外，更应精确掌握施工方法、操作要点，掌握好"孔深、方向和倾斜角度"三大要素，一般孔底的钻孔偏差不应大于15 cm。对钻孔的质量应十分重视，符合设计要求。

③定向爆破：就是利用爆破的作用，将大量的岩石和土按照指定的方向搬移到一定的地点，并堆积成一定形状的填方。定向爆破的基本原理，就是炸药在岩

石或土内部爆炸时,岩石和土是沿着最小抵抗线,即沿着从药包到临空面最短距离的方向而抛出去,因此,合理选择临空面并布置炮孔是定向爆破的一个重要方面。临空面可以利用自然的地形,也可以在爆破地点,用人工方法造成需要的孔穴或定向槽作为临空面,以便能够按照需要的方向,将爆破的岩石抛向指定的位置。

④深孔多排微差爆破:指前后或相邻炮孔内的药包以毫秒的时间间隔(一般为15~75 ms)依次起爆。微差爆破的特点是在装药量相等的条件下,可减震1/3~2/3;前发药包为后发药包开创了临空面,从而可以扩大自由面,有利于应力的增加,增加岩块间的碰撞挤压作用,加强了岩石的破碎效果;降低各排孔一次爆破的堆积高度,有利于挖掘机作业;由于逐发或逐排依次爆破,减少了岩石挟制力,可节省近20%的炸药量,并可增大孔距,提高每钻孔炸落方量。

特殊爆破技术施工中,应注意下述问题。

①施工前必须准确地测定设计边坡线和预裂孔的位置。

②施工中切实控制好"孔深、方向和倾斜角度"三大要素。各预裂孔应相互平行,孔底落在同一水平面上。预裂孔的角度与边坡坡度一致。

③严格保持炮孔在同一平面内,炮孔间距和最小抵抗线之比小于0.8。

④控制装药量,采用间隔药包,炮孔直径大于药卷直径1~2倍。

⑤光面炮在主炮之后起爆,时间间隔为25~50 ms。

⑥同一排孔要同时起爆,应尽量采用传爆起爆,以提高爆破效果。

⑦严格执行《爆破安全规程》(GB 6722—2014),确保爆破安全。

3.1.3 特殊路基施工

1. 软土路基施工

淤泥、淤泥质土以及天然强度低、压缩性高、透水性小的一般黏性土统称为软土。软土路基天然含水率大于等于35%液限;天然孔隙比大于等于1.0;十字板抗剪强度小于35 kPa;压缩系数宜大于0.5 MPa^{-1}。

高速公路路基的软土系指标准贯击数小于4、无侧限抗压强度小于50 kPa、含水率大于50%的黏性土和标准贯击数小于10、含水率大于30%的砂性土。

软土无论是按沉积成因还是按土质划分,它们都具有共同的工程性质,即:

①颜色以深色为主,粒度成分以细颗粒为主,有机质含量高。

②天然含水率高,容重小,天然含水率大于液限,超过30%,相对含水率大

于10%,软土的饱和度高达100%,甚至更大。

③天然孔隙比大,一般大于1。

④渗透系数小,一般小于10^{-6} cm/s数量级,沉降速度慢,固结完成所需时间较长。

⑤黏粒含量高,塑性指数大。

⑥高压缩性,压缩系数大,基础沉降量大,一般压缩系数大于0.5 MPa^{-1}。

⑦强度指标小,软土的快剪黏聚力小于10 kPa,快剪内摩擦角小于5°;固结快剪的强度指标略高,黏聚力小于15 kPa,内摩擦角小于10°。

⑧灵敏度高,灵敏度一般在2~10,有时大于10,具有显著的流变特性。软土路基应进行路基处理并观测路堤沉降,按图纸或经监理工程师批准的处理方法进行施工。

1)软土路基处理方法

(1)换填法。

换填法是将原路基一定深度和范围内的淤泥挖除,换填符合规定要求的材料,使之达到规定压实度的方法。换填时,应选用水稳性或透水性好的材料,分层铺筑,逐层压实。

(2)抛石挤淤法。

抛石挤淤法是在路基底从中部向两侧抛投一定数量的碎石,将淤泥挤出路基范围,以提高路基强度。所用碎石宜采用不易风化的大石块,尺寸一般不小于0.15 m。抛石挤淤法施工简单、迅速、方便,适用于常年积水的洼地,排水困难,泥炭呈流动状态,厚度较薄,表层无硬壳,片石能沉达底部的泥沼或厚度为3~4 m的软土;适用于在特别软的地面上施工机械无法进入,或是表面存在大量积水无法排出时;适用于石料丰富、运距较短的情况。

(3)排水固结法。

排水固结法有堆载预压法、真空预压法、降水预压法、电渗排水法,适用于处理厚度较大的饱和软土和冲填土路基,但对于较厚的泥炭层要慎重选择。

(4)胶结法。

①水泥搅拌桩:水泥搅拌桩的适用范围为淤泥、淤泥质土、含水率较高的地层、地基承载力不大于120 kPa的黏性土、粉土等软土路基。在有较厚泥炭土层的软土路基上,宜通过试验确定其适用性,并可适量添加磷石膏以提高搅拌桩桩身强度。当地下水中含有大量硫酸盐时,应选用抗硫酸盐水泥。冬期施工时,应

注意负温。注意十字板抗剪强度(S_u)为35 kPa所对应的静力触探总贯入阻力(p_s)约为750 kPa对处理效果的影响。

②高压喷射注浆法:高压喷射注浆法的适用范围为淤泥、淤泥质土、黏性土、黄土、砂土、人工填土和碎石土等路基,尤其适用于软弱路基的加固。湿陷性黄土以及土中含有较多的大粒径块石和坚硬性黏性土、大量植物根茎或过多有机质时,应根据现场试验结果确定其适用程度。对地下水流速较大或涌水工程以及对水泥有严重侵蚀的路基应慎用。

③灌浆法:灌浆法适用于处理淤泥、淤泥质土、粉土,以及含水率较高,且路基承载力标准值不大于120 kPa的黏性土等地基。当用于处理泥炭土或地下水具有侵蚀性时,宜通过试验以确定其适用性。

④水泥土夯实桩法:水泥土夯实桩法适用于地下水位以上的素填土、淤泥质土和粉土等。

(5)加筋土法。

加筋土法包括如下方法。加筋土,适用范围为人工填土、砂土的路堤、挡墙、桥台等。土工织物,适用于砂土、黏性土和软土的加固,或用于反滤、排水和隔离的材料。树根桩,适用于各类土,主要用于既有建筑物的加固及稳定土坡、支挡结构物。锚固法,能可靠地锚固土层和岩层。对软弱黏土宜通过重复高压灌浆或采用多段扩体或端头扩体以提高锚固段锚固力。液限大于50%的黏性土、相对密度小于0.3的松散砂土以及有机质含量较高的土层,均不得作为永久性锚固地层。

(6)振冲置换法。

振冲置换法适用于不排水抗剪强度20 kPa$\leqslant C_u \leqslant$50 kPa的饱和软黏土、饱和黄土及冲填土。对不排水抗剪强度小于20 kPa的地基应慎重选择。此法能使天然路基承载力提高20%~60%。

(7)水泥粉煤灰碎石桩(cement flyash gravel,简称CFG桩)法。

CFG桩法适用于淤泥、淤泥质土、杂填土、饱和及非饱和的黏性土、粉土,能使天然路基承载力提高70%以上。

(8)钢渣桩法。

钢渣桩法适用于淤泥、淤泥质土、饱和及非饱和的黏性土、粉土。

(9)石灰桩法。

石灰桩法适用于渗透系数适中的软黏土、杂填土、膨胀土、红黏土、湿陷性黄土,不适合地下水位以下的渗透系数较大的土层。当渗透系数较小时,软土脱水加固效果不好的土层慎用。

(10)强夯置换法。

强夯置换法适用于饱和软黏土,主要适用于3~6 m的浅层处理。

(11)砂桩法。

砂桩法适用于软弱黏性土,但应慎用,且需要较长的时间,对不排水抗剪强度小于15 kPa的软土应采用袋装砂井桩。

(12)夯坑基础法。

夯坑基础法适用于软黏土、非饱和的黏性土、夯填土、湿陷性黄土。

(13)强夯法。

强夯法适用于碎石、砂土、杂填土、素填土、湿陷性黄土及低饱和度的粉土和黏性土。对于高饱和度的粉土和黏性土,需经试验论证后方可使用,且应设置竖向排水通道。该法处理深度可达10多米,但强夯的振动可能会对周围环境造成不良影响,因此,使用时要求考虑周围环境因素。

(14)振冲法。

振冲法是一种不添加砂石材料的振冲挤密法,一般宜用于0.75 mm以上颗粒占土体20%以上的砂土,而添加砂石材料的振冲挤密法宜用于粒径小于0.005 mm、黏粒含量不超过10%的粉土和砂土。

(15)挤密碎石桩法。

挤密碎石桩法适用于松散的非饱和黏性土、杂填土、湿陷性黄土、疏松的砂性土,对饱和软黏土应慎重使用。

2)软土路基施工要点

(1)抛石挤淤施工。

①抛石挤淤应按设计要求或监理工程师的要求进行。

②应选用不易风化的片石,片石厚度或直径不宜小于300 mm。

③当软土地层平坦,软土呈流动状时,填土应沿路基中线向前呈三角形方式投放片石,再渐次向两侧全宽范围扩展,使泥沼或软土向两侧挤出。当软土地层横坡陡于1:10时应自高侧向低侧抛投,并在低侧边部多抛填,使低侧边部有约2 m的平台。

④片石抛出软土面或抛出水面后,应用较小石块填塞垫平,用重型压路机压实。

(2)垫层施工。

垫层处置施工通常用于松软过湿的表面,采用排水、铺设填料或以掺加剂加固使地表层强度增加,防止地基局部剪切变形,从而保证重型机械通行,又使填土荷载均匀分布在地基上。

垫层材料宜采用无杂物的中、粗砂,含泥量应不小于5%;也可采用天然级配型砾料,其最大粒径应小于50 mm,砾石强度应不低于四级。垫层应分层摊铺压实,碾压到规定的压实度。垫层宽度应宽出路基边脚500~1000 mm,两侧宜用片石护砌或采用其他方式防护。垫层采用砂砾料时,应避免粒料离析。在软路基、湿路基上铺以0.3~0.5 m厚度的排水层,有利于软湿表层的固结,并形成填土的底层排水,在一定程度上能提高地基强度,使施工机械可以通行。碎石、岩碴垫层的一般厚度为0.4 m左右,并铺设单层或双层土工织物或土工网格,有利于均匀支承填土荷载,提高地基承载力,减小地基的沉降量。掺合料垫层利用掺合料(石灰、水泥、土、加固剂)以一定剂量混合在填料土中,可改变地基的压缩性和强度特性,从而保证施工机械的通行。若垫层大部分松散,应进行大部分或全部防护。

(3)袋装砂井施工。

①袋装砂井施工工艺流程为:施工设备的准备→沉入套管→袋装砂沉入→就地填砂或井→预制砂袋沉放。

②袋装砂井的成孔方法可根据机械设备条件进行比较选择:专用的施工设备一般为导管式的振动打设机械,只是在行进方式上有差异。成孔的施工方法有五种,即锤击沉入法、射水法、压入法、钻孔法及振动贯入法等。

③施工要点。a.中砂、粗砂中大于0.6 mm的颗粒含量宜占总质量的50%以上,含泥量小于3%,渗透系数大于5×10^{-2} mm/s。砂袋的渗透系数应不小于砂的渗透系数。b.袋装砂井施工应符合以下规定:砂袋露天堆放时,应有遮盖,不得长时间暴晒;砂袋应垂直下井,不得扭结、缩颈、断裂、磨损;拔钢套管时,如将砂袋带出或损坏,应在原孔位边缘重打;连续两次将砂袋带出时,应停止施工,查明原因并处理后方可施工;砂袋在孔口外的长度,应能顺直伸入砂垫层至少300 mm。c.袋装砂井施工质量应符合规定。

2. 黄土地区路基施工

1) 黄土路基的特点

湿陷性黄土一般呈黄色或黄褐色,粉土含量常占60%以上,含有大量的碳酸盐、硫酸盐等可溶盐类,天然孔隙比在1左右,肉眼可见大孔隙。在自重压力或自重压力与附加压力共同作用下,受水浸湿后土的结构迅速破坏而发生显著附加下沉。

2) 施工准备工作

黄土地区路基施工,应做好施工期排水,将水迅速引离路基。在填挖交界处引出边沟时,应做好出水口的加固,排水设施接缝处应坚固不渗漏。

3) 湿陷性黄土地基的处理方法

湿陷性黄土地基应采取拦截排除地表水的措施,防止地表水下渗,减少地基地层湿陷下沉。其地下排水构造物与地面排水沟渠必须采取防渗措施。

若地基土层有强湿陷性或较高的压缩性,且容许承载力低于路堤自重压力时,应考虑地基在路堤自重和活载共同作用下可能产生的压缩下沉。除采用防止地表水下渗的措施外,可根据湿陷性黄土工程特性和工程要求,因地制宜采取换填土、重锤夯实、强夯法、预浸法、挤密法、化学加固法等措施对地基进行处理。

4) 黄土填筑路堤要求

(1)路床填料不得使用老黄土,路堤填料不得含有粒径大于100 mm的块料。

(2)在填筑横跨沟堑的路基土方时,应做好纵横向界面的处理。

(3)黄土路堤边坡应拍实,并应及时予以防护,防止路表水冲刷。

(4)浸水或易积水路段的路堤不宜使用黄土填筑。

5) 黄土路堑施工要求

(1)路堑路床土质应符合设计要求,密实度不足时,应采取措施碾压至要求的压实度。

(2)路堑施工前,应做好堑顶地表排水导流工程,路堑施工期间,开挖作业面应保持干燥。

(3)路堑施工中,如边坡地质与设计不符,可提出修改边坡坡度。

6) 地基陷穴处理方法

陷穴表面的防渗处理层厚度不宜小于 300 mm,并将流向陷穴的附近地表水引离。对现有的陷穴、暗穴,可以采用灌砂、灌浆、开挖回填等措施,开挖的方法可以采用导洞、竖井和明挖等。

在挖方边坡坡顶以外 50 m 范围内及路堤坡脚以外 20 m 范围内的黄土陷穴,应采取适当的处理措施。

挖方边坡坡顶以外的陷穴,若倾向路基,应做适当处理。对串珠状陷穴应彻底进行处置。

3. 膨胀土路基施工

1) 路基特性

(1) 膨胀土黏粒含量很高,其中 0.002 mm 的胶体颗粒一般超过 20%,黏粒成分主要由亲水性矿物组成。土的液限 $W_L > 40\%$,塑性指数 $I_p > 17$(多数在 22~35)。自由膨胀率一般超过 40%。

(2) 膨胀土有显著的吸水膨胀、失水收缩两种变形特性,其一般具有较高的强度和较低的压缩性,因此易被误认为是较好的地基土。

2) 路堤填筑技术

强膨胀土稳定性差,不应作为路堤填料;中等膨胀土宜经过加工后作为填料,用于二级及二级以上公路路堤填料时,改性处理后胀缩总率应不大于 0.7%;弱膨胀土可根据当地气候、水文情况及道路等级加以应用,当直接使用中、弱膨胀土填筑路堤时,应及时对边坡及顶部进行防护。

高度不足 1 m 的路堤,应按设计要求采取换填或改性处理等措施处置。表层为过湿土,应按设计要求采取换填或固化处理等措施处置。填土高度小于路面和路床的总厚度,基底为膨胀土时,宜挖除地表 0.30~0.60 m 高的膨胀土,并将路床换填为非膨胀土或掺灰处理。若为强膨胀土,挖除深度应达到大气影响深度。

3) 路基碾压施工

根据膨胀土自由膨胀率的大小,选用工作质量适宜的碾压机具,碾压时应保持最佳含水率;压实土层松铺厚度不得大于 30 cm;土块应击碎至粒径 5 cm

以下。

在路堤与路堑交界地段,应采用台阶方式搭接,其长度不应小于2 m,并碾压密实。

4)路堑开挖

挖方边坡不宜一次挖到设计线,沿边坡预留一定厚度(30~50 cm),待路堑挖完时,再削去边坡预留部分,并立即浆砌护坡封闭。膨胀土地区的路堑,高速公路、一级公路的路床应超挖30~50 cm厚度,并立即用粒料或非膨胀土分层回填或用改性土回填,按规定压实,其他各级公路可用膨胀土掺石灰处置。

5)路基填筑

膨胀土路基填筑松铺厚度不得大于300 mm;土块粒径应小于37.5 mm。路基完成后,当年不能铺筑路面时,应按设计要求做封层,其厚度应不小于200 mm,横坡不小于2%。

4. 滑坡地段路基施工

(1)对于滑坡的处置,应分析滑坡的外表地形、滑动面、滑坡体的构造、滑动体的土质及饱水情况,以了解滑坡体的形式和形成的原因,根据公路路基通过滑坡体的位置、水文、地质等条件,充分考虑路基稳定的施工措施。

(2)路基滑坡直接影响到公路路基稳定时,无论采用何种方法处理,都必须做好地表水及地下水的处理。

(3)对于滑坡顶面的地表水,应采取截水沟等措施处理,不让地表水流入滑动面内。必须在滑动面以外修筑1~2条环形截水沟,对于滑坡体下部的地下水源应截断或排出。

(4)在滑坡体未处置之前,禁止在滑坡体上增加荷载(如停放机械、堆放材料、弃土等)。

(5)对于挖方路基上边坡发生的滑坡,应修筑一条或数条环形水沟,但最近一条必须离滑动裂缝面至少5 m,以截断流向滑动面的水流。截水沟可采用砂浆封面或浆砌片(块)石修筑,滑坡上面出现裂缝须填土进行夯实,避免地表水继续渗入,或结合地形,修建树枝形及相互平行的渗水沟与支撑渗沟,将地表水及渗水迅速排走。

(6)当挖方路基上边坡发生的滑坡不大时,可采用刷方(台阶)减重、打桩或修建挡土墙进行处理,以达到路基边坡稳定。采用打桩时,桩身必须深入滑动面以下设计要求的深度;采用修建挡土墙时,挡土墙基础必须置于滑动面以下的硬岩层上。同时,宜修筑排水沟暗沟(或渗沟)排出地下水。滑坡较大时,可采用修建挡土墙、钢筋混凝土锚固桩或预应力锚索等方法处理,无论采用何种方法处理,其基础都必须置于滑动面以下的硬岩层上或达到设计要求的深度,同时宜修筑深渗沟、排水涵洞(管)或集水井。

(7)填方路堤发生的滑坡,可采用反压土方或修建挡土墙等方法处理。

(8)沿河路基发生的滑坡,可修建河流调治构造物(堤坝、丁坝、稳定河床等)及挡土墙等处理。

(9)滑坡表面处置可采用整平夯实山坡,填筑积水坑,堵塞裂隙或进行山坡绿化固定表土。

5. 岩溶地区路基施工

以地下水为主、地表水为辅,以化学过程(溶解和沉淀)为主、机械过程(流水侵蚀和沉积、重力崩塌和堆积)为辅,对石灰岩等可溶性岩石产生的破坏和改造叫岩溶作用。

岩溶作用所造成的地表形态和地下形态称为岩溶地貌;岩溶作用及其产生的特殊地貌形态和水文地质现象统称为岩溶。我国西南地区岩溶现象分布比较普遍,在广西、贵州、云南及川东、鄂西、湘西、粤北一带连成一片,石灰岩分布面积达56万平方千米;全国石灰岩分布面积约130万平方千米,是岩溶比较发达的国家。

1)岩溶地区公路路基工程的主要病害

(1)地下岩溶水的活动或地表水的消水洞穴阻塞,导致路基基底冒水、水淹路基、水冲路基以及隧道冒水、冒泥等病害。

(2)由于地下岩溶洞穴顶板的坍塌,引起位于其上的路基及其附属构造物发生坍陷、下沉或开裂。

(3)由于溶沟、溶槽、石芽等的存在造成地基不稳定,影响路基及其构筑物的稳定性或安全问题。

(4)某些岩溶形态的利用问题,如利用天生桥跨越地表河流,利用暗河、溶洞扩建隧道等。

岩溶地区除了石灰岩类岩溶外,还分布着各类危及路基的崩坍、岩堆,这类岩石多数属于炭质泥岩、页岩、麻岩、云母岩。还有煤田、矿区、油田及地下水过量开采和利用,形成的采空区,往往引起路基沉陷、变形或开裂。这些地区修筑的路基具有相似处,把它们一并论述。

因此,在岩溶地区建造公路,应全面了解路线通过地带岩溶发育的程度和岩溶形态的空间分布规律,以便充分利用某些可以利用的岩溶形态,避让或防治影响路基稳定的岩溶病害。

2)岩溶形态类型

岩溶地区岩溶的形态类型很多,有石芽和溶沟(槽)、溶蚀裂隙、漏斗、溶蚀洼地、坡立谷和溶蚀平原、溶蚀残丘、孤峰和峰林槽谷、落水洞、竖井、溶洞、暗河、天生桥、岩溶湖、岩溶泉以及土洞等。比较常见的岩溶形态有以下几种。

(1)漏斗:其是常见的地表岩溶形态之一,由地表层的溶蚀和侵蚀作用伴随塌陷作用而成,呈碟状或倒锥状,平面上呈圆形或椭圆形,直径和深度一般由数米至数十米。

(2)溶蚀洼地:许多相邻的漏斗经流水溶蚀不断扩大汇合而成溶蚀洼地,平面上呈圆形或椭圆形,但规模比漏斗更大,直径由数百米至一两千米。溶蚀洼地周围有溶蚀残丘或峰丛、峰林,底部常有落水洞和漏斗。

(3)坡立谷和溶蚀平原:溶蚀洼地充分发育,相邻的洼地彼此连通,发展成坡立谷。坡立谷长度、宽度从几十米至数千米不等,四周山坡陡峻,谷底宽平,覆盖着溶蚀残余的黄色、棕色或红色的黏性土,有时还有河流冲积层。常有河流纵贯坡立谷,河水从一端流入,于另一端被落水洞吸收,转入地下形成暗河。有些坡立谷还耸立着孤峰。坡立谷进一步发展,即形成开阔宽广的溶蚀平原,溶蚀平原上还有许多其他岩溶形态。

(4)槽谷:槽谷是岩溶地区比较常见的一种长条形的槽状谷地,谷底平坦,谷坡陡峻,主要是由水流长期溶蚀而形成。由于河谷底部发育有一系列漏斗、落水洞等,地表水流不断漏失,使原来的河谷失去排水作用,即成干谷。槽谷在大部分时间是干涸的,但在暴雨季节和排水不畅时,则会出现暂时的水流。

(5)落水洞、竖井:落水洞和竖井多由岩石裂隙经流水长期溶蚀作用或由岩层坍陷形成,呈垂直或稍倾斜状,下部多与溶洞或暗河连通,是地表通向地下的流水通道。在广西所见的,直径多在10 m以下,深度多在10～30 m。落水洞常产生在漏斗、槽谷、溶蚀洼地和坡立谷的底部,或河床的边缘,多呈串珠状分布。在雨季,由于落水洞排水不畅,常使槽谷、溶蚀洼地和坡立谷产生暂时性的积水,甚至发生淹水现象。

(6)溶洞:是一种近于水平方向发育的岩溶形态,常由岩溶水对岩层的长期溶蚀和塌陷作用而形成,是早期岩溶水活动的通道。规模较大的水平溶洞系统,主要是在岩溶水的水平循环带中产生的。溶洞系统比较复杂,规模形态变化很大,除少部分洞身比较顺直,断面比较规则外,大部分忽高忽低、忽宽忽窄,洞身曲折起伏很大。洞内普遍分布各种堆积物,有时还有河流流痕及砂砾、卵石冲积物,支洞多,常有丰富的岩溶水。

(7)暗河、天生桥:暗河是地下岩溶水汇集、排泄的主要通道,在岩溶发育地区,地下大部分都有暗河存在。其中部分暗河常与地面的槽谷伴随存在,二者通过槽谷底部的一系列漏斗、落水洞互相连通。因此,可以根据这些地表岩溶形态的分布位置,估计暗河在地下的发展方向。地下的暗河河道或溶洞塌陷,在局部地段有时会形成横跨的天生桥。

(8)岩溶泉:岩溶水流出地面即形成岩溶泉。它是岩溶发育地区分布最广泛的一种岩溶现象,其中以下降泉居多,上升泉较少。岩溶泉有经常性和间歇性之分。间歇性泉旱季干涸,雨季流水。

当暗河流向非岩溶地区时,可溶岩层与非可溶岩层接触带的边缘,经常是岩溶泉发育的地方。

(9)岩溶湖:由于槽谷、溶蚀洼地、坡立谷中的大型漏斗底部的消水通道堵塞,或由于溶蚀平原局部洼地集水不畅而形成的湖泊。在溶洞中也常有小型的地下岩溶湖存在。

(10)土洞:在槽谷、坡立谷底部和溶蚀平原上,可溶性岩层常为第四纪的松散土层所覆盖,由于地下水位降低或水动力条件的改变,在岩溶水的淋滤、潜蚀、搬运作用下,上部土层下落、流失或坍塌,形成大小不一、形态不同的土洞。如广西、贵州和粤北等地土层覆盖的岩溶地区(即埋藏岩溶地区),由于人为抽水、排水引起地下水位的变动,常形成土洞,直接危害路基的稳定。

3)岩溶路基施工技术要点

岩溶地区路基常见病害主要表现为:地下水位高而侵蚀路基路面,导致土基软化,路面开裂;时节暴雨冲垮路基,路床地面以下潜伏洞穴而产生凹陷。一般公路受造价的制约,当地往往又缺乏路基用土,故而采用矮路堤。矮路堤所固有的排水不畅、地基强度不足等病源在此得到充分暴露。因此,岩溶地区地基处理的措施是排水、填洞、跨越、利用。岩溶地下水应因势利导,采用疏导、排除、降低地下水位的方法,消除对路床软化的影响,保证路基处于干燥或中湿状态。所有冒水的溶洞在施工中均不能堵塞水的出路,一般的做法是在与地下水道相连的漏斗、消水洞处一律修建涵洞。疏导建筑物一般可采用明沟、泄水洞、渗沟、涵洞等。

4)崩坍、岩堆地区路基基底处理

在陡峭的山坡上,由于人工开挖、自然营力、风化、爆破的作用,岩(土)体从陡峭斜坡上向下倾倒、崩落、翻滚,破坏过程急剧、短促而猛烈,这个过程称为崩坍。崩坍后的岩(土)体原来结构完全被打乱,互无联系,大石块抛落较远,土体集中,堆积而成倒石堆或岩堆。崩坍、岩堆地区路基处理的关键是边坡整治。路线应尽量避免通过原有的崩坍、岩堆地段。确有必要通过时,应探明其深度、范围、工程数量,采取清挖至原状土、设支挡结构物、桩基顶面打钢筋混凝土盖板、桩基与岩堆共同组成复合地基等措施。完成上述措施后,按填土或填石路基的标准进行施工。

3.2 沥青路面施工

3.2.1 沥青混合料的材料要求及组成设计

沥青路面是用沥青材料做结合料黏结矿料修筑面层与各类基层和垫层所组成的路面结构。由于沥青路面使用沥青结合料,因而增强了矿料间的黏结力,提高了混合料的强度和稳定性,使路面使用质量和耐久性都得到提高。与水泥混凝土路面相比,沥青路面具有表面平整、无接缝、行车舒适、耐磨、噪声低、施工期短、养护维修简便,以及适宜于分期修建等优点,因此得到了广泛应用。

1. 沥青混合料的材料要求

沥青混合料是由矿料与沥青结合料拌合而成的混合料的总称。按材料组成及结构,分为连续级配、间断级配混合料;按矿料级配组成及空隙率大小,分为密级配(3%～6%)、半开级配(6%～12%)、开级配(排水式18%以上);按公称最大粒径,分为砂粒式(公称最大粒径小于9.5 mm)、细粒式(公称最大粒径9.5 mm或13.2 mm)、中粒式(公称最大粒径16 mm或19 mm)、粗粒式(公称最大粒径26.5 mm)、特粗式(公称最大粒径等于或大于31.5 mm);按制造工艺,分为热拌沥青混合料、冷拌沥青混合料、再生沥青混合料等。

2. 材料的基本要求

在沥青路面建设过程中,材料起到了至关重要的作用。有些新建的高速公路沥青路面出现早期损坏,材料是重要的原因之一。因此,应特别强调要把好材料关,材料的选择应以试验为依据,严格控制质量,防止使用不符合要求的材料,以免造成损失。沥青混合料的材料主要由沥青、粗集料、细集料、填料和纤维稳定剂等组成。

1) 沥青

沥青包括道路石油沥青、乳化沥青、液体石油沥青、煤沥青、改性沥青等。不同品种的沥青有不同的适用范围。

(1) 道路石油沥青。

①道路石油沥青的适用范围应符合规定,道路石油沥青的质量应符合规定的技术要求。经建设单位同意,沥青的针入度指数 PI(penetration index)值、60 ℃动力黏度、10 ℃延度可作为选择性指标。

②沥青路面采用的沥青标号,宜按照公路等级、气候条件、交通条件、路面类型及在结构层中的层位、受力特点和施工方法等,结合当地的使用经验,经技术论证后确定。

a. 对高速公路、一级公路,夏季温度高,高温持续时间长,重载交通、山区及丘陵区上坡路段,服务区、停车场等行车速度慢的路段,尤其是汽车荷载剪应力大的层次,宜采用稠度大、60 ℃动力黏度大的沥青,也可根据高温气候分区的温度水平选用沥青等级;对冬季寒冷的地区或交通量小的旅游道路,宜选用稠度小、低温延度大的沥青;对温度日温差、年温差大的地区,宜注意选用 PI 值大的沥青。当高温要求与低温要求发生矛盾时,应优先考虑满足高温性能的要求。

b. 当缺乏所需标号的沥青时,可采用不同标号掺配的调和沥青,其掺配比例由试验决定。

③沥青必须按品种、标号分开存放。除长期不使用的沥青可放在自然温度下存储外,沥青在储罐中的储存温度宜为 130~170 ℃。桶装沥青应直立堆放并加盖苫布。

④道路石油沥青在储运、使用及存放过程中应有良好的防水措施,避免雨水或加热管道蒸汽进入沥青中。

(2)乳化沥青。

①乳化沥青适用于沥青表面处治路面、沥青贯入式路面、冷拌沥青混合料路面,修补裂缝,喷洒透层、黏层与封层等。

②在高温条件下宜采用黏度较大的乳化沥青,寒冷条件下宜使用黏度较小的乳化沥青。

③乳化沥青类型根据集料品种及使用条件选择。阳离子乳化沥青适用于各种集料品种,阴离子乳化沥青适用于碱性石料。乳化沥青的破乳速度、黏度宜根据用途与施工方法选择。

(3)液体石油沥青。

①液体石油沥青适用于透层、黏层及拌制冷拌沥青混合料。根据使用目的与场所,可选用快凝、中凝、慢凝的液体石油沥青,其质量应符合规范规定。

②液体石油沥青宜采用针入度较大的石油沥青,使用前按先加热沥青后加稀释剂的顺序,掺配煤油或轻柴油,经适当的搅拌、稀释制成。掺配比例根据使用要求由试验确定。

③液体石油沥青在制作、储存、使用的全过程中必须通风良好,并有专人负责,确保安全。基质沥青的加热温度严禁超过140 ℃,液体沥青的储存温度不得高于50 ℃。

(4)煤沥青。

①道路用煤沥青的标号根据气候条件、施工温度、使用目的选用,其质量应符合规范规定。

②道路用煤沥青适用于下列情况:

a.各种等级道路的各种基层上的透层,宜采用T-1级或T-2级,其他等级不符合喷洒要求时可适当稀释使用;

b.三级及三级以下的公路铺筑表面处治或贯入式沥青路面,宜采用T-5级、T-6级或T-7级;与道路石油沥青、乳化沥青混合使用,以改善渗透性。

③道路用煤沥青严禁用于热拌热铺的沥青混合料,做其他用途时的储存温度宜为70~90 ℃,且不得长时间储存。

(5)改性沥青。

①改性沥青可单独或复合采用高分子聚合物、天然沥青及其他改性材料制作。

②各类聚合物改性沥青的质量应符合技术要求,其中PI值可作为选择性指标。当使用《公路沥青路面施工技术规范》(JTG F40—2004)表4.6.2所列以外

的聚合物及复合改性沥青时,可通过试验研究制订相应的技术要求。制造改性沥青的基质沥青应与改性剂有良好的配伍性,其质量宜符合《公路沥青路面施工技术规范》(JTG F40—2004)表4.2.1-1的A级或B级道路石油沥青的技术要求。供应商在提供改性沥青的质量报告时应提供基质沥青的质量检验报告或沥青样品。

2)粗集料

(1)沥青层用粗集料包括碎石、破碎砾石、筛选砾石、钢渣、矿渣等,但高速公路和一级公路不得使用筛选砾石和矿渣。粗集料必须由具有生产许可证的采石场生产或施工单位自行加工。

(2)粗集料应该洁净、干燥、表面粗糙,质量应符合规定。当单一规格集料的质量指标达不到要求,而按照集料配比计算的质量指标符合要求时,工程上允许使用。对于受热易变质的集料,宜采用经拌合机烘干后的集料进行检验。

(3)粗集料的粒径规格应符合规范的规定。

(4)采石场在生产过程中必须彻底清除覆盖层及泥土夹层。生产碎石用的原石不得含有土块、杂物,集料成品不得堆放在泥土地上。

(5)高速公路、一级公路沥青路面的表面层(或磨耗层)的粗集料的磨光值应符合要求。

(6)粗集料与沥青的黏附性应符合规定的要求,当使用不符合要求的粗集料时,宜掺加消石灰、水泥或用饱和石灰水处理后使用,必要时可同时在沥青中掺加耐热、耐水、长期性能好的抗剥落剂,也可采用加入改性沥青的措施,使沥青混合料的水稳定性检验达到要求。掺加外加剂的剂量由沥青混合料的水稳定性检验确定。

(7)破碎砾石应采用粒径大于50 mm、含泥量不大于1%的砾石轧制,破碎砾石的破碎面应符合规范的要求。

(8)筛选砾石仅适用于三级及三级以下沥青表面处治路面。

(9)经过破碎且存放期超过6个月的钢渣可作为粗集料使用。除吸水率允许适当放宽外,各项质量指标应符合规范的要求。钢渣在使用前应进行活性检验,要求钢渣中的游离氧化钙含量不大于3%,浸水膨胀率不大于2%。

3)细集料

(1)沥青路面的细集料包括天然砂、机制砂、石屑。细集料必须由具有生产许可证的采石场、采砂场生产。

(2)细集料应洁净、干燥、无风化、无杂质,并有适当的颗粒级配,其质量应符合规定。细集料的洁净程度,天然砂以小于 0.075 mm 含量的百分数表示,石屑和机制砂以砂当量(适用于 0～4.75 mm)或亚甲蓝值(适用于 0～2.36 mm 或 0～0.15 mm)表示。

(3)天然砂可采用河砂或海砂,通常宜采用粗、中砂,其规格应符合规范的规定。砂的含泥量超过规定时应水洗后使用,海砂中的贝壳类材料必须筛除。开采天然砂必须取得当地政府主管部门的许可,并符合水利及环境保护的要求。热拌密级配沥青混合料中,天然砂的用量通常不宜超过集料总量的 20%,SMA (stone mastic asphalt,沥青玛蹄脂碎石)和 OGFC(open-graded friction course,开级配抗滑磨耗层)混合料不宜使用天然砂。

(4)石屑是采石场破碎石料时通过 4.75 mm 或 2.36 mm 的筛下部分。采石场在生产石屑的过程中应具备抽吸设备,高速公路和一级公路的沥青混合料宜将 S14 与 S16 组合使用,S15 可在沥青稳定碎石基层或其他等级道路中使用。

(5)机制砂宜采用专用的制砂机制造,并选用优质石料生产,其级配应符合 S16 的要求。

4)填料

(1)沥青混合料的矿粉必须采用石灰岩或岩浆岩中的强基性岩石等憎水性石料经磨细得到的矿粉,原石料中的泥土杂质应除净。矿粉应干燥、洁净,能自由地从矿粉仓流出,其质量应符合标准。

(2)拌合机的粉尘可作为矿粉的一部分回收使用,但每盘用量不得超过填料总量的 25%,掺有粉尘填料的塑性指数不得大于 4%。

(3)粉煤灰作为填料使用时,用量不得超过填料总量的 50%,粉煤灰的烧失量应小于 12%,与矿粉混合后的塑性指数应小于 4%,其余质量要求与矿粉相同。高速公路、一级公路的沥青面层不宜采用粉煤灰做填料。

5)纤维稳定剂

(1)在沥青混合料中掺加的纤维稳定剂宜选用木质素纤维、矿物纤维等,木质素纤维的质量应符合技术要求。

(2)纤维应在 250 ℃的干拌温度下不变质、不发脆,使用纤维必须符合环保要求,不危害身体健康。纤维必须在混合料拌合过程中能充分分散均匀。

(3)矿物纤维宜采用玄武岩等矿石制造,易影响环境及造成人体伤害的石棉纤维不宜直接使用。

(4)纤维应存放在室内或有棚盖的地方,松散纤维在运输及使用过程中应避免受潮,不结团。

(5)纤维稳定剂的掺加比例以沥青混合料总量的质量百分率计算,通常情况下用于SMA路面的木质素纤维不宜低于0.3%,矿物纤维不宜低于0.4%,必要时可适当增加纤维用量。纤维掺加量的允许误差宜不超过±5%。

3. 混合料组成设计目标

高等级公路路面面层,为汽车提供安全、经济、舒适的服务,并直接承受汽车荷载的作用和自然因素的影响。因此,铺筑面层所用混合料的组成设计必须考虑温度稳定性(高温稳定性以及低温抗裂性)、耐久性、抗滑稳定性、抗疲劳性及工作度(亦称施工和易性)等问题。

1)高温稳定性

沥青混合料的强度和抗变形能力随温度的变化而变化。当温度升高时,沥青的黏滞度降低,矿料之间黏结力削弱,导致强度与抗变形能力降低。因此,高温季节,在行车荷载的重复作用下,路面易出现车辙、波浪、推移等病害。

目前我国采用马歇尔试验的稳定度和流值来评价沥青混合料的高温稳定性。研究表明,马歇尔试验的稳定度和流值指标与沥青混合料的高温稳定性有一定的相关性。同时,试验设备和方法较为简单,便于现场质量控制,因此马歇尔法被广泛采用。此外,还可采用维姆稳定度、三轴试验等方法。三轴试验方法是一种比较完善的方法,它可以较为详尽地分析沥青混合料组成与力学性质之间的关系,同时由于它的受力状态与沥青混合料在路面中的受力状态比较接近,所得试验结果与使用情况有较好的相关性。但试验仪器和操作方法较为复杂,目前仅用于沥青混合料的研究,很少直接应用于生产。

2)低温抗裂性

随着温度的降低,沥青的黏滞度增高,强度增大,但变形能力降低,并出现脆性破坏。气温下降时特别是在急剧下降时,沥青层受基层的约束而不能收缩,产生很大的温度应力。若累计温度应力超过沥青混合料的极限抗拉强度,路面便产生开裂。目前对沥青混合料低温抗裂性采用开裂温度预估、变形对比和开裂统计法评定。开裂温度预估是通过某温度时沥青路面产生的拉应力与沥青混合料的抗拉强度的对比来预估路面的开裂温度,从而判断其低温缩裂的可能性。变形对比分析是根据沥青面层的相对延伸率与沥青混合料的极限相对延伸率对比,以判断沥青混合料抗裂性。开裂统计法是通过野外调查研究,建立低温开裂指数与各种因素的统计关系,进而进行抗裂性的评定。

3)耐久性

在自然因素的长期作用下,要保证路面具有较长的使用年限,必须具备较好的耐久性。耐久性差的沥青混合料常会引起路面过早出现裂缝、沥青膜剥落、松散等病害。沥青混合料的空隙率影响沥青路面的耐久性,一般沥青混合料中应残留3%～6%的空隙(或以饱水率2%～4%计)。我国旧规范曾采用水稳定性系数来反映耐久性。沥青混合料的水稳定性系数是以真空饱水后抗压强度降低的百分率来表示的。现行规范改为马歇尔试验法后,采用空隙率(或饱水率)、饱和度(沥青填隙率)和残留稳定度等指标来表示耐久性。

4)抗滑稳定性

高等级公路的发展,对沥青混合料的抗滑性提出了更高要求。沥青混合料路面的抗滑性与矿料的表面性质、混合料的级配组成以及沥青混合料用量等因素有关。

5)抗疲劳性

抗疲劳性是沥青混合料抵抗荷载重复作用的能力。通常把沥青混合料出现疲劳破坏时的重复应力值称为疲劳强度,相应的重复作用次数称为疲劳寿命,而把可以承受无限次重复荷载循环而不发生疲劳破坏的应力值称为疲劳极限。

6)工作度(施工和易性)

工作度是指沥青混合料摊铺和碾压工作的难易程度。工作度良好的混合料容易进行摊铺和碾压。影响沥青混合料工作度的因素很多,诸如当地气温、施工条件以及混合料性质等。

4. 沥青混合料组成的设计方法

沥青混合料组成设计内容包括确定沥青混合料材料品种、混合料类型、矿料最优级配、最佳沥青用量。在工程实践中,高速公路和一级公路的热拌沥青混合料配合比设计包括试验室目标配合比设计、施工阶段的生产配合比设计及生产配合比验证三个阶段。我国《公路沥青路面施工技术规范》(JTG F40—2004)规定,热拌沥青混合料配合比设计采用马歇尔试验方法。

1)试验室目标配合比设计

(1)设计任务。

根据公路性质、交通量、路用性能要求、筑路材料、当地气候条件、施工技术水平等选择原材料,确定混合料类型、矿料级配类型和最佳沥青用量。具体设计时用工程实际使用的材料计算各种材料的用量比例后配成符合规范要求的矿料级配,进行马歇尔试验,确定最佳沥青用量。此矿料级配及沥青用量作为目标配合比,供拌合机确定各冷料仓的供料比例、进料速度及试拌使用。

(2)设计流程。

①首先按规定确定采用粗型(C型)或细型(F型)的混合料。对于夏季气温较高、高温持续时间长、重载交通多的路段,宜采用粗型密级配沥青混合料(AC-C型),并取较高的设计空隙率;对于冬季气温较低或重载交通较少的路段,宜选用细型密级配沥青混合料(AC-F型),并取较小的设计空隙率。

②为确保高温抗车辙能力,同时兼顾低温抗裂性能的要求,配合比设计时宜适当减少公称最大粒径附近的粗集料用量,减少0.6 mm以下部分细粉的用量,增加中档粒径集料的用量以形成S形级配曲线,并取中等或偏高的设计空隙率。

③确定工程设计级配范围应考虑混合料所在路面层位的功能要求,经组合设计的沥青路面应能满足耐久、稳定、泌水、抗滑等要求。

④根据公路等级和施工设备的控制水平确定的级配范围应比规范级配范围窄,其中4.75 mm和2.36 mm通过率的上下限差宜小于12%。

⑤沥青混合料的配合比设计应充分考虑施工性能,使沥青混合料容易摊铺和压实,避免造成严重的离析现象。

(3)矿料配合比设计。

在实际工程中,常常需要用两种或两种以上具有不同级别的原材料掺配后才能得到符合既定级配要求的矿质集料,即对矿料进行配合比设计。

(4)马歇尔试验。

以预估的沥青用量为中值,按一定间隔取5个或5个以上不同的沥青用量分别制成马歇尔试件。每组试件的数量按试验规程要求确定,对粒径较大的沥青混合料,应增加试件数量。首先,测定马歇尔击实试件的毛体积相对密度、吸水率;其次,计算沥青混合料试件的空隙率、矿料间隙率、有效沥青的饱和度等体积指标;最后,进行马歇尔试验,测定马歇尔稳定度和流值。

(5)确定最佳沥青用量。

以沥青用量(油石比)为横坐标,以马歇尔试验的各项指标为纵坐标,将试验结果绘入图中,连成圆滑的曲线。试验时选择的沥青用量范围应涵盖设计空隙率的全部范围,并尽可能地涵盖沥青饱和度的要求范围,并使密度和稳定度出现峰值。若达不到上述要求,应扩大沥青用量范围。

(6)最佳沥青用量的调整。

在上述试验和计算结果的基础上,根据实践经验、公路等级、气候条件、交通情况来调整最佳沥青用量。

①调查当地各项条件接近的工程的沥青用量和使用效果,论证适宜的最佳沥青用量。检查计算确定的最佳沥青用量是否接近,若相差甚远应查明原因,必要时重新调整级配,再进行配合比设计。

②对炎热地区公路、高速公路、一级公路重载交通路段以及山区公路的长陡路段,预计可能产生较大车辙时,宜在空隙率符合要求的范围内将计算的最佳沥青用量减少0.1%~0.5%作为设计沥青用量。此时,除空隙率外的其他指标如超出马歇尔配合比设计技术标准,在配合比设计报告或设计文件中必须说明,并要求必须采用重型轮胎压路机和振动压路机组合等方式加强碾压,以使施工后路面的空隙率达到调整前的最佳沥青用量时的水平,且渗水系数符合要求。若试验路段达不到上述要求,应调整减小沥青用量的幅度。

③对寒区公路、旅游区公路、交通量较小的公路,最佳沥青用量可以在OAC的基础上增加0.1%~0.3%,以适当减小空隙率,同时确保不降低压实标准。

(7)配合比设计检验。

用于高速公路、一级公路的密级配沥青混合料,需在上述配合比设计的基础上进行各种使用性能的检验。不符合要求的沥青混合料,必须更换材料或重新进行配合比设计。检验项目包括高温稳定性检验、水稳定性检验、低温抗裂性能检验、渗水系数检验。公称最大粒径等于或小于1mm的混合料,按规定方法进行车辙试验和低温弯曲试验。

(8)配合比设计报告。

沥青混合料配合比设计报告内容包括工程设计级配范围选择说明、材料品种选择与原材料质量试验结果、矿料级配、最佳沥青用量以及各项体积指标、配合比设计检验结果等,矿料级配曲线应按照规定的方法绘制。

2) 生产配合比设计

对于间歇式拌合机,必须对二次筛分后进入各热料仓的材料取样进行筛分,以确定各热料仓的材料比例,供拌合机控制室使用。同时反复调整冷料仓进料比例以达到供料均衡,并取目标配合比设计的最佳沥青用量、最佳沥青用量±0.3%的三种沥青用量进行马歇尔试验,最终确定生产配合比的最佳沥青用量。

3) 生产配合比验证

拌合机采用生产配合比进行试拌,铺筑试验路段,并用所拌合的沥青混合料及路上钻取的芯样进行马歇尔试验检验,由此确定生产用的标准配合比。在生产过程中,当进场材料发生变化,沥青混合料的矿料级配、马歇尔试验技术指标不符合要求时,应及时调整配合比,使沥青混合料质量符合要求并保持相对稳定,必要时重新进行配合比设计。

3.2.2　冷拌沥青混合料路面施工

1. 基本要求

冷拌沥青混合料适用于三级及三级以下公路的沥青面层施工,也可用于二级公路的罩面层以及各级公路沥青路面的基层、连接层或整平层施工。在养护工程中,冷拌改性沥青混合料可用于沥青路面的坑槽冷补。冷拌沥青混合料所采用的结合料包括乳化沥青、液体沥青和改性乳化沥青等。结合料的类型与型号、标号都应根据公路等级、交通特点、气候、施工季节、施工机具等各种因素参照规范规定进行选择。冷拌沥青混合料宜采用密级配沥青混合料,当采用半开级配的冷拌沥青碎石混合料路面时应铺筑上封层。

2. 冷拌沥青混合料路面施工

冷拌沥青混合料应具有良好的施工和易性,混合料的拌合、运输、摊铺都在乳液破乳前完成。在拌合与摊铺过程中已破乳的混合料,应予废弃。袋装乳化沥青混合料应加入适宜的稳定剂,以防提前破乳。包装应密封,存放时间不得超出乳液的存放时间。乳化沥青混合料宜采用拌合厂机械拌合及沥青摊铺机摊铺的方式。混合料摊铺后应立即碾压。通常先用6t左右的轻型压路机初压1~2遍,使混合料初步稳定,再用轮胎压路机或钢筒式压路机碾压1~2遍。当乳化沥青开始破乳、混合料由褐色转变成黑色时,改用12～15 t轮胎压路机碾压,将水分挤出,复压2～3遍后停止,待晾晒一段时间,水分基本蒸发后继续复压至密实为止。压实过程中有推移现象时应停止碾压,待稳定后再碾压。当天不能完全压实时,可在较高气温状态下补充碾压。当缺乏轮胎压路机时,也可采用钢筒式压路机或较轻的振动压路机碾压。乳化沥青混合料路面的上封层应在压实成型、路面水分完全蒸发后加铺。施工结束后宜封闭交通2～6 h,并注意做好早期养护。如施工遇雨应立即停止铺筑,以防雨水将乳液冲走。

3. 冷补沥青混合料

用于修补沥青路面坑槽的冷补沥青混合料宜采用适宜的改性沥青结合料制造,并具有良好的耐水性。冷补沥青混合料的集料必须符合规范对热拌沥青混合料集料的质量要求。冷补沥青混合料有良好的低温操作和易性。用于冬季寒冷季节补坑的混合料,应在松散状态下经-10 ℃的冰箱保持24 h无明显的凝聚结块现象,且能用铁铲方便地拌合操作。冷补沥青混合料应有足够的黏聚性,马歇尔试验稳定度宜不小于3 kN。

3.2.3 热拌沥青混合料路面施工

1. 准备工作

沥青混合料路面在施工前应对其下承层的厚度、密实度、平整度、路拱等进行检查。下承层如果有坎坷不平、松散、坑槽等,必须在混合料铺筑之前整修完毕,并清扫干净。对沥青混合料中的沥青、改性沥青纤维、集料等原材料按照施工要求进行合理选择。施工前的另一项准备工作为施工放样,放样的目的是检查下承层的厚度和标高以及对将要施工的一层进行厚度和标高控制。施工前应对摊铺机、压路机等机械的工作性能进行常规检查,以保证施工的正常进行。各种机械均处于良好状态之后,方允许正式投入施工。

2. 试验段的修筑

高速公路和一级公路的沥青路面在施工前必须铺筑试验段。其他等级公路在缺乏施工经验或初次使用重大设备时,也应铺筑试验段。试验段的长度通常为100～200 m,宜选在正线上铺筑。热拌热铺沥青混合料路面试验段铺筑时应做好以下工作。

(1)根据沥青路面各种施工机械相匹配的原则,确定合理的施工机械、机械数量及组合方式。

(2)通过试拌来确定拌合机的上料速度、拌合数量与时间、拌合温度等操作工艺参数。

(3)通过试铺确定透层沥青的标号与用量、喷洒方式、温度,摊铺机的摊铺温度、摊铺速度、摊铺宽度、自动找平方式等操作工艺,压路机的压实顺序、碾压温度、碾压速度及遍数等压实工艺,以及确定松铺系数和接缝方法等。

(4)验证沥青混合料配合比设计结果,提出生产用的标准矿料配合比和最佳沥青用量。

(5)建立用钻孔法及核子密度仪法测定密度的对比关系。确定粗粒式沥青混凝土和沥青碎石面层的压实标准密度。

(6)检测试验段的渗水系数。

(7)确定施工产量及作业段长度,制订施工进度计划。

(8)全面检查材料及施工质量。

(9)确定施工组织及管理体系、人员、通信联络及指挥方式。

3. 拌合

1)拌合设备

沥青混合料必须在沥青拌合厂(场、站)采用拌合机械拌制。沥青混合料可采用间歇式拌合机或连续式拌合机拌制。间歇式拌合机是在每盘拌合时计量混合料各种材料的质量,连续式拌合机则是在计量各种材料的质量之后连续不断地送进拌合器中拌合。为保证沥青混合料的质量稳定,沥青用量更准确,高速公路和一级公路的沥青混凝土宜采用间歇式拌合机拌合,并且间歇式拌合机必须配备计算机设备,拌合过程中采集并打印各个传感器测定的材料用量和沥青混合料拌合量、拌合温度等各种参数。连续式拌合机使用的集料必须稳定不变,一个工程从多处进料、料源或质量不稳定时,不得采用连续式拌合机。

2)拌合

在拌制沥青混合料之前,应根据确定的配合比进行试拌。试拌时对所用的各种矿料及沥青应严格计量。通过试拌和抽样检验确定每盘热拌的配合比及其总质量(对间歇式拌合机)或各种矿料进料口开启的大小及沥青和矿料进料的速度(对连续式拌合机)、适宜的沥青用量、拌合时间、矿料和沥青加热温度以及沥青混合料出厂的温度。对试拌的沥青混合料进行试验之后,即可选定施工的配合比。

为使沥青混合料拌合均匀,在拌制时,需要控制矿料和沥青的加热温度与拌合温度。各类沥青混合料的拌制温度、运输温度及施工温度应满足相关要求。经过拌合后的混合料应均匀一致,无细料和粗料分离,无花白、结成团块的现象。沥青混合料的拌合时间应根据具体情况经试拌确定,以沥青均匀裹覆集料为度。间歇式拌合机每盘的生产周期不宜少于45 s(其中干拌时间不少于5 s)。改性沥青和SMA混合料的拌合时间应适当延长。

间歇式拌合机宜备有保温性能好的成品储料仓,储存过程中混合料温降不得大于10 ℃且不能有沥青滴漏,普通沥青混合料的储存时间不得超过72 h,改性沥青混合料的储存时间不宜超过24 h,SMA混合料只限当天使用,OGFC混合料宜随拌随用。生产添加纤维的沥青混合料,纤维必须在混合料中充分分散,拌合均匀。拌合机应配备同步投料装置,松散的絮状纤维可在喷入沥青的同时或稍后采用风送设备喷入拌合锅,拌合时间宜延长5 s以上。颗粒纤维可在粗集料投入的同时自动加入,经5～10 s的干拌后,再投入矿粉。

4. 运输

热拌沥青混合料宜采用较大吨位的运料车运输,但不得超载运输、急刹车、急弯掉头,以防止透层封层造成损伤。运料车每次使用前后必须清扫干净,在车厢板上涂一薄层防止沥青黏结的隔离剂或防黏剂,但不得有余液积聚在车厢底部。

运料车的运力应稍有富余,施工过程中摊铺机前方应有运料车等候。对高速公路、一级公路,等候的运料车多于5辆后开始摊铺。从拌合机向运料车上装料时,应多次挪动汽车位置,平衡装料,以减少混合料离析。运料车运输混合料宜用苫布覆盖,以保温、防雨、防污染。为了防止沥青路面施工过程中的交叉污染,运料车进入摊铺现场时,轮胎上不得沾有泥土等可能污染路面的物质。沥青混合料在摊铺地点凭运料单接收,若混合料不符合施工温度要求,或已经结成团块、已遭雨淋的不得铺筑。

摊铺过程中运料车应在摊铺机前100～300 mm处停住,空挡等候,由摊铺机推动前进开始缓缓卸料,避免撞击摊铺机。在有条件时,运料车可将混合料卸入转运车经二次拌合后向摊铺机连续均匀供料。转运车介于运料车与摊铺机之间,运料车将混合料卸在转运车上,转运车一边对混合料进行二次拌合,一边与摊铺机完全同步前进,向摊铺机供料。由于运料车的混合料不直接卸在摊铺机上,可有效地改善混合料的离析和温度不均的问题。运料车每次卸料必须倒净,尤其是对改性沥青或SMA混合料,如有剩余应及时清除,防止硬结。SMA及OGFC混合料在运输、等候过程中,如发现有沥青结合料沿车厢板滴漏时,应采取措施避免。

5. 混合料摊铺

为了使铺筑层与下承层黏结良好,在铺筑前4～8 h,在粒料类的下承层上洒布透层沥青;若下承层为旧沥青路面或水泥混凝土路面,则要在旧路面上洒布一层黏层沥青;若下承层为灰土类基层,为防止水渗入基层,加强基层与面层的黏结,要在面层铺筑前铺下封层。热拌沥青混合料应采用沥青摊铺机摊铺,在喷洒有黏层油的路面上铺筑改性沥青混合料或SMA时,宜使用履带式摊铺机。摊铺机的受料斗应涂刷薄层隔离剂或防黏剂。铺筑高速公路、一级公路沥青混合料时,一台摊铺机的铺筑宽度不宜超过6(双车道)～7.5 m(三车道以上),通常宜采用两台或更多台数的摊铺机前后错开10～20 m呈梯队方式同步摊铺,两幅之间应有30～60 mm宽度的搭接,并躲开车道轮迹带,上下层的搭接位置宜错开200 mm以上。摊铺机开工前应提前0.5～1 h预热熨平板不低于100 ℃。铺筑过程中应选择熨平板的振捣或夯锤压实装置具有适宜的振动频率和振幅,以提高路面的初始压实度。熨平板加宽连接应仔细调节至摊铺的混合料没有明显的离析痕迹。

摊铺机必须缓慢、均匀、连续不间断地摊铺,不得随意变换速度或中途停顿,以提高平整度和减少混合料的离析。摊铺速度宜控制在2～6 m/min的范围内。对改性沥青混合料及SMA混合料宜放慢至1～3 m/min。当发现混合料出现明显的离析、波浪、裂缝、拖痕时,应分析原因,予以消除。摊铺机应采用自动找平方式,下面层或基层宜采用钢丝绳引导的高程控制方式,上面层宜采用平衡梁或雪橇式摊铺厚度控制方式,中面层根据情况选用找平方式。沥青混合料的松铺系数应根据混合料类型由试铺试压确定。

6. 压实及成型

沥青混合料压实是获得高质量、高路用性能沥青路面的关键工序之一,必须重视混合料压实工作。压实成型的沥青路面应符合压实度及平整度的要求。沥青混凝土的压实层最大厚度不宜大于100 mm,沥青稳定碎石混合料的压实层厚度不宜大于120 mm。沥青路面施工应配备足够数量的压路机,选择合理的压路机组合方式及初压、复压、终压(包括成型)的碾压步骤,以达到最佳的碾压效果。高速公路铺筑双车道沥青路面的压路机数量不宜少于5台。施工气温低、风大、碾压层薄时,压路机数量应适当增加。压路机应以慢且均匀的速度碾压,压路机的碾压速度应符合规定。压路机的碾压路线及碾压方向不能突然改变以防止混合料推移。碾压区的长度应大体稳定,两端的折返位置应随摊铺机前进而推进,横向位置不得在相同的断面上。压路机的碾压温度应符合规范的要求,并根据混合料种类、压路机、气温、层厚等情况经试压确定。在不产生严重推移和裂缝的前提下,初压、复压、终压都应在尽可能高的温度下进行,同时不得在低温状况下反复碾压,使石料棱角磨损、压碎,破坏集料嵌挤。

1) 初压

初压应紧跟摊铺机后碾压,并保持较短的初压区长度,以尽快使表面压实,减少热量散失。对摊铺后初始压实度较大,经实践证明采用振动压路机或轮胎压路机直接碾压无严重推移而有良好效果时,可免去初压直接进入复压工序。初压的目的主要是使混合料初步稳定,通常宜采用钢轮压路机静压1~2遍。碾压时应将压路机的驱动轮面向摊铺机,从外侧向中心碾压,在超高路段则由低向高碾压,在坡道上应将驱动轮从低处向高处碾压。初压后应检查平整度、路拱,有严重缺陷时进行修整甚至返工。

2) 复压

复压应紧跟在初压后开始,且不得随意停顿。压路机碾压段的总长度应尽量缩短,通常不超过80 m。采用不同型号的压路机组合碾压时宜安排每一台压路机做全幅碾压,以防止不同部位的压实度不均匀。密级配沥青混凝土的复压宜优先采用重型的轮胎压路机进行搓揉碾压,以增加密实性,其总质量不宜小于25 t。碾压时相邻碾压带应重叠1/3~1/2的碾压轮宽度,碾压至要求的压实度为止。对以粗集料为主的较大粒径的混合料,宜优先采用振动压路机复压。厚度小于30 mm的薄沥青层不宜采用振动压路机碾压。碾压时相邻碾压带重叠宽度为100~200 mm。振动压路机折返时应先停止振动。当采用三轮钢筒式压路机时,总质量不宜小于12 t,相邻碾压带宜重叠后轮的1/2宽度,并不应少于200 mm。对路面边缘、加宽及港湾式停车带等大型压路机难于碾压的部位,宜采用小型振动压路机或振动夯板做补充碾压。

3) 终压

终压应紧接在复压后进行,主要是为了消除碾压轮迹。终压可选用双轮钢筒式压路机或关闭振动的振动压路机碾压,碾压不宜少于2遍,至无明显轮迹为止。

4) SMA 路面

SMA 路面宜采用振动压路机或钢筒式压路机碾压。振动压路机应遵循"紧跟、慢压、高频、低幅"的原则,即紧跟在摊铺机后面,采取高频率、低振幅的方式慢速碾压。

5) OGFC 路面

OGFC 路面宜采用小于12 t的钢筒式压路机碾压。对钢轮可涂刷隔离剂或防黏剂,但严禁刷柴油。压路机不得在未碾压成型路段上转向、掉头、加水或停留。在当天成型的路面上,不得停放各种机械设备或车辆,不得散落矿料、油料等杂物。

7. 接缝处理及开放交通

沥青路面的施工必须接缝紧密、连接平顺,不得产生明显的接缝离析。上下层的纵缝应错开150 mm(热接缝)或300~400 mm(冷接缝)。相邻两幅及上下层的横向接缝均应错位1 m以上。摊铺时采用梯队作业的纵缝应采用热接缝,将已铺部分留下100~200 mm宽暂不碾压,作为后续部分的基准面,然后做跨缝碾压以消除缝迹。当半幅施工或因特殊原因而产生纵向冷接缝时,宜加设挡板或加设切刀切齐,也可在混合料尚未完全冷却前用镐刨除边缘留下毛茬的方式,但不宜在冷却后采用切割机做纵向切缝。摊铺另半幅前必须将缝边缘清扫干净,并浇洒少量黏层沥青。

高速公路和一级公路的表面层横向接缝应采用垂直的平接缝,以下各层可采用自然碾压的斜接缝,沥青层较厚时也可做阶梯形接缝。其他等级公路的各层均可采用斜接缝。铺筑接缝时,可在已压实部分上面铺设一些热混合料使之预热软化,以加强新旧混合料的黏结,但在开始碾压前应将预热用的混合料铲除。

热拌沥青混合料路面应待摊铺层完全自然冷却,混合料表面温度低于50 ℃后,方可开放交通。需提早开放交通时,可洒水冷却降低混合料温度。

3.3 水泥混凝土路面施工

3.3.1 材料要求及拌合物配合比设计

水泥混凝土路面,包括普通混凝土(素混凝土)、钢筋混凝土、连续配筋混凝土、预应力混凝土、装配式混凝土、钢纤维混凝土和混凝土小块铺砌等面层板和基(垫)层所组成的路面。

目前采用最广泛的是就地浇筑的普通混凝土路面,简称混凝土路面。所谓普通混凝土路面,是指除接缝区和局部范围(边缘和角隅)外不配置钢筋的混凝土路面。

水泥混凝土路面具有强度高、稳定性好、耐久性好、养护费用少、有利于夜间行车、有利于带动当地建材业的发展等优点,但对水泥和水的需求量大且存在有接缝、开放交通较迟、修复困难等缺点。

1. 材料质量要求

组成水泥混凝土路面的原材料包括水泥、粉煤灰、粗集料(碎石)、细集料(砂)、水、外加剂、接缝材料及局部使用的钢筋等。

1)水泥和粉煤灰

水泥是混凝土的胶结材料,混凝土的性能在很大程度上取决于水泥的质量。施工时采用的水泥质量应符合我国现行国家标准《道路硅酸盐水泥》(GB/T 13693—2017)规定的技术要求。通常应选用强度高、干缩性小、抗磨耗性能及耐久性能好的水泥,施工时根据公路等级、工期要求、浇筑方法、路用性能要求、经济性等因素选用合适的水泥。《公路水泥混凝土路面施工技术细则》(JTG/T F30—2014)规定,极重、特重、重交通荷载等级公路面层水泥混凝土应采用旋窑生产的道路硅酸盐水泥、硅酸盐水泥、普通硅酸盐水泥,中、轻交通荷载等级公路面层水泥混凝土可采用矿渣硅酸盐水泥。高温期施工宜采用普通型水泥,低温期施工宜采用早强型(即R型)水泥。

此外,采用机械化铺筑时,宜选用散装水泥。散装水泥的夏季出厂温度:南方不宜高于65 ℃,北方不宜高于55 ℃;混凝土搅拌时的水泥温度:南方不宜高于60 ℃,北方不宜高于50 ℃,且不宜低于10 ℃。

当采用贫混凝土和碾压混凝土做基层时,可使用各种硅酸盐水泥,不掺入粉煤灰时,宜使用强度等级 32.5 以下的水泥。掺用粉煤灰时只能使用道路水泥、硅酸盐水泥、普通水泥。水泥的抗压强度、抗折强度、安定性和凝结时间必须检验合格。粉煤灰宜采用散装灰,进货应有等级检验报告并应确切了解所用水泥中已经掺入的掺合料种类和数量。路面和桥面混凝土中可使用硅灰或磨细矿渣,使用前应进行试配试验,确保路面和桥面混凝土弯拉强度、工作性、抗磨性、抗冻性的技术指标合格。

进入施工现场以备待用的水泥应有产品合格证及化验单。若对水泥质量有怀疑、水泥出厂期超过 3 个月或水泥受潮时,必须做复查试验,并根据试验结果确定是否使用该批水泥。不同标号、厂牌、品种、出厂日期的水泥,严禁混合使用。

2)粗集料

为了保证水泥混凝土具有足够的强度、良好的抗磨耗、抗滑及耐久性能,应选用质地坚硬、洁净、具有良好级配的粗集料,包括碎石、碎卵石及卵石。

粗集料的颗粒组成可采用连续级配,也可采用间断级配,但不得使用不分级的统料,应按最大公称粒径不同采用 2~4 个粒级的集料进行掺配。卵石最大公称粒径不超过 19 mm;碎卵石最大公称粒径不超过 26.5 mm;碎石最大公称粒径不超过 31.5 mm;钢纤维混凝土与碾压混凝土集料最大公称粒径不宜大于 19.0 mm。集料为连续级配的混凝土具有密度大、工作性好、不易产生离析等优点。集料为间断级配的混凝土在相同的强度下水泥用量将减少,但施工时易产生离析现象,必须采用强力振捣。

3)细集料

水泥混凝土中粒径在 0.15~5 mm 范围内的集料为细集料。细集料应尽可能采用天然砂、机制砂或混合砂。细集料应质地坚硬、耐久、洁净,高速公路及一级公路、二级公路以及有抗盐(冻)要求的三、四级公路混凝土路面适用的砂应不低于Ⅱ级,无抗盐(冻)要求的三、四级公路混凝土路面、碾压混凝土基层可使用Ⅲ级砂。特重、重交通混凝土路面宜使用河砂,砂的硅质含量不低于 25%。优质的混凝土应使用密度高、比表面积小的细集料,这样既能保证混凝土拌合物有适宜的工作性,硬化后有足够的强度和耐久性,又能达到节约水泥的目的。为了提高水泥混凝土的耐磨性能,粒径小于 0.08 mm 的颗粒不应超过 3%,细度模数宜在2.5以上。

4) 水

用于清洗集料、拌合混凝土及养护的水,不应含有影响混凝土质量的油、酸、碱、盐类及有机物等。饮用水一般均可使用,非饮用水经化验后满足下列要求的也可以使用:硫酸盐含量小于 2.7 mg/cm³;含盐量不超过 5 mg/cm³;pH 值大于4。

5) 外加剂

为了改善水泥混凝土的技术性能,可在混凝土拌合过程中加入适宜的外加剂。常用的外加剂有流变剂、调凝剂及引气剂三大类。加入流变剂可改善混凝土拌合物的流变性能,常用的流变剂有塑化剂、减水剂及流化剂等。其中最常用的是减水剂,如木质素系减水剂(简称 M 剂)、萘系减水剂(NF、MF 等)、水溶性树脂系减水剂(SM)等。在混凝土拌合物中加入适量的减水剂后,在保持其工作性不变的情况下可显著降低水灰比,在水灰比不变的条件下,可大大提高混凝土拌合物的工作性,从而提高混凝土的强度及抗冻、抗磨等性能。

加入调凝剂可调节水泥的凝结时间。若需要缩短水泥的凝结时间,可在拌合混凝土时加入适量的促凝剂,如水玻璃、碳酸钠、氯化钙、氟化钠等;若需要延缓水泥的凝结时间,可加入适量的缓凝剂,如羟基羧酸盐类(酒石酸等)、无机化合物类等。为了提高混凝土的早期强度,可加入适量的早强剂,常用的早强剂有氯化钙等;在低温季节施工时为了使混凝土迅速凝结、硬化,可加入适量的速凝剂。

为了提高混凝土抗冻、抗渗、抗蚀的性能,可在混凝土拌合物中加入引气剂。

6) 接缝材料

接缝材料用于填塞混凝土路面板的各类接缝,按使用部位的不同,分为接缝板和填缝料两类。接缝板可采用杉木板、纤维板、泡沫橡胶板、泡沫树脂板等做成。接缝板应能适应混凝土路面板的膨胀与收缩,施工时不变形,耐久性良好。

填缝料分为加热施工型和常温施工型两种。加热施工型包括沥青橡胶类、聚氯乙烯胶泥类、沥青玛蹄脂类等。常温施工型包括聚氨酯焦油类、氯丁橡胶类、乳化沥青橡胶类等。填缝料应与混凝土路面板缝壁黏附力强,回弹性好,能适应混凝土路面的胀缩,不溶于水,高温不溢出,低温不脆裂,耐久性好。

7)钢筋

素混凝土路面的各类接缝需要设置用钢筋制成的拉杆、传力杆,在板边、板端及角隅需要设置边缘钢筋和角隅钢筋,钢筋混凝土路面和连续配筋混凝土路面则要使用大量的钢筋。用于混凝土路面的钢筋应符合设计规定的品种和规格要求,钢筋应顺直、无裂缝、断伤、刻痕及表面锈蚀和油污等。

2. 配合比设计

水泥混凝土路面板的厚度和平面尺寸是以抗折强度为标准进行设计的,因此,所设计的水泥混凝土必须具有足够的抗折强度,同时还应具有良好的耐久性、耐磨性和经济性,混凝土拌合物有良好的和易性。混凝土配合比设计的主要任务包括原材料选择和配合比设计两部分内容。前者是根据路面设计和施工要求,选择技术性能符合要求的原材料。配合比设计则是根据路面对混凝土提出的一系列路用性能上的要求,确定混凝土各组成材料的最佳用量。

混凝土配合比设计的主要工作是确定混凝土的水灰比、砂率及用水量等参数,根据混凝土的组成情况可采用四组分法或五组分法进行。

确定混凝土配合比的计算可采用经验公式法或正交试验法。对于规模较大的混凝土路面工程,应采用正交试验法进行配合比设计,这样可用较少的试验次数优选出满足要求的配合比。

水泥混凝土配合比的设计过程如下。

(1)根据以往的设计参数或设计经验,初拟设计配合比,然后进行试拌,通过试验考察混凝土拌合物的工作性。如果测得的工作性低于设计要求,可保持水灰比不变,增加水泥浆用量;如果测得的工作性超过设计要求,可减少水泥浆用量,或者保持砂率不变,增加砂石用量。每次调整时只加入少量材料,重复试验(时间不超过20 min),直到符合要求为止。

(2)进行强度和耐久性试验,并做必要的调整,得到设计配合比。在混凝土拌合物符合工作性要求的配合比基础上,适当增减水泥用量,配制三组混凝土梁式试件,测定实际密度,养护到规定龄期后测定抗折强度。当实测强度未达到设计要求时,可提高水泥标号、减小水灰比或改善集料级配。

(3)根据水泥混凝土拌合物的现场实际浇筑条件、集料情况(级配、含水率等)、摊铺机具和气候条件等,对配合比进行适当调整,得到施工配合比。

3.3.2 水泥混凝土路面施工方法

1. 模板及其架设与拆除

施工模板应采用刚度足够的槽钢、轨模或钢制边侧模板,不应使用木模板、塑料模板等易变形模板;支模前在基层上应进行模板安装及摊铺位置的测量放样,核对路面标高、面板分板、胀缝和构造物位置;纵横曲线路段应采用短模板,每块横板中点应安装在曲线切点上;模板安装应稳固、平顺、无扭曲,应能承受摊铺、振实、整平设备的负载行进,冲击和振动时不发生位移。模板与混凝土拌合物接触表面应涂脱模剂;模板拆除应在混凝土抗压强度不小于8.0 MPa时方可进行。

2. 混凝土拌合物搅拌

搅拌楼的选择,应优先选配间歇式搅拌楼,也可使用连续搅拌楼。

每台搅拌楼在投入生产前,必须进行标定和试拌。在标定有效期满或搅拌楼搬迁安装后,均应重新标定。施工中应每15 d校验一次搅拌楼计量精确度。搅拌楼配料计量偏差不得超过规定。不满足时,应分析原因,排除故障,确保拌合计量精确度。采用计算机自动控制系统的搅拌楼,应使用自动配料生产,并按需要打印每天(周、旬、月)对应路面摊铺桩号的混凝土配料统计数据及偏差。

应根据拌合物的黏聚性、均质性及强度稳定性试拌,确定最佳拌合时间。

外加剂应以稀释溶液加入,其稀释用水和原液中的水量,应从拌合加水量中扣除。

拌合引气混凝土时,搅拌楼一次拌合量不应大于其额定搅拌量的90%。纯拌合时间应控制在含气量最大或较大时。

3. 混凝土拌合物的运输

(1)应根据施工进度、运量、运距及路况,选配车型和车辆总数。总运力应比总拌合能力略有富余,确保新拌混凝土在规定时间内运到摊铺现场。

(2)运输到现场的拌合物必须具有适宜摊铺的工作性。不同摊铺工艺的混凝土拌合物从搅拌机出料到运输、铺筑完毕的允许最长时间应符合时间控制的规定。不满足时应通过试验加大缓凝剂或保塑剂的剂量。

(3)混凝土运输过程中应防止漏浆、漏料和污染路面,途中不得随意耽搁。

自卸车运输应减少颠簸,防止拌合物离析。车辆起步和停车应平稳。

4. 轨道式摊铺机进行混凝土面层铺筑

高速公路混凝土路面根据具体条件可使用轨道式摊铺机进行施工。一级公路、二级公路、三级公路混凝土路面应使用轨道式摊铺机进行施工。

1)准备工作

(1)提前做好模板的加工与制作:模板的制作数量应为摊铺机摊铺能力的1.5~2.0倍,以及相应的加固固定杆和钢钎。

(2)测量放样:恢复定线,直线段每20 m设一中桩,弯道段每5~10 m设一中桩。经复核无误后,以恢复的中线为依据,放出混凝土路面浇筑的边线桩,用3寸长铁钉,直线每10 m一钉,弯道每5 m一钉。对每一个放样铁钉位置进行高程测量,并计算出与设计高程的差值,经复核确认后,方可导线架设。

(3)导线架设:在距放样铁钉2 cm左右处,钉打钢钎(以不扰动铁钉为准),长度约45 cm,打入深度以稳固为宜。进行抄平测量,在钢钎上标出混凝土路面的设计标高位置线(可用白粉笔),应准确至±2 mm。然后将设计标高线用线绳拉紧拴系牢固,中间不能产生垂度,不能扰动钢钎,位置要正确。

(4)模板支立:依导线方向和高度立模板,模板顶面和内侧面应紧贴导线,上下垂直,不能倾斜,确保位置正确。模板支立应牢固,保证在混凝土浇筑振捣过程中,模板不会位移、下沉和变形。模板的内侧面应均匀涂刷脱模剂,不能污染环境,也不能污染传力杆钢筋及其他施工设备。安装拉杆钢筋时,其钢筋间距和位置要符合设计要求,安装牢固,保证混凝土浇筑后拉杆钢筋垂直中心线并与混凝土表面平行。

(5)铺设轨道:轨道选用12型工字钢或12型槽钢均可,一般只需配备4根标准工字钢即可,向前倒换使用,并应将工字钢或槽钢固定在0.5 m×0.15 m×0.15 m的小型枕木上,枕木间距为1 m。轨道应与中心线平行,轨道顶面与模板顶面应为一个固定差值,轨道与模板间的距离应保持一个常数不变。应保证轨道平稳顺直,接头处应平滑过渡,避免突变。

(6)摊铺机就位和调试:每天摊铺前,应对摊铺机进行调试,将摊铺机调试为与路面横坡相同的倾斜度。调整混凝土刮板至模板顶面路面设计标高处,检查振捣装置是否完好和其他装置运行是否正常。

2) 混凝土摊铺

(1) 摊铺前应对基层表面进行洒水润湿，但不能有积水。

(2) 混凝土入模前，先检查坍落度，控制在配合比要求坍落度1 cm范围内，制作混凝土检测抗压抗折强度的试件。

(3) 摊铺过程中，间断时间应不大于混凝土的初凝时间。

(4) 摊铺现场应设专人指挥卸料，应根据摊铺宽度、厚度，每车混凝土数量均匀卸料，严格掌握，不能亏料，可适当略有富余，但又不能太多，防止被刮到模板以外。

(5) 摊铺过后，对拉杆要进行整理，保证拉杆平行与水平，同时要用铝合金直尺进行平整度初查，确保混凝土表面平整、不缺料。

(6) 每日工作结束后，施工缝宜设在胀缝或缩缝处，按胀缝和缩缝要求处治。因机械故障或其他原因中断浇筑时，可设临时工作缝，宜设在缩缝处按缩缝处理。

(7) 当摊铺到胀缝位置时，应按胀缝设计要求设置胀缝和安装传力杆，传力杆范围内的混凝土可用人工振实和整平。如继续浇筑，摊铺机需跳开一块板的长度开始进行，留下部分待模板拆除并套上塑料套后用人工摊铺振捣成型。

(8) 摊铺机在摊铺时，两侧应各设1名辅助操作员，保证摊铺机运行安全和摊铺质量。

5. 混凝土振捣

混凝土振捣采用小型机具施工。在待振横断面上，每车道路面应使用2根振捣棒，组成横向振捣棒组，沿横断面连续捣密实，并应注意路面板底部、内部和边角处不得漏振。

振捣棒在每一处的持续振捣时间，应以拌合物全面振动液化，表面不再冒气泡和泛水泥浆为限，不宜过振，也不宜少于30 s。振捣棒的移动间距不宜大于500 mm，至模板边缘的距离不宜大于200 mm。应避免碰撞模板、钢筋、传力杆和拉杆。

在振捣棒已完成振实的部位，可开始用振动板纵横交错振捣两遍，全面提浆振实，每车道路面应配备1块振动板。

振动板移位时，应重叠100~200 mm，振动板在一个位置的持续振捣时间不应少于15 s。振动板须由两人提位振捣和移位，不得自由放置或长时间持续振动。移位控制以振动板底部和边缘泛浆厚度达(3±1)mm为限。

缺料的部位,应辅以人工补料找平。

振动梁振实,每车道路面宜使用1根振动梁。振动梁应具有足够的刚度和质量,振动梁应垂直路面中线沿纵向拖行,往返2~3遍,使表面泛浆均匀平整。

6. 整平饰面

每车道路面应配备1根滚杠(双车道2根)。振动梁振实后,应拖动滚杠往返2~3遍进行提浆整平。拖滚后的表面宜采用3 m刮尺,纵横各1遍整平饰面,或采用叶片式或圆盘式抹面机往返2~3遍压实整平饰面。在抹面机完成作业后,应进行清边整缝,清除黏浆,修补缺边掉角。整平饰面后的面板表面应无抹面印痕,致密均匀,无露骨,平整度应达到规定要求。

7. 真空脱水工艺要求

小型机具施工三、四级公路混凝土路面,应优先采用在拌合物中掺外加剂,无掺外加剂条件时,应使用真空脱水工艺,该工艺适用于面板厚度不大于240 mm的混凝土面板施工。使用真空脱水工艺时,混凝土拌合物的最大单位用水量可比不采用外加剂时增大3~12 kg/m³,拌合物适宜坍落度为高温天30~50 mm,低温天20~30 mm。

8. 纵缝施工

当一次铺筑宽度小于路面和硬路肩总宽度时,应设纵向施工缝,位置应避开轮迹,并重合或靠近车道线,构造可采用平缝加拉杆型。当所摊铺的面板厚度大于260 mm时,也可采用插拉杆的企口型纵向施工缝。采用滑模施工时,纵向施工缝的拉杆可用摊铺机的侧向拉杆装置插入。采用固定模板施工方式时,应在振实过程中,从侧模预留孔中手工插入拉杆。

当一次铺筑宽度大于4.5 m时,应采用假缝拉杆型纵缝,即锯切纵向缩缝,纵缝位置应按车道宽度设置,并在摊铺过程中用专用的拉杆插入装置插入拉杆。

钢筋混凝土路面、桥面和搭板的纵缝拉杆可由横向钢筋延伸穿过接缝代替。钢纤维混凝土路面切开的假纵缝可不设拉杆,纵向施工缝应设拉杆。

插入的侧向拉杆应牢固,不得松动、碰撞或拔出。若发生拉杆松脱或漏插,应在横向相邻路面摊铺前,钻孔重新植入。当发现拉杆可能被拔出时,宜进行拉杆拔出力(握裹力)检验。

9. 横缝设置与施工

每天摊铺结束或摊铺中断时间超过 30 min 时,应设置横向施工缝,其位置宜与胀缝或缩缝重合,确有困难不能重合时,施工缝应采用设螺纹传力杆的企口缝形式。

普通混凝土路面横向缩缝宜等间距布置,不宜采用斜缝。不得不调整板长时,最大板长不宜大于 6.0 m,最小板长不宜小于板宽。

在中、轻交通的混凝土路面上,横向缩缝可采用不设传力杆的假缝型。

特重和重交通公路、收费广场、邻近胀缝或路面自由端的三条缩缝应采用假缝加传力杆型。缩缝传力杆的施工方法可采用前置钢筋支架法或传力杆插入装置(DBI)法。

横向缩缝的切缝方式有全部硬切缝、软硬结合切缝和全部软切缝三种,切缝方式的选用,应由施工期间该地区路面摊铺完毕到切缝时的昼夜温差确定。

10. 胀缝设置与施工

普通混凝土路面、钢筋混凝土路面和钢纤维混凝土路面的胀缝间距视集料的温度、膨胀性大小、当地年温差和施工季节综合确定:高温施工,可不设胀缝;常温施工,集料温缩系数和年温差较小时,可不设胀缝;集料温缩系数或年温差较大,路面两端构造物间距不小于 500 m 时,宜设一道中间胀缝;低温施工,路面两端构造物间距不小于 350 m 时,宜设一道胀缝。邻近构造物、平曲线或与其他道路相交处的胀缝应按《公路水泥混凝土路面设计规范》(JTG D40—2011)的规定设置。

普通混凝土路面的胀缝应设置胀缝补强钢筋支架、胀缝板和传力杆。钢筋混凝土和钢纤维混凝土路面可不设钢筋支架。胀缝宽 20~25 mm,使用沥青或塑料薄膜滑动封闭层时,胀缝板及填缝宽度宜加宽到 25~30 mm。传力杆一半以上长度的表面应涂防黏涂层,端部应套活动套帽,套帽材料与尺寸应符合有关规定的要求。胀缝板应与路中心线垂直,与缝壁垂直;缝隙宽度应一致,缝中完全不连浆。

胀缝应采用前置钢筋支架法施工,也可预留一块面板,高温时再铺封。前置法施工,应预先加工、安装和固定胀缝钢筋支架,并在使用手持振捣棒振实胀缝板两侧的混凝土后再摊铺。宜在混凝土未硬化时,剔除胀缝板上部的混凝土,嵌入(20~25)mm×20 mm的木条,整平表面。胀缝板应连续贯通整个路面板宽度。

11. 抗滑构造施工

摊铺完毕或经整平表面后,宜使用钢支架拖挂1~3层叠合麻布、帆布或棉布,洒水湿润后做拉毛处理。人工修整表面时,宜使用木抹。

当日施工进度超过500 m时,抗滑沟槽制作宜选用拉毛机械施工,没有拉毛机械时,可采用人工拉槽方式。

特重和重交通混凝土路面宜采用硬刻槽,凡使用圆盘、叶片式抹面机整平后的混凝土路面、钢纤维混凝土路面必须采用硬刻槽方式制作抗滑沟槽。

12. 混凝土路面养护

混凝土路面铺筑完成或制作抗滑构造完毕后立即开始养护。机械摊铺的各种混凝土路面、桥面及搭板宜采用喷洒养护剂同时保湿覆盖的方式养护。在雨天或养护用水充足的情况下,也可采用覆盖保湿膜、土工毡、土工布、麻袋、草袋、草帘等洒水湿养护方式,不宜使用围水养护方式。

养护时间根据混凝土弯拉强度增长情况而定,不宜小于设计弯拉强度的80%,应特别注重前7 d的保湿(温)养护。一般养护天数宜为14~21 d,高温天不宜少于14 d,低温天不宜少于21 d。掺粉煤灰的混凝土路面,最短养护时间不宜少于28 d,低温天应适当延长。

混凝土板养护初期,严禁人、畜、车辆通行,在达到设计强度的40%后,行人方可通行。在路面养护期间,平交道口应搭建临时便桥。面板达到设计弯拉强度后,可开放交通。

13. 灌缝

应先采用切缝机清除接缝中夹杂的砂石、凝结的泥浆等,再使用压力不小于0.5 MPa的压力水和压缩空气彻底清除接缝中的尘土及其他污染物,确保缝壁及内部清洁、干燥。缝壁检验以擦不出灰尘为灌缝标准。

常温施工式填缝料的养护期,低温天宜为24 h,高温天宜为12 h。加热施工式填缝料的养护期,低温天宜为2 h,高温天宜为6 h。在填缝料养护期间应封闭交通。

路面胀缝和桥台隔离缝等应在填缝前,凿去接缝板顶部嵌入的木条,涂黏结剂后,嵌入胀缝专用多孔橡胶条或灌进适宜的填缝料,当胀缝的宽度不一致或有啃边掉角等现象时必须灌缝。

3.4　××高速公路项目标段路基工程施工技术方案

3.4.1　路基工程概述

1. 工程概况

××高速公路项目标段起讫里程为K69+880～K84+280,线路正线全长14.4 km。路基长度13.2 km,占总路线长度的91.7%;本项目标段路基土石方主要有挖方255.4万立方米、填方249万立方米、清淤换填约34万立方米。

2. 路基类型

本标段路基设计类型多,主要有深路堑、高路堤、陡坡路基、边坡防护路基、低填浅挖路基、不良地质路基、特殊地质路基等。

3. 路基处理

1)边坡防护路基

路堤边坡防护按设计要求依据路堤边坡高度、填料性质、地基条件及自然环境等条件分别采用植被护坡网内喷播植草、铺草皮、浆砌片石、浆砌片石骨架内铺草皮或浆砌片石护坡。

路堑边坡防护按设计要求依据工程地质和水文地质条件、路堑边坡高度、地层岩性、结构面层状、风化程度等采用浆砌片石护坡、植被护坡、浆砌片石挡土墙、片石混凝土挡土墙、拱形骨架护坡、锚杆框架梁等多种措施的组合,对爆破产生的局部裂隙采用浆砌片石嵌补。

2)高路堤

边坡高度为8～12 m时,路基填料填筑、压实标准必须满足设计要求。8 m以下边坡放缓一级,并于8 m处设2 m宽边坡平台。

3)深路堑

深路堑设置边坡支挡加固防护工程,如挡土墙、骨架护坡、边坡预应力锚索、锚杆框架梁等,坡面采用边坡防护措施,并加强边坡及自然边坡的位移变形监测。

4)陡坡路基

根据下滑力的大小、地形条件等因素,分别采用开挖台阶片石混凝土路肩或路堤挡土墙,对易受冲刷侧设防冲刷及截排水设施。

5)浸水路基

水塘、水库及防山洪冲刷路基,采用单层或双层干砌片石护坡、浸水挡墙或防冲刷墙等,挡墙或脚墙基础深入冲刷线下不小于1m,防护水位标高处设置2~5m的边坡平台,防护水位标高以下采用水稳性好的渗水料填筑。

6)特殊地质路基

本标段采用的地基加固处理主要是挖除换填措施。路堤地段基底换填设计要求的换填材料,厚度不小于设计值,并加强地表防排水。

7)不良地质路基

(1)顺层路堑。

顺层路堑采用抗滑挡墙、边坡预应力锚杆框架梁等措施加固,并加强坡表位移、深部位移监测。

(2)岩溶路基。

岩溶路基采用注浆、回填片石夯实、干砌片石填塞、混凝土板跨越、M7.5注浆等措施加固。

3.4.2 路基工程施工组织

1. 路基施工区段划分、队伍安排

本标段路基工程按照总体布置共计划分7个独立施工区段,安排7个路基综合施工队承担本标段所有路基工程的施工任务,每个路基综合施工队根据所承担的任务不同分为路基土石方施工队、防护排水施工队、"通涵"施工队等,各作业分队按照一定的作业区间采取平行流水作业。

2. 路基工程平面布置方案

路基工程按照"各种作业互不干扰、方便运输及工序衔接、便于组成连续作业线"的原则,结合地形特点、机械设备及结构物材料存量等因素,进行规划布置。标段内重点土石方工程设置贯通施工便道,施工布置综合考虑位置合理,施工用水、用电等因素。挡护小型构件预制场设置在场站内,并按合理工艺流程进行机械设备、工房等布置,形成位置合理、布置紧凑、满足不同施工阶段作业需要的有机整体。

3. 路基工程施工顺序安排

路基施工以控制沉降为主导思想,以特殊地基处理和过渡段填筑为重点,加强路基填筑压实,防护工程适时跟进,确保工程质量优良。路基工程按照土工结构物要求进行施工,优先安排软土地基、过渡段桥台、运梁通道段路基及涵洞工程施工。

路基防护、排水等附属工程,在保证不影响总工期的前提下根据具体情况协调安排进行。

路基土石方施工原则为"就近移挖作填,减少运距,少占耕地,保护环境"。

软岩及顺层地段的土石方工程做好施工组织与策划,安排旱季施工,避开雨季施工,施工中采取加固措施,并加强边坡变形监测,根据监测结果安排施工进度。

过渡段碎石土填层与相邻的路堤及锥体同时施工,并将过渡段与连接路堤的碾压面按大致相同的分层高度同步填筑并均匀压实。

路基工程主要施工顺序为:施工准备→路基清表→路堑开挖、防护排水等工程→路基填筑、防护排水等工程。

3.4.3 路基工程工艺性试验方案

本标段路基对填筑材料、压实标准、检测要求等有较高的标准。为确保工程质量和建设标准,本标段在路基大面积填筑施工前,选取代表性的路基试验段先期开工。经过现场填筑工艺和土工试验,确定一套路基填筑的施工工艺,为本标段的路基施工起示范和指导作用。

依据技术标准、压实机械性能、填料类别,在路基标段范围内选取100~300 m

长地势较平缓地带作为路基试验段。

工艺试验段试验内容：

(1)对使用同一类型机械组合同一类型的土样根据层厚碾压试验的检测统计数据,绘制不同虚铺厚度的压实系数(K)随振动碾压遍数(N)变化的关系曲线。

(2)不同含水率条件下压实系数(K)与振动碾压遍数(N)的关系。

(3)碾压遍数。总结出当填土含水率接近最佳含水率时机械的碾压遍数和当含水率接近施工控制含水率上、下限时的碾压遍数,最后,总结得出合理的振动碾压遍数。

3.4.4 路基工程施工方案

1. 地基加固处理

本标段地基处理路基为软土、岩溶地基等,主要处理措施有换填法、注浆、碎片石填充、钢筋混凝土盖板跨越等。

路堤填筑前,清除基底表层植被,挖除树根,做好临时排水措施。

当基底土密实且地面横坡缓于1:10时清除草皮杂物后压实,地面横坡为1:5~1:2.5时,自上而下挖台阶,台阶顶面做成4%的内倾斜坡。沿线路横向挖台阶宽度、高度满足设计要求,沿线路纵向挖台阶宽度不小于2.0 m。根据现场实际情况,可以采用推土机等大型机械辅以人工进行施工。

原地面处理后的外观符合下列要求:基底无草皮、树根等杂物,且无积水;原地面基底密实、平整,坑穴处理彻底,无质量隐患;横坡符合设计要求。

接下来主要介绍一下本标段工程使用的换填施工方法。

1)施工准备

(1)适用范围:路基通过水稻田、洼地或池塘地段,应进行换填处理。

(2)测量放样:首先按设计要求进行中线、高程和横断面测量,然后按设计要求的宽度和距中心的位置放样。

(3)准备和检验、考核施工使用的所有机械设备及劳动力的各自指标和合格证。

(4)修建进场施工便道和开挖排水沟、修建挡水堤以防止雨水流入场地内。施工过程中为便于开挖顺利进行,保证换填质量,人工在开挖坑外四周设截水沟,坑内两边设排水沟,由集水井排水。

(5)对换填料的各项试验数据报监理审批后开始备料,换填材料含水率略大于最佳含水率。

(6)铺筑试验段,确定换填工艺、铺筑层厚、机械配套和碾压遍数等参数。

2)施工方法

(1)不合格土的开挖。

①对于需要换填的淤泥、黑土或膨胀土采用人工配合挖掘机开挖。根据换填长度决定开挖顺序,长度在100 m以下时,开挖由一端往另一端进行;长度在100 m以上时,开挖宜从中部往两端进行。

②软弱土层挖除干净并经监理工程师确认后,采用推土机配合人工将底部平整;若底部起伏较大时,应按规定要求设置台阶或缓于1:5的缓坡。

③底部处理,当底部的开挖宽度和深度达到设计要求并经过监理工程师确认后,可采用压路机对换填面进行压实,当含水率不佳时,应洒水闷料或晾晒加灰以保证压实效果。

④按验收标准要求做填前压实检查,合格并经监理审定后,方可进行合格料的回填。

(2)合格土的换填。

①换填可根据总长度选择开挖完成后再进行换填或是保证开挖30 m后,开挖、换填平行作业。一般情况下,换填总长度在50 m以下时,采取前者;反之,采取后者。

②采用自卸汽车将准备好的换填料运到施工现场后,按规定的车距均匀卸料。

③采用平地机后跟压路机的方法,按松铺厚度不大于0.3 m,进行分层刮平和压实。

④按照试验段确定的压实工艺,采用振动压路机,按照填料的特性,选用适宜振频、振幅和碾压工艺,本着先轻后重、先边后中的原则,确保碾压达到规定的压实密度。

3)施工工艺

(1)首先必须搞好基底排水,开挖地面水的临时排水沟并设法降低地下水位,一般在红线范围内按纵横向开挖网络排水沟,将红线两边纵向排水沟加深。

(2)开挖排水沟完成后几天,按每20 m一个断面,每个断面三个触探点,根据标准确定大概的软基深度,为清淤施工提供依据。

(3)开挖软基用推土机、挖掘机、自卸汽车三种设备配合施工。当开挖软基深度较小时,采用挖掘机直接开挖装车。

(4)软土清除完毕后,选择代表性的触探点,进行触探试验,保证基底承载力符合要求。

(5)清除软基后,用光轮压路机在基底上缓慢静压几遍,可提高压实度,并将开挖留下的松土压实,进一步使新基底平整。

(6)清淤后在全宽范围内分层填平、充分压实,使各层次强度均匀,并严格控制松铺厚度,按规范要求回填压实。每日施工完毕时,顶层土应压实且呈双向横坡,并视地下水情况,必要时在填土层的周边设置集水井和临时排水沟,以利于排除积水和控制填筑质量。

2. 土方填筑施工

1)施工准备

(1)测量放样,恢复中线并放出边线;搞好地质调查和土质试验;做好路基防排水措施;组织人员和机械进场;确定施工顺序及土方调配方案。

(2)清表。开工前必须对图纸所示或监理工程师提供的路基范围内各类现有障碍物和设施的位置及场地清理情况,进行现场核对和补充调查,并将结果通知监理工程师核查。

在复核设计及路基放样无误后,根据现场地面实际条件及土质情况按验收标准及设计要求进行场地清理。场地清理根据填筑施工的需要,分期分批进行,原则上是全面清表、分段弃方。

场地清理包括清除路基范围内的树根、草皮等植物根系,将路基填筑基底范围内 30 cm 厚种植土及非适用性土清理挖除,直至地基土满足要求为止。对不符合路基填料要求的土体,挖除后外运至指定的弃土场。

(3)试验段施工。在路基填筑施工前,选择地质条件、断面形式均具有代表性的一个区段(长度不小于 100 m)作为试验段。根据本合同段的实际情况,应对填土的填筑,做填筑试验施工。现场压实试验应进行到能有效地使用该种填料达到规定的压实度为止,试验时做好记录,记录压实设备类型、组合方式、碾压遍数及碾压速度、工序、每层材料的松铺厚度、材料的含水率等,找出机型、层厚、压实遍数同设计规定指标的规律曲线,并找出 K_{30}(表示土体表面在平面压力作用下产生的可压缩性的大小)与压实系数 K_h 或孔隙率 n 之间的关系。通过试验段施工,确定合理的压实工艺参数和工艺流程。试验结果经监理工程师批准后,作为该种填料施工时使用的依据。施工中,填筑松铺厚度不应大于试验确定值的90%。

2)施工方法

(1)路基填筑采取横断面全宽、纵向分段进行分层填筑。为保证路基的压实度,松铺厚度必须按试验段路基填土厚度的90%来控制,且每层松铺厚度不大于30 cm,压实后每层厚度约25 cm。施工时在路肩位置竖立标尺杆,以控制摊铺厚度,每层填筑按松铺厚度一次到位,根据车厢容积和松铺厚度计算卸土间距,由专人指挥卸车。如地面有坡度,从低处开始进行分层填筑。

(2)路基填料必须符合设计要求,同一作业区用不同填料填筑时,各种填料要分层填筑,每一水平层的全宽采用同一种填料,不得混填,以避免路基左右侧沉降不均。若采用不同填料填筑时,尽量减少不同填料层数,每种填料厚度不得少于50 cm。每一填筑层必须满足设计要求的平整度和路拱,以保证雨天路基填筑面不积水。路拱应在第一层全断面填筑时设置完毕,第二层开始则均厚填筑。

(3)为了确保边坡压实与路堤全断面一致,边坡两侧要各超填0.4~0.5 m,待路基防护施工前用人工配合挖掘机进行刷坡。每层路基填筑压实完毕均应测量放出边线,洒上石灰线,以控制上层填土,确保路基侧面边坡的坡率。

(4)摊铺整平。填筑段在卸土的同时,采用推土机整平,注意每层按要求设置路拱。推土机完成一个区段的推平后,采用平地机进行平整,平地机行驶路线从两侧纵向行驶,逐步向路基中心刮平,同时用人工配合填平凹坑,以保证压实质量。

(5)洒水或晾晒。路堤填筑时,应随时检测填料含水率。对于细粒土、黏砂土,碾压前应控制填料含水率不超过试验段填筑试验中求得的最佳含水率的±2%。

当含水率较低时,应在土场加水闷料,以保证填料的含水率达到最佳含水率。

当含水率超过规定值时,在路堤填料上用铧犁、旋耕犁翻晒,并适当减小填层松铺厚度,降低填料的含水率,使填料含水率始终控制在施工允许含水率的范围内,以保证最佳压实效果。

在必要条件下,可用生石灰对土体进行改良来降低含水率,从而加快填筑速度。

(6)碾压夯实。根据分层施工图和不同的填料情况,选择合适的碾压机械,填土压实作业采用振动压路机,压路机激振力20~30 t。

碾压顺序由两边向中间进退式碾压,曲线地段先内侧后外侧,横向接头重叠0.5 m以上或三分之一轮宽左右,前后相邻两区段重叠1 m以上。

根据填料种类、填土厚度和密实度标准,按试验段取得的数据控制压实遍数。先静压后振动压,一般情况下的振动压实遍数:路床表层6~8遍,路床底层5~6遍,路堤层4~5遍。

对边坡附近,先利用推土机对路肩进行初步压实,压到路肩不发生滑坡,然后再利用压路机碾压。压路机外轮缘距离超填路基的边线保持30 cm左右,以保证压路机的安全。对压路机不易碾压的地方,采用小型打夯机具夯实。

(7)路基整修。路堤按设计标高填筑完成后,进行修整和测量。恢复中线,每20 m设一桩,进行水平标高测量,计算修整高度,施放路肩边桩,修筑路拱,并用平碾压路机碾压一遍,使路基面光洁无浮土,横向排水坡符合要求。

对于细粒土边坡,依据路肩边线桩,用人工按设计坡率挂线刷去超填部分,进行整修拍实。整修后的边坡达到转折处棱线明显、直线处平直、变化处圆顺,做到坡面平顺没有凹凸、压实密度合格。

整修内容包括路基面的排水横坡、平整度、边坡等,路基整修应严格按照设计结构尺寸进行,达到技术标准要求。边坡修整放出路基边线桩,按设计及验收标准要求,对于加宽部分人工挂线刷去超填部分,修整折点,修整后达到转折处棱线明显、直线平直、曲线圆顺。

3)质量检验方法、频率及标准

检验方法:依据《公路路基施工技术规范》(JTG/T 3610—2019)及《公路工程质量检验评定标准 第一册 土建工程》(JTG F80/1—2017)规定的方法检验。

压实度检验数量:沿线路方向每200 m压实层抽样检验压实度系数K(改良细粒土)或孔隙率n(砂类土或碎石土)4处。

4)施工工艺

施工工艺流程见图3.1。

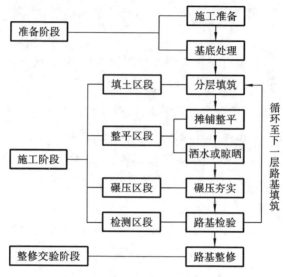

图 3.1 路基填筑施工工艺流程

施工注意事项如下。

(1)路基填筑施工按"四区段、八流程"的程序水平分层填筑。"四区段"为填土区段、整平区段、碾压区段、检验区段;"八流程"为施工准备、基底处理、分层填筑、摊铺整平、洒水或晾晒、碾压夯实、路基检验、路基整修。

(2)路基施工地段施工时确保不破坏原来的地貌,保持原来的植被,保证土质结构不被扰动。

(3)路基施工首先做好防排水,地下水位较高时,做盲沟或采用其他有效措施进行引排。

(4)施工中认真做好原始记录、积累资料,对湿陷性红黏土不良地段全面观测,以指导安全施工。

(5)当天拉上路基的土,确保当天摊铺,当天碾压成型。

(6)加强与当地气象部门的联系,注意天气预报,提前做好雨季施工工作的安排和准备。

3. 路堑开挖施工

1)土方路堑开挖施工

(1)施工准备。

①施工前,仔细查明地上、地下有无管线,对标段中的照明、输电线路,施工

时查明其平面位置和高度,对施工有影响的,将其提前迁移。

②开挖前,首先测量放线,依据设计挖深及边坡率推算测出开挖边界,并及早完成路堑顶截水沟的修建,由高到低、从上而下、由里向外逐层开挖,最后刷坡至边坡线,严禁掏底开挖。

③挖除开挖区地表植被、腐殖土及其他不宜作填料的土层,弃至指定的弃土场。

④在路堑施工前,根据现场收集到的情况、核实的工程数量、工期要求、施工难易程度和人员、设备、材料,编制实施性施工组织设计,报监理审批。

⑤根据测设路线中桩、设计图表定出路堑堑顶边线、边沟位置桩。在距路中心一定安全距离设置控制桩。对于深挖地段,每挖深 2~5 m,复测中心桩一次,测定其标高及宽度,以控制边坡的大小。

(2)施工方法。

①施工顺序。

测量放线→清除表土→施工截水沟→挖运土方→清理边坡→重复挖运至设计标高→路基处理→检测。

②开挖要点。

a.开挖过程中经常放线检查宽度、坡度,及时纠正偏差,避免超欠挖,保持坡面平顺。

b.路堑从上至下逐层顺坡(按设计坡率)采用挖掘机、推土机开挖,用挖掘机将土方装入自卸汽车运输,人工刷坡修整,并及时做好临时排水措施。

c.路堑开挖要保证排水系统的畅通。

d.开挖应自上而下纵向、水平分层开挖,纵向坡度不得小于 4%,严禁掏底开挖。

e.设有支挡结构的路堑边坡应分段开挖、分段施工。设计要求分层开挖、分层防护的路堑边坡,应自上而下分层开挖、分层施工,支挡工程施工与开挖紧密衔接。如果防护不能紧跟完成的,应预留厚度不小于 50 cm 的保护层。

f.开挖时严格控制每层开挖深度在 1.5 m 左右,每层开挖的边坡一次成型,刷坡工作紧跟开挖,形成开挖、刷坡多个工作面同时进行的流水线作业。每段开挖工作完成后,对边坡进行及时防护。开挖出的弃土运到弃土场堆放。种植土和其他用途的表土储存于指定地点用于复耕或种植植被。

g.路堑短距离的土方,从路堑的一端或按横断面全宽逐渐向前开挖。

h.对于距离很长的集中性土方,采用纵挖法施工,即沿着路堑纵向将高度分成不同的层次依次开挖。挖方挖至设计标高后,再超挖80 cm,而后按填方路基进行施工,以确保路基的平整度及压实度。

③注意事项。

a.当路堑路床顶部以下位于含水率较大的土层时,若土层为湿陷性黄土,则先设置纵向渗沟,必要时设置纵横渗沟,将地下水引出,而后换填透水性良好的材料,换填深度满足路基基底强度及验收标准要求,平整顶面,分层回填平整压实。

b.对需进行换填处理的地段,按设计要求的材料、施工方法进行处理。

c.采用机械开挖前,首先调查地下管道、缆线、文物古迹,必要时先人工开挖,探明情况再用机械开挖;对邻近的民房或其他结构采取措施进行保护,以免损坏。

d.对坡面中出现的坑穴、凹槽杂物进行清理,嵌补平整。路堑较高时按设计做出平台位置,路堑平台做成一定坡度,确保不积水。

e.路堑开挖出的土方除留够路堤填方外,多余者运至设计弃土场或指定的地点做弃方处理。将表土或腐殖土先弃于指定地点,最后用于造田、复耕、恢复植被。弃土场在施工完成后,及时进行边坡防护、地表种植土的覆盖和植被栽种,防止水土流失。

f.挖方边坡坡度严格按设计施工,刷坡用人工配合机械进行,确保边坡坡度符合设计要求。

g.施工中保持坡面平整,严禁乱挖,若路堑边坡有变形迹象,不可随便刷方,迅速采取应急的合理减载措施,并立即研究对策采取措施。

(3)施工工艺。

施工工艺流程见图3.2。

路堑开挖前,首先核对地质资料,开挖后如发现与地质资料不符,及时向设计和监理单位反馈。

2)石方路堑开挖施工

(1)施工准备。

①同土方路堑开挖施工准备①～⑤条。

②路堑开挖前,利用挖掘机清除地表不宜用作填方的植被,修筑截水沟,施工最好避开雨季,及时做好排水工作。

(2)施工方法。

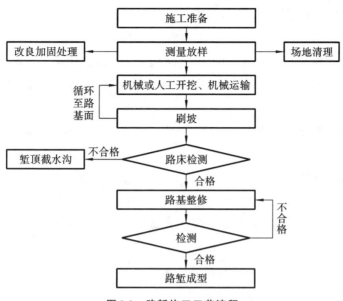

图 3.2 路堑施工工艺流程

对于石质破碎和较软的地段采用挖掘机开挖;对于石质较硬的地段,采用潜孔钻钻孔、光面爆破,控制爆破方法进行施工,靠近边坡及路基面采用光面爆破方法。

运输则根据具体情况采用自卸运输车进行。

4. 路堤与桥台、横向结构物、路堑过渡段施工

1) 路堤与桥台过渡段

过渡段碎石土范围外设置倒梯形的过渡段,倒梯形过渡段外采用透水性好的合格填料填筑施工。

2) 路堤与横向结构物过渡段

(1) 路堤与横向结构物过渡段结构形式、填料要求。

当涵洞顶距路肩高度小于等于1.5 m时,过渡段及其后倒梯形过渡段总长度不小于4倍路堤填高且不小于20 m。

当涵洞顶距路肩高度小于等于1.5 m时,在不小于过渡段和倒梯形过渡段长度范围内路基、涵洞顶及两侧各2 m和过渡段采用碎石土填筑。过渡段碎石土范围外路堤倒梯形过渡段采用合格填料填筑。当涵洞顶距路肩高度大于1.5 m

时,涵洞顶及过渡段填筑碎石土。

(2)路堤与横向结构物过渡段填筑。

横向结构物两端的过渡段填筑应对称进行。过渡段碎石土、倒梯形过渡段与相邻路基同步分层填筑碾压。填料填筑、碾压成型施工方法同路堤与桥台过渡段填筑。

横向结构物顶部填土高度超过1 m后,采用振动压路机进行碾压,以保证结构物不被破坏。

当构筑物轴线与线路中线斜交时,首先采用碎石土填筑斜交部分,然后再按照设计要求设置过渡段,以减小路基与涵洞横向刚度的差异。斜交部分碎石土与过渡段同步填筑碾压,靠近斜交涵洞的部位采用小型振动压实设备平行于斜交涵洞背面碾压。

路堑与横向结构物基坑回填碎石土采用小型振动压实设备平行于涵洞背面碾压或小型冲击夯分层夯填施工。

3)路堤与路堑过渡段

(1)路堤与路堑过渡段结构形式。

过渡段设置为在路堑一侧顺原地面纵向开挖台阶,台阶高度1 m,长度不小于2 m。

(2)路堤与路堑过渡段填筑。

软质岩、强风化硬质岩、土质路堑过渡段台阶按设计尺寸采用机械开挖,预留20 cm土层进行人工清除,确保台阶几何尺寸满足设计要求。

过渡段填筑前,平整台阶地基表面,碾压密实。过渡段的填筑施工与相邻路堤同步进行。

大型压路机能碾压到的部位,其施工方法参照路堤施工相关规定,靠近路堤、路堑接合处,沿堑坡边缘进行横向碾压。

大型压路机碾压不到的部位,采用小型振动压实设备进行碾压,填料的松铺厚度不大于20 cm,碾压遍数由工艺试验确定。

4)半填半挖地段

半填半挖路基轨道下横跨挖方与填方两部分时,挖方区分硬质岩及土质、软质岩、强风化硬质岩分别采用爆破开挖或机械开挖施工。挖方区按设计坡度施工完成后,全断面同时进行填筑施工。填筑施工按设计要求采用合格填料,分层填筑,机械压实。

当挖方区为硬质路堑时,路堑一侧路堤与路堑连接处开挖台阶,台阶高不小于1 m,长不小于2 m。

3.4.5 路基工程施工技术措施

1. 为达到路基填料标准、压实标准所采取的工艺措施

1)为达到路基填料标准所采取的工艺措施

(1)优先选用本桩线内符合设计及相关规定的土、石填料进行路基填筑。当选用不良填料时,根据土源性质进行改良后填筑。

(2)填筑时对运至现场的填料进行抽样检验,当填料土质发生变化或更换取土场时,重新进行检验,确保采用合格的填料进行路基的填筑。

(3)当需要进行填料的改良时,根据不同性质的填料选择适宜的掺合料,并进行不同配合比的室内物理、力学试验,优化配合比,满足最不利气候条件下的动力要求。外掺料的品种、规格、质量应符合设计要求,按规定的频率做相关项目的检验。包装、运输、储存期间妥善保管,不得日晒雨淋、受潮变质。

(4)路基表层填料材料性能应符合验收标准要求,并应具有较高的强度和弹性模量以及耐磨、反滤等特性,应符合验收标准及设计要求。

2)保证达到压实标准采取的措施

(1)路基填筑前,选取地质条件、断面形式均具有代表性的地段进行填筑压实工艺试验,确定不同压实机械、不同填料施工含水率的控制范围、松铺厚度和相应的碾压遍数、最佳的施工机械组合和施工组织,确定施工工艺参数,再进行路基填筑施工。

(2)路基填筑按照"四区段、八流程"的施工工艺组织施工。路堤沿横断面全宽纵向分层填筑,分层填筑厚度根据填筑机械能力、填料种类和要求的压实度,通过现场工艺试验确定。填料摊铺使用推土机进行初平,平地机进行整平,填层面无明显的局部凹凸,做成向两侧的横向排水坡。当填料为改良土或含细粒成分较多的粗粒土填料时,严格控制填料的含水率在工艺试验确定的施工允许含水率范围内。压实顺序先两侧后中间,按先静压后弱压再强振的操作程序进行碾压。各碾压机械的行驶速度不超过4 km/h,各区段交接处互相重叠压实,纵向搭接长度不小于2 m,沿线路纵向行与行之间压实重叠不小于40 cm,上下两层填筑接头错开不小于3 m。

2. 为达到路基工后沉降及不均匀沉降标准所采取的工艺措施

(1)施工前,根据路线不同地质情况,选用轻型动力触探、重型动力触探、标准贯入、静力触探四种原位测试方法的一种结合室内土工试验进行补充勘察,有疑问时进行地质补钻,验证设计采用的地质资料,确保不因地质勘查原因造成路基沉降控制问题。

(2)对于沉降控制较困难的软土和松土地段地基,做好施工组织设计,提前安排施工,保证一个足够的沉降期。

(3)在路堤与桥台、路堤与横向结构物(如通道、圆管涵洞等)、路堤与路堑等连接地段应按验收标准及设计要求设置过渡段,并严格进行施工质量控制,确保不均匀沉降达到设计及规范要求。

(4)水平分层对称进行横向结构物的过渡段填筑压实,并与相邻路堤同步施工。涵洞背面两侧2.0 m以外大型压路机能碾压到的部位宜采用大型压路机进行碾压。大型压路机碾压不到的部位,采用小型振动压实设备进行压实。采用小型振动压实设备进行压实时,填料的松铺厚度不宜大于20 cm,同时要加强路堤与横向结构物过渡段搭接口20 m范围内过渡段以外路堤的填筑质量。

(5)路基工程提前安排施工并尽早建成,使其有不少于设计及验收标准要求的沉降放置期。通过沉降观测满足工后沉降要求后方可进行下一道工序施工。

第4章 桥梁工程设计

4.1 桥梁设计的基本原则及基本资料

4.1.1 桥梁设计的基本原则

桥梁是公路和城市道路的重要组成部分,特别是大、中型桥梁的建设对当地的政治、经济、国防等都具有重要的意义。因此,桥梁工程必须遵照安全、适用、经济、美观、耐久和环境保护的基本原则进行设计,设计时要充分考虑因地制宜、就地取材、便于施工和养护等因素,进行全寿命设计。桥梁设计应该遵循的各项基本原则分述如下。

1. 安全性

桥梁的安全既包括桥上车辆、行人的安全,也包括桥梁本身的安全。结构在使用年限内,在各种环境影响和人为作用荷载下,应具有足够的承载能力,能保持适当的安全度,这是对每一座桥梁的基本要求。对桥梁安全性的基本要求如下:

(1)桥梁的全部构件及其连接构造在强度、刚度、稳定性和耐久性方面应有足够的安全储备。

(2)防撞栏杆应有足够的高度和强度。人行道与机动车道之间应做好防护栏,以防止车辆撞入人行道或撞坏栏杆而跌落桥下。

(3)对于交通流量大的桥梁,应设置好照明设施,设置明确的交通标志;两端引桥坡度不宜太大,以避免发生车辆碰撞等交通事故。

(4)在地震区修建的桥梁,应按抗震要求采取防震措施;对于河床易变迁的河道,应设计好导流设施,防止桥梁基础底部被过度冲刷;对于通航大吨位河道,除了按规定加大跨径外,还必须设置防撞构筑物等。

2. 适用性

桥梁的适用要求包括:

(1)桥面宽度应能满足当前及规划年限内的交通流量(包括行人通行)。

(2)桥梁结构在设计荷载作用下不出现超过规定的变形和裂缝。

(3)桥跨结构的下方应有利于泄洪、通航(跨河桥)或车辆和行人的通过(旱桥)。

(4)桥的两端应方便车辆的进入和疏散,不致产生交通堵塞现象等。

(5)考虑综合利用,方便各种管线(水、电、气、通信等)通过。

(6)位于或靠近城市、村镇等的桥梁,还应当综合考虑桥头和引桥区段的环境和发展。

3.经济性

在安全、适用的前提下,经济是衡量设计技术水平和做出方案选择的主要因素。桥梁设计应体现出经济特性。对于重大的桥梁工程,应基于先进的设计理念,开展概念设计和全寿命设计,通过多方案比选,详细研究技术上的可行性和先进性,以及经济上和管养上的合理性。这样,才能对桥梁的建造消耗(材料、机具和劳力)、施工(方法、费用、工期)、技术发展(新结构、新材料、新工艺)和长期使用(养护维修、加固等)等因素进行统筹考虑,得出合理的经济结论。对桥梁经济性的基本要求如下:

(1)桥梁设计应遵循因地制宜、就地取材和方便施工的原则。

(2)桥梁应选择造价和使用年限内养护费用综合最省的方案,设计时应该尽量使维修费用最少,维修时尽量不中断交通或使中断交通时间最短等。

(3)桥位应选在地形、地质、水文条件较好的区域,尽量缩短桥梁长度。

(4)尽可能地缩短运距,促进地方的经济发展,以产生最大的经济效益。对于过桥收费的桥梁,应吸引更多的车辆通过,以达到尽快回收投资的目的。

4.美观性

在安全、适用和经济的前提下,尽可能使桥梁具有优美的造型,并与周边环境相协调,是桥梁建筑美学的基本要求。合理的结构造型和布局、正确表达力的传递、保持建筑风格与周围环境的协调,是体现桥梁美感的主要因素。对一些特定的桥梁(如城市桥梁和旅游地区的桥梁),可适度考虑桥梁建筑的艺术处理,但不应采纳虚假浮华的结构造型,不应追求烦琐浪费的细部装饰。另外,施工质量对桥梁美观也有很大的影响。

5. 耐久性

耐久性是指在设计确定的环境作用和养护、使用条件下,结构及其构件在设计使用年限内保持其安全性和适用性的能力。在使用年限内,桥梁一般只需常规养护维修就可保证正常使用,但随着桥梁年龄的增长,耐久性问题会逐步显露出来。因此,需要从设计层面,考虑不同构件的耐久性差异,加强构件的可控性(可检、可养、可强、可换),尽量减少养护维修给日常交通带来的不利影响。

6. 环境保护

为满足社会的可持续发展要求,环境保护正在成为桥梁设计的基本原则之一。桥梁建设必须考虑环境保护和可持续发展的要求,包括生态、水土保持、空气、噪声等几方面;应从桥位选择、桥跨布置、基础方案、墩身外形、上部结构施工方法、施工组织设计等方面全面考虑环境保护要求,采取必要的工程控制措施,建立环境监测保护体系,使其对环境的不利影响降至最低。在设计层面,需要采用先进的设计理念和方法,优化结构设计,增强耐久性,保护自然和人文环境,以达到节能降耗、延长桥梁使用寿命的目的。桥梁施工完成后,应对两岸植被进行恢复或进一步美化桥梁周边的景观。

上述桥梁设计的多项基本原则,互为关联,且受到社会、经济、交通、技术、艺术等的影响。因此,桥梁设计往往是多约束条件下的整体优化。

4.1.2 桥梁设计的基本资料

桥梁设计时需要进行调查,对于跨越河流的桥梁的调查一般包括下列几个方面的内容。

(1)调查桥梁的具体任务。其具体包括桥上的交通种类和要求,如桥梁的荷载等级、实际交通量和增长率、需要的车道数、行车道的宽度及人行道宽度的要求等。

(2)选择桥位。一般来说,大、中桥桥位的选择应服从路线的总方向,路、桥方面综合考虑。一方面,从整个路线或路线网的角度来看,既要力求降低桥梁的建设和养护费用,又要避免或降低因车辆绕道而增加的运输成本。另一方面,从桥梁的经济性和稳定性出发,应尽量选择在河道顺直、水流稳定、河面较窄、地质较好、冲刷较小的河段上,以降低造价和养护费用,并避免因冲刷过大而发生桥梁倒塌的危险。此外,应尽量避免桥梁与河流斜交,否则会增加桥梁长度,从而引起工程造价的提高。

大、中桥一般选择2~4个桥位后进行综合比较,然后选择合理的桥位。对于小桥涵的位置,应服从路线走向。当遇到不利的地形、地质和水文条件时,应采取适当的技术措施,不应因此而改变路线。

(3)测量桥位附近的地形,并绘制地形图,供设计和施工使用。

(4)通过钻探调查桥位的地质情况,并将钻探资料制成地质剖面图,作为基础设计的重要依据。为使地质资料更接近实际情况,可以根据初步拟订的桥梁分孔方案,将钻孔布置在墩台附近。

(5)调查和测量河流的水文情况,为确定桥梁的桥面标高、跨径和基础埋置深度提供依据,其内容包括以下几个方面。

①河道性质。了解河道是静水河还是流水河,有无潮水,河床及两岸的冲刷和淤积情况,以及河道的自然变迁和人工规划的情况,北方地区还要了解季节性河流的具体性质。

②测量桥位处河床断面。

③调查了解洪水位的多年历史资料,通过分析推算设计洪水位。

④测量河床比降。调查河槽各部分形态的标高和糙率等,计算流速、流量等有关参数,通过计算确定设计洪水位下的平均流速和流量;结合河道性质,可以确定桥梁所需的最小总跨径,选择通航孔的位置、墩台基础形式及埋置深度。

⑤向航运部门了解和协商确定设计通航水位和通航净空,根据通航要求与设计洪水位确定桥梁的分孔跨径和桥跨底缘的设计标高。

⑥对于大型桥梁工程,应调查桥址附近风向、风速及桥址附近有关的地震资料。

⑦调查了解其他与建桥有关的情况,如当地建筑材料的来源,水泥、钢材的供应情况;调查附近旧桥使用情况,了解有关部门和当地群众对新桥有无特殊的要求,如桥上是否需要铺设电缆或输气管道等;调查施工场地的情况,是否需要占用农田,桥头有无需要拆除或迁移的建筑物,要尽可能地避免损失或将这些损失降低至最低限度;调查当地及附近的运输条件。这些情况对桥梁施工起着重要的作用。另外,还需要了解桥梁施工机械、动力设备和电力供应等情况,这些因素将直接影响设计与施工方案的确定。

上述各项野外勘测与调查研究工作,有的可同时进行,有的则需相互交错进行。例如,为进行桥位地形测量、地质钻探和水文调查,需要先确定桥位;为选择桥位,又必须有一定的地形、地质和水文资料等。因此,有的工作必须互相渗透、交错进行。

根据调查、勘测所得的资料,可以拟订几个不同的比较方案。方案比较项目可以包括不同的桥位、不同的材料、不同的结构体系和构造、不同的跨径和分孔、不同的墩台和基础形式等,通过综合比较进行方案优选。

4.2 桥梁平、纵、横断面设计

4.2.1 平面设计

桥梁设计时首先要确定桥位。按照《公路工程技术标准》(JTG B01—2014)的规定,小桥和涵洞的位置和线形一般应服从线路的总走向,为满足线路要求,可设计为斜交桥或弯桥。对于公路上的特大桥、大桥、中桥的桥位,原则上应符合线路的走向,桥、路综合考虑,尽量选择在河道顺直、水流稳定、地质条件良好的河段上。桥梁的平曲线半径、平曲线超高和加宽、缓和曲线、变速车道设置等,均应满足相应等级线路的规定。桥梁的线形及桥头引道要保持平顺,使车辆能顺利通过。小桥涵的线形及其与公路的衔接可按线路的要求布置。大、中桥梁的线形一般为直线。当桥面受到两岸地形限制时,允许修建曲线桥,曲线的各项指标应符合线路的要求;也允许修建斜桥,其交角(桥墩沿水流方向的轴线与河道水流方向间的夹角)一般不大于45°,通航河流上不宜大于5°。

4.2.2 纵断面设计

桥梁纵断面设计包括桥梁总跨径的确定、桥梁的分孔、桥面标高与桥下净空、桥上及桥头引道纵坡的布置等。

1. 桥梁总跨径的确定

桥梁总跨径一般参照水文计算来确定。由于桥梁墩台和桥头路堤压缩了河床横断面面积,使桥下过水断面减小,流速加大,加强了河流对河床的冲刷,因此,桥梁总跨径必须保证桥下有足够的泄洪面积,使河床不致受到过大的冲刷。山区河流流速较大,应尽可能地少压缩或不压缩河床;而对于平原地区的宽滩河流(流速较小),虽然允许压缩,但是必须注意壅水对上游河堤、地下水及附近农田等可能产生的危害。

2. 桥梁的分孔

桥梁的总跨径确定以后,还需进行单孔布置。一座较大的桥梁可以分成多孔。各孔的跨径有多大,有几个河中桥墩,哪些是通航孔,哪些不是通航孔,这些问题要根据通航要求、地形和地质条件、水文情况及经济技术和美观的需求来加以确定。桥梁的分孔关系着桥梁的总造价。跨径和孔数不同时,上部结构和墩台的总造价是不同的。跨径越大,孔数越少,上部结构的造价就越大,而墩台的造价就越小。最经济的跨径是使上部结构和下部结构总造价最低的跨径。因此,当桥墩较高或者地质不良,基础工程复杂而造价较高时,桥梁的跨径可选得大一些;反之,当墩台较矮或地质良好时,桥梁的跨径就可以选得小一些。在实际工程中,可对不同的跨径布置进行粗略的方案比较,选择最经济的跨径和孔数。

对于通航河流,当通航净宽大于按经济造价确定的跨径时,一般按通航净宽来确定通航孔跨径,其余桥孔跨径则采用经济跨径。但对于变迁性河流,考虑航道可能发生变化,则需多设几个通航孔。

桥梁的分孔是个非常复杂的问题,各种各样的条件和要求往往互相矛盾。例如,跨径在 100 m 以下的公路桥梁,为了尽可能地符合标准跨径,不得不放弃采用按经济要求确定的孔径;某些应急工程为了便于抢修和互换,常需要将全桥各孔跨径做成统一的,并且跨径不要太大;有时因为工期很紧,为减少水下工程,需要减少桥墩而增加跨径。有些体系中,为了使结构受力合理和用材经济,布置时要考虑跨径比例的合理性。例如,在连续梁设计中,其中跨与相邻边跨的比值:对于三跨连续梁,跨径比例一般取 1.0∶0.8;对于五跨连续梁,一般取 1.0∶0.9∶0.65。孔数不多时最好布置成奇数跨,以免将桥墩正置河道中央。

在有些情况下,为了避免在河中搭设脚手架和修建临时墩,可以加大跨径,采用悬臂浇筑法进行施工;在山区建桥时,往往采用单孔跨越深谷的大跨径桥梁,以避免建造中间桥墩。跨径的选择还与施工能力有关,有时选用较大跨径虽然在经济上和技术上是合理的,但是由于缺乏足够的施工技术能力和施工机械设备,也不得不改用较小跨径。

总之,对于大、中型桥梁来说,桥梁分孔问题是设计中最基本、最复杂的问题,必须进行深入、全面的分析,才能制订出比较完美的方案。

3. 桥面标高与桥下净空

桥面标高在线路纵断面设计中已做规定,或根据设计洪水位及桥下通航需要的净空结合桥梁的建筑高度来确定。桥面标高的抬高会引起桥头引道路堤土方量的增加;而在修建城市桥梁时,则可能使引道布置困难。因此,必须根据设计洪水位、桥下通航(或通车)净空等的要求,结合桥型、跨径综合考虑,以确定合理的桥面标高。

对于非通航河流,梁底一般应高出设计洪水位(包括壅水和浪高)至少 0.5 m,高出最高流冰水位至少 0.75 m;支座底面应高出设计洪水位至少 0.25 m,高出最高流冰水位至少 0.5 m。对于无铰拱桥,拱脚允许低于设计洪水位,但设计洪水位一般不应超过拱圈矢高的 2/3,拱顶底面至设计洪水位的净高不应小于 1.0 m。对于有漂流物或易淤积的河床,桥下净空应视情况适当加高。

4. 桥上及桥头引道纵坡的布置

桥面标高确定后,就可根据桥头两端的地形和线路要求来设计桥梁的纵断面线形。一般小桥通常做成平坡桥;对于大、中型桥梁,为了利于桥面排水和降低引道路堤高度,往往设置从中间向两边倾斜的双向坡道,桥上纵坡不宜大于 4%,桥头引道纵坡不宜大于 5%。对位于城镇交通量大处的桥梁,桥上纵坡和桥头引道纵坡均不得大于 3%。

桥上或引道处纵坡发生变化的地方,均应按规定设置竖曲线。

4.2.3 横断面设计

桥梁的横断面设计,主要是确定桥面净空和与此相适应的桥跨结构横断面的布置。

桥面净空包括净宽度和净高度。它与所在公路的建筑限界相同。高速公路、一级公路、二级公路的桥面净高应为 5.00 m,三级公路、四级公路的桥面净高应为 4.50 m。桥面行车道宽度取决于桥梁所在公路的设计速度。城市桥梁的桥面宽度应考虑城市交通的规划要求予以适当加宽。桥上如通行电车和汽车时,一般将电车道布置于桥梁中央,汽车道在它的两旁。各级公路上的涵洞和二、三、四级公路上跨径小于 8 m 单孔小桥的桥面宽度,应与路基同宽。位于弯道上的桥梁,应按线路要求予以加宽和设置超高。

一般来说,在高速公路或一级公路上,多数修建上、下行两座独立桥梁。高速公路和一级公路应设置中间带,中间带由两条左侧路缘带及中间分隔带组成。高速公路上的桥梁应设检修道,不宜设人行道。一、二、三、四级公路上桥梁的桥上人行道和自行车道的设置,应根据需要而定,并与路线前后布置配合。人行道、自行车道与行车道之间,应设置适当的分隔设施。一个自行车道的宽度宜为1.0 m。自行车道数应根据自行车的交通量而定,当单独设置自行车道时,一般不应小于两个自行车道的宽度。人行道的宽度宜为1.0 m,大于1.0 m时按0.5 m的级差增加。漫水桥和过水路面可不设人行道。路缘石高度可取0.25~0.35 m。

为了桥面上排水的需要,应根据不同类型的桥面铺装,设置从桥面中央倾向两侧的1.5%~3.0%的横坡。人行道宜设置向行车道倾斜1%的横坡。

4.3 桥梁设计和建设程序

4.3.1 设计内容及程序

大型桥梁的设计工作可分为前期规划与三阶段设计两部分。前期规划工作包括:调研相关资料和信息,开展预可行性研究,提出初步的研究报告或项目建议书;在项目建议书批复后,编制翔实的可行性研究报告,为设计任务书的编制提供重要依据。后续的三阶段设计,包括初步设计、技术设计与施工设计(也称施工图设计)。对常规桥梁,通常采取两阶段设计(初步设计、施工设计)。各个设计阶段都有各自需要包含的内容和深度,以及要达到的目的和需解决的问题。可行性研究报告或设计文件完成后的审批由相关主管部门(建设单位或业主)办理。批准后的文件就是开展下一阶段工作的依据。

桥梁的建设程序包括以下几个阶段:审批项目建议书进行工程立项,审批可行性研究报告确定设计任务书,在初步设计基础上形成招标文件并逐次进行工程设计、招投标、工程施工等。

设计工作与建设程序所包含的内容及其相互关系见图4.1。

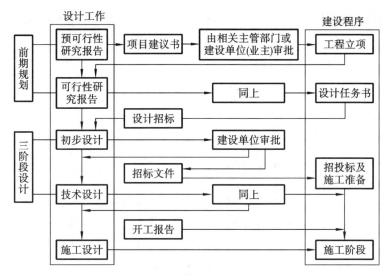

图 4.1 桥梁建设的基本程序示意图

现就可行性研究、初步设计、技术设计与施工设计分别简要说明如下。

4.3.2 可行性研究

桥梁建设的前期规划包括预可行性研究与可行性研究。两者包含的内容及目的是基本一致的,只是研究的深度不同。这部分工作有时也称为桥梁规划设计。预可行性研究是在工程可行的基础上,主要分析工程必要性和合理性,提供立项和投资的决策依据;可行性研究则是在预可行性研究报告得到审批后,着重研究工程上和投资上的可行性。前期规划工作的重点在于论证建桥的必要性和可行性,并确定建桥的地点、规模、标准、投资大小、风险控制等一系列宏观和重大的问题,为项目的科学决策提供依据,避免盲目性及其带来的不良后果。

预可行性研究与可行性研究的对象、收集资料的详细程度以及研究内容的深度有所不同。有些情况下,预可行性研究与可行性研究工作可以合二为一。

桥梁的必要性主要论证是否需要建桥的问题,评估拟修建的桥梁项目在促进区域经济和陆地交通发展中的作用。桥梁是交通土建工程的一部分,不同等级的桥梁对应的评估方法有所不同。公路桥梁有的从属于国家规划干线,有的则从属于区域公路,这些桥梁是否应该修建或何时修建,与公路建设的规划有关,但都是以预测的车流量大小为研究对象。城市桥梁则需服从城市交通建设的总体规划,也是以可能通过桥梁的车流量作为决策指标。

桥梁的可行性论证包括工程可行性和经济可行性两部分。工程可行性需要基本确定桥梁设计标准、桥位、桥式等技术问题,而经济可行性则需解决工程投资、资金筹措及偿还等问题。一座桥梁的可行性论证涉及的因素很多,包括区域社会经济分析、交通发展预测、建设方案、工程实施、投资与融资、环境影响,等等。只有通过充分的调查研究,通过全面的权衡分析,才能得出合理的结论,提出符合实际的设计任务书。

下面就工程可行性研究中的一些主要问题进行说明。

1. 桥梁技术标准的制定

首先,需调查研究桥上可能通行的交通种类及其要求(如是否有等级以外的特殊荷载,桥上是否需铺设附属管线等),预测交通流量和今后可能发生的增长率,由此确定线路等级、需要的车道数或行车道宽度、非机动车道宽度、荷载等级等。其次,要确定容许行车速度、桥梁纵坡和曲线半径等。最后,要确定航运标准、航运水位、通航净空、船舶吨位以及要求的航道数量和位置等。航运标准直接影响桥梁的高度和跨度设计,是影响桥梁建设规模的主要因素之一。设计部门需与航运部门充分协商,慎重对待。

2. 桥位选择

一般而言,桥位的选择在大方向上应服从桥梁所连接的两端线路的走向,服从路网规划的要求;在小范围内,桥位可做适当挪动以便比较。建在城市范围内的桥梁,其桥位应满足城市道路总体规划的要求。从线路的观点来看,既要降低桥梁的建筑和养护费用,也要避免或减少因车辆绕道而增加的投资和运输费用;应尽可能把桥位选择在河道顺直、河槽固定、水流平稳、河面较窄、地质良好、河床冲淤变化较小、可基本正交跨越的河段,以降低造价、提高桥梁结构的安全性和稳定性。因此,对重要的或在经济上影响较大的桥梁,其桥位选择应通过路桥综合比较后决定。

除路桥比较外,在确定桥位时,还需要对其他因素(如通航条件、地质条件、水文情况、气候条件、建桥与周边环境的关系等)进行比较。一般需提交2~3个桥位,以便进行多方面的综合比较,从中选择出合理桥位。

3. 桥式方案比较

桥梁形式方案比较的目的,在于评估各方案的技术可行性,特别是桥梁基础工程的可行性。为此,宜采用技术上相对成熟的方案,以提高评估的可信性。在编制桥式方案时,应当根据水文、地质及航运条件,研究正桥、引桥的长度及跨度,以各种结构形式及不同材料的上部结构进行同等深度的比较,并提供各个方案的建造方法和工程材料用量等。以工程量适度、技术先进并且可行的方案作为一个桥位的桥式参选方案。

近十多年来,随着社会的进步发展,桥梁设计理念也在逐步发生变化。这些变化,反映到桥式方案上,主要表现为上部结构方案的确定。对一些重大桥梁,更为重视技术创新的工程应用和引领作用;对一些位于城市、景区、特殊桥位处的桥梁,所提出的方案除技术可行性以外,还需要更多地考虑自然环境、社会环境对桥梁美观的要求。

4. 调查工作

下述几项工作应在实地勘测调查的基础上进行。

1)地形测量

为调查自然条件及周围环境而进行的勘测工作称为草测。一般需要根据1:10000地形图,进行图上定线,在实地桥位两岸设点,用测距仪测得跨河距离加以校正,并进行现场核查。

2)地质勘探

本阶段的地质工作以收集资料为主,辅以在两岸适当布置钻孔进行验证,从地质角度对各桥位做出初步评价。要探明覆盖层的性质、岩面高低、岩性及构造,有无大的构造、断层等。对位于艰险山区的桥位,需要考察因崩塌、滑坡、泥石流等带来的潜在风险。

3)水文资料

为确定桥梁的建筑高度、跨径、基础埋置深度等,需要调查和测量河流的水文情况,包括设计流量,历史最高、最低水位,百年一遇洪水位,常水位情况及流速等资料。在提供这些资料时,要考虑上下游是否有水库及拟建水库的影响。要通过资料或试验,论证河道是否稳定,主河槽的摆动范围,以及桥梁建成后对河段上下游产生的影响(如建桥后形成的壅水是否影响上游防汛水位,上游流速减小是否形成淤积等)。对这些问题,必要时应通过水工模型试验加以论证。

此外,结合桥位,还要对一些特殊水文条件进行研究,如涌潮河段的涌潮问题,沿海地区的潮汐问题,近海环境中的海浪、风暴潮、海雾、海冰等。

4)气象

调研确定拟建项目所在场区的各种气象条件,包括气温(历年平均气温、月平均气温、历年极端气温等)、降水(历年平均降水量、历年最大/小降水量等)、平均湿度、风况(主导风向、历年平均风速、10 min平均最大风速、瞬时极大风速、历年平均大风天数、设计基本风速等)。也需要了解当地主要灾害性气象(风灾、冰雹、寒潮等)对桥梁设计施工带来的潜在影响。

5)地震

结合地层岩性、地质构造和工程地质条件,对地震活动性、构造活动性、场地稳定性和地基条件等进行综合评定;根据《中国地震动参数区划图》(GB 18306—2015)确定工程场区地震动峰值加速度取值。

6)外部条件

调查、了解其他与建桥有关的情况,包括:当地的砂、石料、水、电力等的供应情况,当地及附近的运输条件,施工场地的确定及征用(桥头附近是否有足够的施工场地,是否占用农田,有无需要拆迁的建筑物),有无文物、古迹或不能拆迁的建筑物,桥梁高度是否在机场航空净空范围以内;附近有无港口码头、过江电缆、航运锚地等。以上均属要调查清楚的外部条件。对涉及的问题都必须妥善加以处理。

4.3.3 初步设计

在桥梁可行性研究报告的基础上,经建设主管部门审查通过,就可确定一座桥梁工程的建设项目并编制设计任务书。建设单位可采用招标或委托设计的方式进行桥梁的初步设计。设计任务书是进行初步设计的依据。在初步设计阶段,设计单位应根据设计任务书中所确定的桥位、荷载等级、各项技术要求(如桥宽、桥梁建筑高度、通航净空等),按照桥梁设计原则,进行桥梁的方案设计,包括拟定结构形式(桥式、体系、跨度等)及其主要构造尺寸,提出施工方案,估算经济指标(如工程概算、主要建筑材料数量)等。对委托设计情况,被委托方应提交2~3个桥式方案以供比选,并提出推荐方案。对各投标单位的方案设计,需通过由建设单位组织的评审委员会进行评比,中标方案的设计单位可承担后续技术设计和施工设计工作。

初步设计的目的是在设计任务书的技术范围内提交一份建桥项目设计比选文件。通过初步设计,完成以下工作:说明本桥梁工程的特点和要求;提出若干可行的比较方案;分析各方案所需的费用、工期、技术措施等;推荐准备采用的较好方案。

初步设计的内容包括:设计任务的来源和要求;桥址处自然条件的基本资料;技术条件的选定;桥位方案的比选,上下部结构方案的分析、比较和确定;推荐方案及其理由;推荐方案的指导性施工组织,包括施工方法、进度安排、场地布置、主要机具、材料和劳力配置等;工程概算。

现就桥式方案、水文和勘测工作、工程概算说明如下。

初步设计的重点是在桥式方案和结构总体构思方面。各方案均要求提供桥式布置图,标明桥跨布置、高程布置、上下部结构形式及工程数量。对推荐方案,还要提供上、下部结构的布置图,以及一些主要的及特殊部位的细节处理图。各类结构都需经过验算并提出可行的施工方案。

在确定桥式方案时,需对桥梁平面、纵断面和横断面的具体布置以及它们之间的关系进行反复、交互的研究和调整。当三个面的布置都能互相配合,满足技术要求时,桥式方案就能成立。

推荐方案必须是经过比选后得出的,要经得起反复推敲。所采用的桥式和跨度必须建立在调查研究和科学合理的基础上,切忌先入为主,或屈从某种主观意志的支配。

在桥式方案中首先要慎重确定桥梁跨度,特别是主跨的跨度。采用大跨度对通航有利,也可减少费力费时的基础工程量,但在桥长相同时,大跨度较小跨度造价高、工期长(因较小的跨度可以采用多点施工、平行作业的措施)。通航桥跨应与航道相适应,要能覆盖各种水位时航道可能出现的变化。例如,西陵长江大桥位于三峡大坝下游前沿,在大坝施工期间,要历经三次河道改道,因此,所采用的桥式方案(图4.2)均采用一跨过江的方案。经比选,方案2和方案3的桥墩布置对河道通航均有所干扰,最后决定采用跨度更大的方案1。

在初步设计阶段还要进一步开展水文和勘测工作。通过水文工作,提供基础设计、施工所需要的水文资料,如施工期间各月可能的高、低水位和相应的流速,河床可能的最大冲刷和施工时可能的冲刷等。

在初步设计阶段进行的勘测工作称为"初勘"。在初勘中要求建立以桥位中心线为轴线的控制三角网,提供桥址范围内1:2000地形图。勘探工作一般在桥

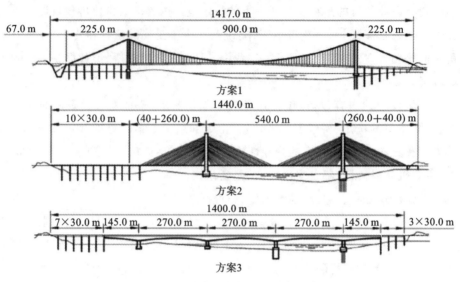

图4.2 西陵长江大桥桥式方案比选

轴线上的陆地及水上布置必要的钻孔。必要时还要在桥轴线的上下游也适当布置一些钻孔,以便能控制住岩层构造情况及其变化。根据钻探取得的资料,确定岩性、强度及基岩风化程度,覆盖层的物理、力学指标,以及地下水位情况等。

根据工程量、施工组织设计以及标准定额编列工程概算。各个桥式方案都要编列相应的概算,以便进行不同方案工程费用的比较。一般,初步设计概算不宜大于前期工作已批准的"估算"的10%。

另外,在主管部门审批初步设计文件时,如对推荐方案提出修改意见,则需根据审批意见,再行编制"修改初步设计"报送上级审批。

4.3.4 技术设计

技术设计需按照已批准的初步设计进行。对常规桥梁,通常不需要进行技术设计而直接进行施工设计;对新型、复杂、重要、大型的桥梁结构,需要对初步设计进行细化,以便发现可能存在的问题,进一步优化设计。技术设计阶段的主要内容是基于结构分析和设计,对选定的桥式方案中的各个结构总体的、细部的技术问题做进一步研究解决,提供详尽的结构设计图纸,包括结构断面、配筋、构造细节处理、材料清单及工程量等。

在结构分析中,需要借助专门的桥梁分析软件,针对桥梁在施工及运营阶段的不同工况,详细分析结构的静动力行为;在结构设计中,需要按照现行设计规范,对结构的安全性和适用性等进行检算。

技术设计阶段可能要进行补充勘探(简称"技勘")。在进行补充勘探时,需对各水中基础布置必要的钻孔,岸上基础的钻孔也要有一定的密度,基础下到岩层的钻孔应加密,还要通过勘探充分判断土层的变化。

技术设计的最后工作是调整概算(修正概算)。

4.3.5 施工设计

施工设计需按照已批准的初步设计或技术设计进行。施工设计一般由原编制初步设计或技术设计的单位继续进行,也可由中标的施工单位进行。施工设计内容主要包括结构设计计算(具体细节),绘制能让施工人员按图施工的施工详图等。绘制施工详图过程中,对断面不宜做大的变动,但对细节处理及配筋,特别是钢筋布置则允许做适当变动。

在施工设计阶段可能还要根据施工需要进行补充钻探(称"施工钻探"),特别是对于重要的基础。对支承在岩层内的基础要探明岩面高程的变化。

根据施工设计资料,施工单位编制翔实的施工组织设计和工程预算。

在所有设计文件经上级主管部门审批后,即可着手实施桥梁建造的各项工作。

桥梁建成后,还需进行成桥静动荷载试验、质量检查验收及办理交接手续,由接收部门负责今后的桥梁通车运营和养护维修。至此,建桥工作始告完成。

4.4 桥梁的设计荷载

桥梁结构根据其使用功能的不同,除承受结构本身自重和各种附加重力外,主要承受桥上各种交通荷载,如汽车荷载、非机动车荷载和人群荷载。而且,鉴于桥梁结构处于自然环境之中,还要经受气候、水文等复杂因素(外力)的影响。

我国现行《公路桥涵设计通用规范》(JTG D60—2015)中将作用于桥梁结构的荷载和引起结构外加变形或约束变形的原因统称为作用。作用是指施加在结构上的一组集中力或分布力,或引起结构外加变形或约束变形的原因。前者称直接作用,也称荷载;后者称间接作用。

作用在桥梁结构上的作用可分为永久作用、可变作用、偶然作用和地震作用四类。

4.4.1 永久作用

永久作用是指在结构使用期间,其量值不随时间发生变化或其变化值与平均值相比较可忽略不计的作用。

1. 结构重力

结构自重及桥面铺装、附属设备等附加重力等均属于结构重力。结构重力可按照结构物的实际体积或设计的体积、材料的重力密度来计算。桥梁结构的自重往往占全部设计作用的很大比例,采用轻质高强度材料对减轻桥梁自重、增强跨越能力有着十分重要的意义。

2. 预加力

在结构进行正常使用极限状态设计和使用阶段构件应力计算时,预加力应作为永久作用计算其主效应和次效应,并计入相应阶段的预应力损失,但不计由于预加力偏心距增大而引起的附加效应。在结构进行承载能力极限状态设计时,预加力不作为作用,而将预应力钢筋作为结构抗力的一部分,但在连续梁等超静定结构中仍需考虑由预加力引起的次效应。

3. 水的浮力

水的浮力是指由地表水或地下水通过地基土的间隙传递给建筑物的水压力,一般可按下列规定采用。

(1)对于基础位于透水性地基上的桥梁墩台,当验算稳定性时,应考虑设计水位的浮力;当验算地基应力时,可仅考虑低水位的浮力,或不考虑水的浮力。

(2)基础嵌入不透水性地基的桥梁墩台,设计时不考虑水的浮力。

(3)作用在桩基承台底面的浮力,应考虑全部底面积。对于桩嵌入不透水性地基并灌注混凝土封闭者,不应考虑桩的浮力;在计算承台浮力时,应扣除桩的横截面面积。

(4)当不能确定地基是否透水时,应以透水和不透水两种情况与其他作用进行组合,取其最不利者。

4. 基础变位作用

当考虑由于地基压密等引起的长期变形影响时,超静定结构应根据最终位移量计算构件的永久作用效应。

4.4.2 可变作用

可变作用是指在结构使用期间,其量值随时间发生变化且其变化值与平均值相比不可忽略的作用。

1. 汽车荷载

公路桥涵设计时,汽车荷载的计算图式、荷载等级及其标准值、加载方法和纵、横向折减等应符合下列规定。

(1)汽车荷载分为公路—Ⅰ级和公路—Ⅱ级两个等级。各级公路桥涵设计的汽车荷载等级应符合规定,见表4.1。

表4.1 各级公路桥涵的汽车荷载等级

公路等级	汽车荷载等级
高速公路	公路—Ⅰ级
一级公路	公路—Ⅰ级
二级公路	公路—Ⅰ级
三级公路	公路—Ⅱ级
四级公路	公路—Ⅱ级

注:①二级公路作为集散公路且交通量小、重型车辆少时,可采用公路—Ⅱ级汽车荷载;
②对交通组成中重载交通比较大的公路桥涵,宜采用与该公路交通组成相适应的汽车荷载模式进行结构整体与局部验算。

(2)汽车荷载由车道荷载和车辆荷载组成。车道荷载由均布荷载和集中荷载组成。桥梁结构的整体计算采用车道荷载,桥梁结构的局部加载、涵洞、桥台和挡土墙土压力等的计算采用车辆荷载。车辆荷载与车道荷载的作用不得叠加。

(3)公路—Ⅰ级车道荷载和公路—Ⅱ级车道荷载应按均布荷载加一个集中荷载计算。均布荷载和集中荷载的标准值应按桥梁的荷载等级和计算跨径确定,见表4.2。

表 4.2 车道荷载标准值

荷载等级	计算跨径 L_0/m	集中荷载 P_k/kN		均布荷载 q_k/(kN/m)
		计算弯矩时	计算剪力时	
公路—Ⅰ级	≤5	270	324	10.500
	≥50	360	432	
公路—Ⅱ级	≤5	202.5	243	7.875
	≥50	270	324	

桥梁计算跨径为 5～50 m 时，P_k 值采用线性内插法求得。车道荷载的均布荷载标准值应满布于使结构产生最不利效应的同号影响线上；集中荷载标准值只作用于相应影响线中一个影响线峰值处。

（4）车辆荷载的立面、平面布置图如图 4.3 所示，主要技术指标规定见表 4.3。公路—Ⅰ级和公路—Ⅱ级汽车荷载采用相同的车辆荷载标准值。

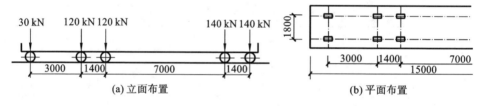

(a) 立面布置　　　　(b) 平面布置

图 4.3 车辆荷载的立面、平面布置图（单位：mm）

表 4.3 车辆荷载的主要技术指标

项目	单位	技术指标	项目	单位	技术指标
车辆重力标准值	kN	550	轮距	m	1.8
前轴重力标准值	kN	30	前轮着地宽度及长度	m×m	0.3×0.2
中轴重力标准值	kN	2×120	中、后轮着地宽度及长度	m×m	0.6×0.2
后轴重力标准值	kN	2×140	车辆外形尺寸（长×宽）	m×m	15×2.5
轴距	m	3+1.4+7+1.4			

（5）车道荷载横向分布系数应按设计车道数布置车道荷载进行计算（图 4.4）。

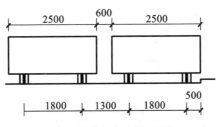

图 4.4 车辆荷载横向布置(单位:mm)

2. 汽车冲击力

车辆以一定速度在桥上行驶时,桥面不平整、车轮不圆及发动机振动等原因会使桥梁发生振动,产生动力作用。这种动力作用会使桥梁的内力和变形较静荷载作用时更大,这种现象称为冲击作用。

汽车冲击力应按下列规定考虑。

(1)钢桥、钢筋混凝土及预应力混凝土桥、圬工拱桥等上部构造和钢支座、板式橡胶支座、盆式橡胶支座及钢筋混凝土柱式墩台,应计算汽车荷载的冲击作用。

(2)填料厚度(包括路面厚度)大于或等于0.5 m的拱桥、涵洞及重力式墩台不计汽车冲击力。

(3)支座的冲击力按相应的桥梁取用。

(4)汽车冲击力标准值等于汽车荷载标准值乘以冲击系数。

(5)冲击系数μ可按式(4.1)计算。

$$\left.\begin{array}{l}\mu = 0.05\,(f<1.5)\\ \mu = 0.1767\ln f - 0.0157\,(1.5 \leqslant f \leqslant 14)\\ \mu = 0.45\,(f>14)\end{array}\right\} \quad (4.1)$$

式中:f——结构基频,Hz。

结构基频宜采用有限元法计算。对于简支梁桥,结构基频可采用式(4.2)、式(4.3)计算。

$$f = \frac{\pi}{2L_0^2}\sqrt{\frac{EI_c}{m_c}} \quad (4.2)$$

$$m_c = \frac{G}{g} \quad (4.3)$$

式中:f——结构基频,Hz;

L_0——结构的计算跨径,m;

E——结构材料的弹性模量,N/m^2;

I_c——结构跨中截面的截面惯性矩,m^4;

m_c——结构跨中处的单位长度质量,kg/m,当换算为重力计算时,其单位应为 $N \cdot s^2/m^2$;

G——结构跨中处每延米结构重力,N/m;

g——重力加速度,其值为 $9.81\ m/s^2$。

(6)汽车荷载的局部加载及在T形梁、箱形梁悬臂板上的冲击系数取1.3。

3.汽车离心力

当弯道桥的曲线半径小于或等于250 m时,应计算由汽车荷载引起的离心力。汽车离心力标准值为车辆荷载(不计冲击力)标准值乘以离心力系数C。离心力系数按式(4.4)计算。

$$C=\frac{v^2}{127R} \tag{4.4}$$

式中:C——离心力系数;

v——设计速度,km/h,应按桥梁所在路线的设计速度采用;

R——曲线半径,m。

4.汽车荷载引起的土侧压力

其为车辆荷载在桥台或挡土墙后填土的破坏棱体上引起的土侧压力,可按式(4.5)换算成等代均布土层厚度h计算。

$$h=\frac{\sum G}{Bl_0\gamma} \tag{4.5}$$

式中:γ——土的重度,kN/m^3;

$\sum G$——布置在$B \times l_0$面积内车轮的总重力,kN,车辆外侧车轮中线至路边缘的最小距离为0.5 m,计算中涉及多车道加载时,车轮总重力应按规定进行折减;

l_0——桥台或挡土墙后填土的破坏棱体长度,m,对于墙顶以上有填土的路堤式挡土墙为破坏棱体范围内的路基宽度部分;

B——桥台横向全宽或挡土墙的计算长度,m。

5. 人群荷载

人群荷载标准值按下列规定采用。

(1)当桥梁计算跨径小于或等于50 m时,人群荷载标准值为3.0 kN/m²;当桥梁计算跨径大于或等于150 m时,人群荷载标准值为2.5 kN/m²;当桥梁计算跨径为50~150 m时,可由线性内插法得到人群荷载标准值。对于跨径不等的连续结构,以最大计算跨径为准。

对于城镇郊区行人密集地区的公路桥梁,人群荷载标准值取上述规定值的1.15倍。对于专用人行桥梁,人群荷载标准值为3.5 kN/m²。

(2)人群荷载在横向上应布置在人行道的净宽度内,而在纵向上应布置于使结构产生最不利荷载效应的区段内。

(3)人行道板(局部构件)可以一块板为单元,按标准值4.0 kN/m²的均布荷载计算。

(4)计算人行道栏杆时,作用在栏杆立柱顶上的水平推力标准值取0.75 kN/m,作用在栏杆扶手上的竖向力标准值取1.0 kN/m。

4.4.3　偶然作用

偶然作用是指在设计基准期内不一定出现,但一旦出现其值很大且持续时间很短的作用。

1)船舶或漂流物的撞击作用

位于通航河流或有漂流物河流中的桥梁墩台,设计时应考虑船舶或漂流物的撞击作用。

2)汽车撞击作用

桥梁结构必要时可考虑汽车撞击作用。汽车撞击力标准值在车辆行驶方向取1000 kN,在垂直于车辆行驶方向取500 kN。两个方向的撞击力不同时考虑,撞击力作用于行车道以上1.2 m处,直接分布于撞击涉及的构件上。

对于设有防撞设施的结构构件,可视防撞设施的防撞能力对汽车撞击力标准值予以折减,但折减后的汽车撞击力标准值不应低于上述规定的1/6。

高速公路上桥梁的防撞护栏应按现行《公路交通安全设施施工技术规范》(JTG/T 3671—2021)中的有关规定执行。

4.4.4 地震作用

在地震动峰值加速度等于 0.10g、0.15g、0.20g、0.30g 地区的公路桥涵应进行抗震设计。地震动峰值加速度大于或等于 0.40g 地区的公路桥涵,应进行专门的抗震研究和设计。地震动峰值加速度小于或等于 0.05g 地区的公路桥涵,除有特殊要求外,可采用简易设防。做过地震小区划的地区,应按主管部门审批后的地震动参数进行抗震设计。

公路桥涵地震作用的计算及结构设计应符合现行《公路工程抗震规范》(JTG B02—2013)的规定。

4.5 桥面布置与构造

4.5.1 桥面的布置与构造概述

1. 桥面的布置

桥面的布置应在桥梁的总体设计中考虑,它根据道路的等级、桥梁的宽度、行车的要求等条件确定。对混凝土梁式桥,其桥面布置形式有双向车道布置、分车道布置和双层桥面布置等。

1)双向车道布置

双向车道布置是指行车道的上下行交通布置在同一桥面上,采用画线作为分隔标记,而不设置分隔设施,分隔界限不明显。由于在桥梁上同时存在上下行车辆和机动车与非机动车,因此,交通相互干扰大,行车速度受到限制,对交通量较大的道路,还往往会造成交通滞流状态。

2)分车道布置

分车道布置是指将行车道的上下行交通通过分隔设施进行分隔设置。显然,采用这种布置方式,上下行交通互不干扰,可提高行车速度,有效地防止交通事故的发生,便于交通管理。但是在桥面布置上要增加一些分隔设施,桥面的宽度相应地要加宽。

采用分车道布置的方法,可在桥面上设置分隔带,用以分隔上下行车辆[图

4.5(a)];也可以采用分离式主梁布置,在主梁间设置分隔带[图4.5(b)];或采用分离式主梁,但在两主梁之间的桥面上不加联系,各自单向通行[图4.5(c)]。

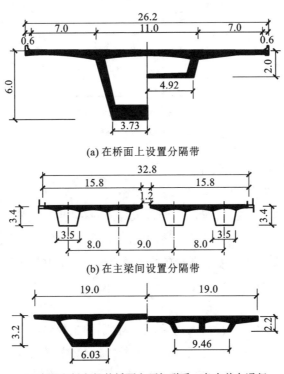

(a) 在桥面上设置分隔带

(b) 在主梁间设置分隔带

(c) 在两主梁之间的桥面上不加联系,各自单向通行

图4.5 分车道的桥面布置(单位:m)

分车道布置除对上下行交通进行分隔外,也可将机动车道与非机动车道分隔、行车道与人行道分隔。

分隔带的形式可以采用混凝土制作的护栏、钢(或铁)制的护栏,或采用钢杆或钢索(链)分隔等。

图4.6所示为用混凝土制作的"新泽西式护栏",是目前应用比较广泛的一种分隔形式。由于其质量大、稳定性好,所以有较好的防撞性能,并且可以减少车辆的损坏。护栏可采用预制或现浇制作。预制的护栏由钢链相连,放在桥面上,并不需要特殊的基础或锚固。

3)双层桥面布置

双层桥面布置在空间上可以提供两个不在同一平面上的桥面结构。这种布置形式大多用于钢桥中,因为钢桥受力明确,构造上也较易处理。在混凝土梁桥

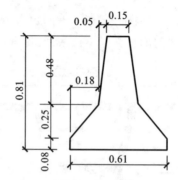

图 4.6　混凝土制作的护栏(单位:m)

中采用双层桥面布置的情况很少。

双层桥面布置,可以使不同的交通严格分道行驶,使高速车与中速车分离,机动车与非机动车分道,行车道与人行道分离,提高了车辆和行人的通行能力,并便于交通管理。同时,可以充分利用桥梁净空,在满足同样交通要求的条件下,减小桥梁宽度。这种布置方式在城市桥梁和立交桥中会更显示出其优越性。

2. 桥面构造

桥面构造直接与车辆、行人接触,它对桥梁的主要结构起保护作用,并且使桥梁能够正常使用。同时,桥面构造多属外露部位,其选择是否合理、布置是否恰当直接影响桥梁的使用功能、布局和美观。因此,必须要对桥面构造有足够的重视。

桥面构造包括桥面铺装、排水和防水系统、伸缩装置、人行道(或安全带)、缘石、栏杆、灯柱等。

桥面构造横截面示意图如图4.7所示。

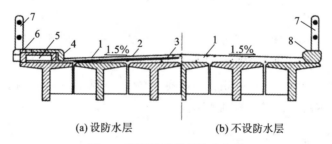

图 4.7　桥面构造横截面示意图

1—桥面铺装层;2—防水层;3—三角垫层;4—缘石;5—人行道;6—人行铺装层;7—栏杆;8—安全带

4.5.2 桥面铺装

桥面铺装也称行车道铺装或桥面保护层,其作用是保护属于主梁整体部分的行车道板不受车辆轮胎(或履带)的直接磨耗,防止主梁遭受雨水的侵蚀,并能对车辆轮重的集中荷载起一定的分布作用。因此,桥面铺装要求有一定强度,防止开裂,并保证耐磨。

桥面铺装部分在桥梁恒荷载中占有相当的比重,特别对于小跨径桥梁尤为显著,故应尽量设法减小铺装的重量。

1. 桥面纵、横坡的设置

为了迅速排出桥面雨水,桥梁除设有纵向坡度外,还应将桥面铺装层的表面沿横向设置成1.5%~2.0%的双向横坡。

桥面的纵坡,应满足本书4.2.2节的有关规定。

桥面的横坡通常有以下四种设置形式:

(1)对于板桥(矩形板或空心板)或就地浇筑的肋板式梁桥,为节省铺装材料并减轻重力,可以将横坡直接设在墩台顶部并制作成倾斜的桥面板,此时铺装层在整个桥宽上就可做成等厚的,而不需设置混凝土三角垫层。

(2)对于装配式肋梁桥,为使主梁构造简单、架设和拼装方便,通常横坡不再设置在墩台顶部,而是通过在行车道板上铺设不等厚的铺装层(包括混凝土三角垫层和等厚的混凝土铺装层)以构成桥面横坡。

(3)在较宽的桥梁(如城市桥梁)中,用三角垫层设置横坡将使混凝土用量与恒荷载重量增加过多。为此,也可直接将行车道板做成倾斜面而形成横坡,但这样会使主梁的构造和施工稍趋复杂。

(4)利用支座垫石形成横坡。桥面铺装的表面通常采用抛物线或直线形横坡,而人行道表面设1%的向内的直线形横坡。

2. 桥面铺装的类型

装配式钢筋混凝土和预应力混凝土梁桥的铺装,目前使用下列几种形式。

1)普通水泥混凝土或沥青混凝土铺装

在非严寒地区的小跨径桥上,通常桥面内可不做专门的防水层,而直接在桥面上铺筑5~8cm厚的普通水泥混凝土或沥青混凝土铺装层。其混凝土强度等级不低于行车道板混凝土强度等级,在铺筑时要求有较好的密实度。为了防滑和减弱光线的反射,最好将混凝土做成粗糙表面。水泥混凝土铺装的造价低,耐磨性能好,适用于重载交通,但其养护期较长,日后修补较麻烦。沥青混凝土铺装的质量较轻,维修养护较方便,在铺筑后只需等几小时就能通车运营,但易老化变形。沥青混凝土铺装可以做成单层式的(5～8 cm)或双层式的(底层4～5 cm,面层3～4 cm)。

2)防水混凝土铺装

对位于非冰冻地区的桥梁须做适当的防水时,可在桥面板上铺筑8～10 cm厚的防水混凝土作为铺装层。防水混凝土的强度等级一般不低于行车道板混凝土的强度等级,其上一般可不另设面层,但为延长桥面的使用年限,宜在上面铺筑2 cm厚的沥青表面处治作为可修补的磨耗层。

3)具有贴式防水层的水泥混凝土或沥青混凝土铺装

在防水要求高,或在桥面板位于结构受拉区而可能出现裂纹的桥梁上,往往采用柔性贴式防水层。贴式防水层设在低强度等级混凝土三角垫层上面,其做法是:先在垫层上用水泥砂浆抹平,待硬化后在其上涂一层热沥青底层,随即贴上一层油毛毡(或麻袋布、玻璃纤维织物等),上面再涂上一层沥青胶砂,贴一层油毛毡,最后再涂一层沥青胶砂。通常将这种做法的防水层称为"三油二毡"防水层。其厚度为1～2 cm。桥面伸缩缝处应连续铺设,不可切断。桥面纵向应铺过桥台台背,横向应伸过缘石底面从人行道与缘石砌缝里向上叠起10 cm。为了保护贴式防水层不致因铺筑和翻修路面而受到损坏,在防水层上需用厚约为4 cm、强度等级不低于C20的细集料混凝土作为保护层,等它达到足够强度后再铺筑沥青混凝土或水泥混凝土路面铺装层。由于这种防水层的造价高,施工也麻烦费时,故应根据建桥地区的气候条件、桥梁的重要性等,在技术和经济上经充分考虑后再予采用。

另外,国外也曾使用环氧树脂涂层来达到抗磨耗、防水和减小桥梁恒荷载的目的。这种铺装层的厚度通常为0.3～1.0 cm。为保证其与桥面板牢固结合,涂抹前应将混凝土板面清刷干净。显然,这种铺装的费用高昂。

桥面铺装一般不做受力计算,考虑到在施工中要确保铺装层与桥面板紧密结合成整体,则铺装层的混凝土(扣除作为车轮磨损的部分,为1～2 cm厚)也可合计在行车道板内一起参与受力,以充分发挥这部分材料的作用。为使铺装层具有足够的强度和良好的整体性并防止开裂,一般宜在水泥混凝土铺装中铺设直径为4~6 mm的钢筋网。

4.5.3 桥面防水排水设施

钢筋混凝土结构不宜经受时而湿润时而干晒的交替作用。湿润后的水分如因严寒而结冰,则更有害,因为渗入混凝土微细裂纹和大孔隙内的水分,在结冰时会导致混凝土发生破坏,而且水分侵蚀钢筋也会使钢筋锈蚀。因此,为防止雨水积聚于桥面并渗入梁体而影响桥梁的耐久性,除在桥面铺装层内采取防水措施(如采用防水混凝土、柔性贴式防水层)外,还应采取一定的排水措施,使桥上的雨水迅速排出桥外。

桥面排水除在桥面上设置纵、横坡之外,常常还需要设置一定数量的泄水管。

通常当桥面纵坡大于2%而桥长小于50 m时,雨水可沿桥面流至桥头从引道排出,桥上可以不设泄水管。为了防止雨水冲刷引道路基,应在桥头引道的两侧设置流水槽。

当纵坡大于2%但桥长超过50 m时,宜在桥上每隔12~15 m设置一个泄水管。当纵坡小于2%时,泄水管就需设置更密一些,一般每隔6~8 m设置一个。泄水管的过水面积通常为每平方米桥面上不少于2~3 cm²。

泄水管可以沿行车道两侧左右对称排列,也可交错排列,其离缘石的距离为20~50 cm。泄水管也可布置在人行道下面(图4.8),为此需要在人行道块件(或缘石部分)上留出横向进水口,并在泄水管周围(除了朝向桥面的一方外)设置相应的聚水槽。

对于跨线桥和城市桥梁,最好像建筑物那样设置完善的泄水管道,将雨水排至地面阴沟或下水道内。

目前,梁式桥上常用的泄水管道有下列几种形式。

(1)金属泄水管,适用于具有贴式防水层的铺装结构。泄水管的内径一般为10~15 cm,管子下端应伸出行车道板底面以下15~20 cm。安放泄水管时,与防水层的接合处要做得特别仔细,防水层的边缘要紧夹在管子的顶缘与泄水漏斗之间,以便防水层上的渗水能通过漏斗上的过水孔流入管内。这种铸铁泄水管使用效果好,但构造较复杂。通常可以根据具体情况,在此基础上做适当的简化改进,例如采用钢管和钢板的焊接构造,甚至改用塑料浇筑的泄水管等。

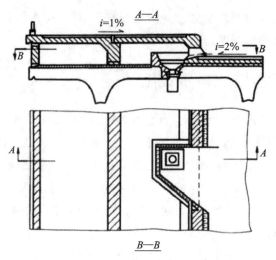

图 4.8 泄水管布置在人行道下的图示

(2)钢筋混凝土泄水管,其适用于不设专门防水层而采用防水混凝土的铺装构造。在制作时,可将金属栅板直接作为钢筋混凝土管的端模板,以使焊于板上的短钢筋锚固于混凝土中。这种预制的泄水管构造简单,也可以节约钢材。

(3)横向排水管道。对于一些跨径不大、不设人行道的小桥,有时为了简化构造和节省材料,可以直接在行车道两侧的安全带或缘石上预留横向孔道,并用铁管、竹管等将水排出桥外。这种做法构造简单,但因孔道坡度平缓,易于堵塞。

4.5.4 桥面伸缩装置和桥面连续

1. 桥面伸缩装置

为了保证桥跨结构在气温变化、活荷载作用、混凝土收缩与徐变等影响下按静力图式自由地变形,就需要在桥面上的两梁端之间以及梁端与桥台背墙之间设置伸缩缝(亦称变形缝)。

伸缩装置的构造有简有繁,视桥梁变形量的大小和活荷载轮重而异,主要满足以下要求:保证梁能够自由变形,使车辆在设缝处能平顺地通过,防止雨水、垃圾、泥土等渗入堵塞;城市桥梁车辆通过时应减小噪声;施工和安装方便,且本身要有足够的强度,还应与桥面铺装部分牢固连接;对于敞露式的伸缩装置要便于检查和清除伸缩缝下沟槽的污物;在伸缩缝附近的栏杆结构也要能相应地自由变形。

伸缩装置的类型选择,主要取决于桥梁的伸缩量,它的大小由计算确定。

常用的伸缩装置构造有U形锌铁皮式伸缩装置、跨搭钢板式伸缩装置、橡胶伸缩装置等。

1)U形锌铁皮式伸缩装置

对于中小跨径的桥梁,当变形量在2~4 cm以内时,常采用以锌铁皮为跨缝材料的伸缩装置构造。弯成U形断面的长条形锌铁皮分上下两层,上层的弯曲部分应开凿孔径为0.6 cm、孔距为3 cm的梅花眼,其上设置石棉纤维垫绳,然后用沥青填塞。这样,当桥面伸缩时,锌铁皮可随之变形。下层锌铁皮U形槽可将渗下的雨水沿横向排出桥外。

对于人行道部分的伸缩装置构造,通常用一层U形锌铁皮跨越架搭,其上再填充沥青膏来实现。

这种伸缩装置构造简单,但短期使用后一般均有不同程度的损坏,车辆行驶时常有突跳感觉。为了改进这种构造,可以用橡胶板来代替锌铁皮。

2)跨搭钢板式伸缩装置

对于梁端变形量较大(4 cm以上)的情况,可采用以钢板为跨缝材料的伸缩装置构造。跨搭钢板式伸缩装置的构造比较复杂,消耗钢材也较多,但能适应较大的变形量。在施工中应特别注意护缘角钢与混凝土的锚固要牢靠,角钢下混凝土的浇筑要密实。

3)橡胶伸缩装置

利用各种断面形状的优质橡胶带作为伸缩装置的填嵌材料,既富于弹性,又易于胶贴(或铰接),能满足变形要求又兼备防水功能。橡胶带是厂制成品,使用起来很方便,目前在国内外已广泛应用。采用橡胶伸缩装置来代替跨搭钢板式伸缩装置,可以避免污物落入缝内,省去排水溜槽,显著减小活荷载的动力作用,简化接缝构造和安装工艺,并能显著节约钢材。

2. 桥面连续

桥梁运营的实践经验证明,桥面上的伸缩装置在使用中仍然很容易损坏。因此,为了提高行车的舒适性,减轻桥梁的养护工作和提高桥梁的使用寿命,就应力求减少伸缩缝的数量。近些年来,在建桥实践中采取的将多孔简支的上部构造做成桥面连续的新颖结构措施,就是解决这一问题的办法之一。桥面连续措施的实质,就是将简支上部构造在其伸缩缝处施行铰接。伸缩装置处的桥面部分应当具有适应车辆荷载作用所需的柔性,并应有足够的强度来承受因温度变化和制动作用所产生的纵向力。这样,桥面连接的多孔简支梁桥,在竖直荷载作用下的变形状态属于简支体系,而在纵向水平力作用下则属于连续体系。

最简便的桥面连续构造就是将T形梁的行车道板沿高度全部或局部相连,内置连接钢筋。现浇的连接部分(或称连接板)沿纵向应有足够的长度(在125 cm以上),并且在连接板与梁肋之间隔以5 mm厚的橡胶垫层,这样可使梁端间的变形由连接板的全长分布承担,既增加了梁端接缝处的柔性,又显著减小了连接板纵向的拉、压应变。

4.5.5 人行道及安全带、栏杆与灯柱

1. 人行道及安全带

在行人稀少地区可不设人行道,为保障行车安全可改用宽度和高度均不小于0.25 m的护轮安全带。

只设安全带的构造,可以将安全带部分单独做成预制块件,也可与梁一起预制或与铺装层一起现浇。安全带宜每隔2.5~3 m设一断缝,以免参与主梁受力而被损坏。

附设在板上的人行道构造,人行道部分用填料垫高,上面敷设2~3 cm的砂浆面层(或沥青砂)。在人行道内边缘设有缘石,以对人行道起安全保护作用。缘石可用石料或预制混凝土块砌筑,也可在板上现浇。

在跨径小而人行道又宽的桥上,也可用专门的人行道承重板直接搁置在墩台的加高部分上。

对于整体浇筑的钢筋混凝土梁桥,常将人行道设在从桥面板挑出的悬臂上。这样做能缩短墩台长度,但施工不太方便。贴式防水层应伸过缘石底面,并稍弯起。

人行道由人行道板、人行道梁、支撑梁及缘石组成。人行道板铺装在人行道梁上。人行道梁搁在行车道的主梁上,一端悬臂挑出,另一端则通过预埋的钢板与主梁预留的锚固钢筋焊接。支撑梁位于人行道梁的下面,用以固定人行道梁的位置。缘石设在人行道与行车道之间。

人行道顶面一般均铺设2 cm厚的水泥砂浆或沥青砂作为面层,并做成倾向桥面1%~1.5%的排水横坡。另外,人行道在桥面断缝处也必须做伸缩缝。

2. 栏杆和灯柱

栏杆是桥梁的一种安全防护设施,要求坚固、实用、朴素、大方,栏杆高度通常为80～120 cm,有时对于跨径较小且宽度又不大的桥梁,可将栏杆做得矮些(高度为40～60 cm)。栏杆柱的间距一般为1.6～2.7 m。

栏杆常用混凝土、钢筋混凝土、钢、铸铁以及钢与混凝土的混合材料制作,在公路钢筋混凝土梁式桥上常采用钢筋混凝土栏杆。

在城市及城郊行人和车辆较多的桥梁上,都要设置照明设施,一般采用灯柱的形式。灯柱可以利用栏杆柱,在较宽的人行道上也可单独设在靠近缘石处。照明用灯一般高出车道5 m左右。钢筋混凝土灯柱的柱脚可以就地浇筑并将钢筋锚固于桥面中。铸铁灯柱的柱脚固定在预埋的锚固螺栓上。照明及其他用途所需的电信线路等通常都从人行道下的预留孔道内通过。

近年来,在公路桥上也有采用低照明和发光材料涂层标记的,可参考选用。

第5章 桥梁工程施工

5.1 桥梁基础施工

任何结构物都建造在一定的地层之上,结构物的全部荷载最终都是由地层来承担的,人们将地层中直接承受结构物荷载的那一部分称为地基,将地基与结构物接触的那一部分称为基础。

基础工程是桥梁结构的重要组成部分,对于桥梁结构的安全、稳定和正常使用都起着举足轻重的作用,往往在整个桥梁的工程造价中占有很大的比例。

根据埋置深度,基础可分为浅基础和深基础。浅基础可分为刚性基础和柔性基础;深基础可分为桩基础、沉井基础、地下连续墙基础和组合基础等。本节主要介绍浅基础、桩基础和沉井基础。

5.1.1 浅基础

浅基础可直接将桥梁结构的荷载传递给地基,并且构造简单、受力明确、施工方便。在场地土质提供的承载能力允许和施工可行的条件下,浅基础是桥梁基础中应用较为广泛的基础形式。

浅基础施工的主要特点如下。①埋置深度较浅(通常为数米以内),施工比较简单。②由于浅基础一般采用明挖法进行施工,故又称为明挖基础或明挖扩大基础。明挖基础最重要的特点是不需要桩基,只要地基承载力能够达到设计要求就可以进行基础的施工。

按照建筑材料和受力特点,浅基础可分为刚性基础和柔性基础两大类。

刚性基础通常采用砖、石、灰土、混凝土等抗压强度大而抗弯、抗剪强度小的材料建造,因此适于建造在刚度较大、变形较小的地基之上。刚性基础承受荷载后均匀沉降,不能扩散应力,因此基底反力的分布与作用于基础上荷载的分布几乎完全一致。

柔性基础通常采用抗拉、抗压、抗弯、抗剪性能均较好的钢筋混凝土材料建造,适用于地基承载力较差、上部荷载较大、基础埋深较大的情况。柔性基础抗弯刚度较小,可随地基的变形而变形。通常,柔性基础采用钢筋混凝土建造,在混凝土基础底部配置受力钢筋,利用钢筋耐拉的性质使得基础可以承受弯矩作用,因此柔性基础不受刚性角的限制。

1. 浅基础的构造形式

1)刚性扩大基础

由于地基强度一般较墩台强度低,因而需要将基础平面尺寸扩大,以适应地基强度的要求;同时,相对于地基而言,基础类似于一个强大的刚体,故常被称为刚性扩大基础。

作为刚性基础,其每边的最大尺寸应受其自身材料刚性角的限制。当基础较厚时,可以利用刚性角将基础做成阶梯状,这样既可减少基础的圬工量,又可发挥基础的承载作用。

刚性角是材料的一种性质。由于刚性角的存在,在设计基础时应当根据刚性角的限定范围将基础按照阶梯形状逐步放大,以便让放大的尺寸尽可能地与刚性角保持一致,所以基础的高度与底边宽度不得随意设定,在充分考虑材料刚性角的前提下进行基础的施工,既可以较好地扩散基底应力,又可以节省基础建造材料。刚性扩大基础及刚性角示意图如图5.1所示。

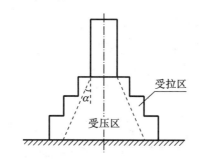

图5.1 刚性扩大基础及刚性角示意图

注:α 为刚性角

2)单独基础和联合基础

单独基础是立柱式桥墩中常用的基础形式之一,它的纵、横剖面均可砌筑成台阶式。但当两个立柱式桥墩相距较近,每个单独基础为了适应地基强度的要求而必须扩大基础平面尺寸时,有可能导致相邻的单独基础在平面上相接甚至重叠,此时可将基础扩大部分连在一起,形成联合基础。

3)条形基础

条形基础可分为墙下条形基础和柱下条形基础两种。墙下条形基础是挡土墙下或涵洞下基础的常用形式。其横剖面可以是矩形,也可以将一侧筑成台阶形。如果条形基础很长,为了避免沿长度方向因沉降不均匀而导致基础开裂,可将基础适当分段并设置沉降缝。有时为了增强立柱下基础的承载力,可将同一排若干立柱的基础联系起来,使之成为柱下条形基础。这种基础可以设计成刚性基础,也可以设计成柔性基础。

2. 基础埋置深度的确定

确定基础的埋置深度是浅基础设计中很重要的步骤,这关系着桥梁结构的稳定及正常使用等问题。在确定基础的埋置深度时,必须综合考虑以下因素:①地基的地质条件;②河流的冲刷深度;③当地的冻土深度;④上部结构的形式;⑤保证持力层稳定所需的最小埋置深度。同时,还要考虑现有的施工技术条件和造价等因素。

3. 地基、基础验算

当基础埋置深度和构造尺寸确定以后,应根据荷载的最不利情况对地基和基础进行验算,以确保结构物的安全和正常使用。

地基、基础验算的主要内容包括地基承载力验算、基底合力偏心距验算、基础和地基稳定性验算、基础沉降验算。

1)地基承载力验算

地基承载力验算主要是验算地基允许承载力是否满足荷载要求。为此,应首先确定地基的允许承载力。除了须对持力层强度进行验算以外,还应特别注意持力层以下是否存在软弱下卧层。

2)基底合力偏心距验算

桥墩、桥台基础设计时,必须控制基底合力偏心距,其目的是尽可能地使基底应力分布比较均匀,以免基底两侧应力分布相差悬殊,致使基底产生较大的不均匀沉降,从而导致桥墩、桥台倾斜,影响其正常使用。另外,当基底某一侧出现拉应力时会使基底应力重分布,从而使基底应力与设计值间出现较大偏差。

3）基础和地基稳定性验算

基础和地基稳定性验算包括基础抗滑稳定性验算、基础抗倾覆稳定性验算及地基土抗滑稳定性验算。

(1)基础抗滑稳定性验算。

基础抗滑稳定性验算是验算基础在水平推力作用下沿基础底面滑动的可能性,其本质上是计算基底与地基土之间的摩擦力,它是由基底与地基土之间的摩擦系数和基底以上结构的质量决定的。基础抗滑稳定性是用抗滑稳定系数 K_c 来表示的,K_c 就是摩阻力 f 与水平推力 $\sum T$ 的比值。

(2)基础抗倾覆稳定性验算。

基础抗倾覆稳定性与基底合力偏心距 e_0 及基底截面重心到截面边缘之间的距离 y 有密切关系。基底合力偏心距越大,则基础抗倾覆的安全储备就越小,通常将 y 与 e_0 的比值称为抗倾覆稳定系数 K_0。

(3)地基土抗滑稳定性验算。

当面临如下情况时,地基在外力作用下可能沿滑移面滑动:墩台位于软土地基上;地基下方不太深的地方存在软弱土层;基础位于土质斜坡上。这时,可采用滑坡分析中的圆弧法对地基土的抗滑稳定性进行验算。

4）基础沉降验算

基础沉降主要是在竖向荷载的作用下,由基础下方的土层被压缩变形引起的。如果沉降量过大,势必影响结构的正常使用,甚至危及结构的安全。

基础沉降验算的内容包括最终沉降量、相邻基础的沉降差验算。

5）柔性基础的计算要点

柔性基础一般为在软土地基上的柱下条形基础。当有外荷载作用时,对于柔性基础的内力分析,应考虑上部结构、基础和地基的协调变形。此时,应采用弹性地基梁或厚板的分析方法,以此精确求得基础的内力,进而完成柔性基础的设计。但由于这种方法比较烦琐,因此设计中常用简化方法进行计算,倒梁法便是其中一种常用的简化计算方法。

所谓倒梁法,就是将柱下条形基础假设为以柱脚为固定铰支座的倒置连续梁,以线性分布的基底净反力作为初始荷载,基础按倒置的多跨连续梁计算内力。显然,倒梁法特别适合刚性柱体系下条形弹性基础的内力分析。实践表明,应用倒梁法时柱间距不宜过大,并应尽量等间距排列,若地基比较均匀,基础或柱结构刚度较大且条形基础高度大于1/6的柱距,则倒梁法的计算结果更可靠。

4. 浅基础施工

浅基础都是采用基坑开挖的方式进行施工的,基坑开挖环境主要有两种:陆地上基坑开挖;水中基坑开挖。

在陆地上开挖基坑时,根据开挖的深度和地下水位的高低,可以将开挖施工划分为浅基坑无水开挖、深基坑无水开挖、浅基坑渗水开挖、深基坑渗水开挖四种状态。针对上述四种开挖状态,产生了很多开挖工艺。这里应注意,此处的深基坑是相对概念,其仍然属于浅基础的范畴。

在水中进行浅基础开挖时,通常可采用钢板桩围堰或土石围堰作为基坑开挖的防护手段。

1) 陆地上基坑开挖

(1) 浅基坑无水开挖。

显然,浅基坑无水开挖属于陆地深水位地层中的开挖。由于基坑浅而水位深,开挖是在无水或渗水很小的情况下进行的,基坑壁的稳定性不受水的影响,因此基坑开挖比较简单,通常不需要考虑护壁。坑壁形态可根据土质情况灵活选择,可选择竖直状、斜坡状、阶梯状。

(2) 深基坑无水开挖。

首先,地下水位于基坑底面以下,虽基坑开挖较深,但坑内渗水较少,通常在坑底设置几个集水坑抽水即可。基坑壁的稳定性基本不受水的影响,主要由土层性质控制。此时,若条件允许,可以采用坑壁放坡或修筑台阶的方式进行开挖;若条件不允许全方位大尺度扩口,则应当采取适当的护壁措施进行开挖,以防止坑壁发生坍塌。通常采用的护壁措施有插打钢板桩围堰、钢轨、木桩,也可以采用挂网喷射混凝土、地下连续墙、钻孔搅拌桩连续墙等防护措施。

(3) 浅基坑渗水开挖。

有些浅基础虽然基坑开挖不深,但因处在水中而无法正常开挖;或者基坑位于地下水位很浅的陆地上,开挖后渗水严重,甚至出现涌水。针对上述两种情况,如不消除水的影响,基坑开挖将难以开展。目前可采用的排水方法主要有以下三种:①降水井抽水排水法;②钢板桩围堰封闭排水法;③地下连续墙封闭排水法。其中,方法①适用于陆地高水位环境;方法②既适用于水中基坑开挖,又适用于陆地高水位环境;方法③适用于陆地高水位环境。在水中环境和陆地高水位环境中,采用集水坑抽水排水的方法是难以奏效的。

(4)深基坑渗水开挖。

在水中开挖深基坑是浅基础施工中难度最大的。根据长期的工程实践经验,利用钢板桩围堰封闭开挖空间,使之与外围水源隔绝,在无渗水、无坑壁坍塌的环境中进行水中深基坑的开挖是值得推荐的方法。

2)水中基坑开挖

(1)钢板桩围堰。

钢板桩围堰适用于在较深的水中进行深基坑开挖时的防护。钢板桩围堰一般适用于砂土、碎石土和半干硬性黏土。钢板桩的特点是自身强度高,刚度大,抗插打能力强,在土层中有很强的穿透能力。

钢板桩之间以锁口扣接。扣接后既加强了钢板桩的整体刚度,扣接处又具有很好的抗渗性能。

在深水处可采用双层钢板桩围堰,层间可填黏土。这一方面可增强围堰的抗侧压能力,另一方面可增强围堰的抗渗水能力。在基坑开挖过程中,暴露出来的钢板桩悬臂过长时,可在围堰内增设水平横向支撑,以增加钢板桩的侧向抗弯刚度,从而适应较深的基坑开挖支护。

采用钢板桩围堰支护方式以后,基坑开挖过程始终是在钢板桩支护下进行的。当基础施工完成后,钢板桩还可以回收。

(2)土石围堰。

在水流较浅(2 m以下)、流速缓慢、渗水量较小的河床中修建浅基础时,可以采用堆积土石袋填筑黏性土芯墙来构筑土石围堰。利用土石围堰隔离河水,围出基坑开挖的空间,然后进行基坑开挖和浅基础施工。土石围堰的芯墙宜采用黏性土填筑;当缺少黏性土时,也可用砂土类填筑。为了增强芯墙的防渗能力,应加大堰身芯墙的填筑厚度,以加长渗流的路径,增加渗流阻力。

5.1.2 桩基础

随着桥梁跨径的增大,桥梁荷载的不断增加,对于基础承载能力的要求越来越高,基础的承载能力来自基础下方地基的支撑,但由于各种条件的限制(包括基础底面的面积、基础建造材料的力学性能、持力层的埋深以及土层自身的力学性能等),桥梁基础必须从更深、更厚的持力层中获取支撑力,从而促使了桩基础的出现。因此,桩基础属于深基础中的一个类型。

桩基础是由基桩和桩顶承台共同组成的一种基础形式。若桩身全部埋于土中,承台底面与地基接触,则称为低承台桩基础;若承台底面位于地面以上而桩身上部露出地面,则称为高承台桩基础。桥梁结构大多采用低承台桩基础,特殊情况下(如跨海大桥)会用到高承台桩基础。按照其受力原理,基桩大致可分为摩擦桩和端承桩(也称为柱桩)。接下来,主要介绍一下摩擦桩的施工内容。

摩擦桩依靠基桩与周围土层间的摩擦产生支撑上部结构质量的摩擦力,所以摩擦桩不仅要与四周土体紧密接触,还应该有足够大的接触面积,只有这样才能够获得足够大的摩擦力。

紧密接触意味着摩擦桩的施工应尽可能减少对桩体周围土层的扰动,而且桩的尺寸必须与桩孔尺寸完全吻合。满足这种条件的施工方法有将预制桩体打入地层内,或者在地层中钻孔,然后浇筑混凝土。利用第一种施工方法的基桩称为打入桩,利用第二种施工方法的基桩称为钻孔桩。

由于摩擦力的大小与接触面积成正比,为了让桩体获得足够大的摩擦力以支撑上部结构的质量,要求桩与土层之间有足够大的接触面积,这意味着桩体应该有足够的长度。所以,通常情况下摩擦桩都比较长,深入很深的土层之中,这也会给施工造成很多困难。

采用群桩将大大提高桩基础与地基间的接触面积,从而大大提高地基对基础的支撑力度,进而可大大提高桥梁基础的承载能力。群桩如图5.2所示。

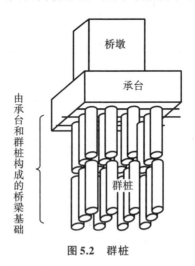

图 5.2 群桩

1. 打入桩

打入桩是依靠专用设备将预制钢筋混凝土桩或预应力混凝土管桩强行打入

土层之中的一种基础形式。

受自身强度和打入设备所限,预制钢筋混凝土桩的单桩承载能力较低;如果有接桩,则接头容易在打入过程中成为折断点,而且桩顶在打入过程中易破碎。由于存在上述种种缺陷,预制钢筋混凝土桩已基本被弃用,取而代之的是更先进的预应力混凝土管桩,通常人们也将其简称为管桩。由管桩构成的基础称为管桩基础。

预应力混凝土管桩的生产采用工厂化先张预应力混凝土离心成形工艺。其产品种类多,强度高,能够适应多种施工环境。可以说,预应力混凝土管桩体现了当代混凝土技术的进步与混凝土制品的高新工艺水平。

由于预应力混凝土管桩具有优良的插打性能、稳定的承载能力及显著的经济效益,因而越来越被重视,应用范围越来越广泛。

预应力混凝土管桩的沉桩施工方法主要有锤击沉桩法、振动沉桩法、射水沉桩法及静力压桩法。

预应力混凝土管桩基础具有以下优点:单桩承载能力高;应用范围广;对持力层起伏较大的地质环境适应性强;实现单桩承载能力的成本低;运输吊装方便,接桩快捷;成桩长度不受施工机械的限制;施工速度快,效率高,工期短。

2. 钻孔桩

钻孔桩是利用各种钻孔设备在设计桩位就地钻成一定直径和深度的孔井,在孔井内放入钢筋笼,然后灌注混凝土所形成的桩基础,因此也称为钻孔灌注桩。

我国桥梁工程中,钻孔桩基础的应用始于20世纪中期,随着钻孔技术和钻孔工艺的不断成熟与完善以及钻孔设备的不断发展,钻孔直径由初期的0.25 m发展到目前的4.0 m以上,成桩长度也由初期的几米、十几米发展到现在的几十米,甚至上百米。

与管桩相比,钻孔桩有很多优点,比如造价低、节省钢材、施工设备简单、不需要在桩体内施加预应力、操作方便,适用于各种黏性土和砂性土,也适用于含砾石较多的土层及岩层。但是,钻孔桩也存在以下缺点:①在钻孔过程中,容易发生孔壁坍塌、卡钻、掉钻;②当护壁泥浆处理不当时易造成环境污染等;③在混凝土灌注过程中容易发生缩径、断桩等;④在遇到流砂地层或者有承压水的地层时,孔壁极易坍塌,成孔难度较大。

钻孔桩施工应根据土质情况、桩径大小、入土深度和机具设备等条件选用适当的钻机设备和钻孔方法,以保证能顺利达到预定的孔深,然后清孔,吊放钢筋笼,灌注水下混凝土。

钻孔桩施工时,必须首先对场地的工程地质条件和水文地质情况有充分的了解。除应仔细阅读场地工程地质报告外,还应对场地工程地质不清楚的方面进行施工前的钻探勘察。

1)钻孔桩的施工流程及要点

钻孔桩施工过程中应关注以下施工流程及施工要点。

(1)埋设护筒。

护筒的作用:①固定桩位;②引导钻头;③保护孔口,防止孔口土层坍塌;④隔离孔内外表层水;⑤保持孔内水位高出地下水位,增加孔内静水压力,稳定孔壁,防止坍孔。

护筒一般采用钢材料制成,要求坚固耐用,可以反复使用且不漏水,其内径应比钻孔直径稍大。护筒长度应根据场地表层土的性质来确定:如果是黏性土,护筒长度取2 m即可;如果是容易坍塌的砂性土,则应当采用长护筒,护筒长度应穿过砂土层。

(2)制备泥浆。

泥浆在钻孔过程中的作用主要有以下几点:①在孔壁内侧产生较大的静水压力,防止孔壁坍塌;②因泥浆的静水压力较大,泥浆可以渗进孔壁土层表面,使孔壁形成胶状泥层,从而起到护壁作用;③孔壁胶状泥层可以隔断钻孔内外水的交换,稳定孔内水位上升;④泥浆具有较大的比重,具有浮渣作用,有利于钻孔过程中的排渣。

(3)钻孔。

目前,我国经常使用的钻孔设备有旋转钻、冲击钻、旋挖钻。

①旋转钻。

旋转钻利用钻具的旋转切割土体钻进,在钻进的同时常采用循环泥浆护壁与排渣,最终钻进成孔。

我国现用的旋转钻按泥浆的循环程序分为正循环钻机与反循环钻机两种,其具体作业原理可以通过图5.3来理解,一般情况下,反循环钻机的钻进与出渣效率要高一些。

②冲击钻。

冲击钻的钻头为质量较大的钻锥。在钻孔过程中,卷扬机不断将钻锥提起,

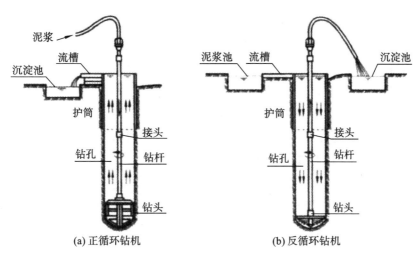

图 5.3 正循环钻机和反循环钻机钻孔作业示意图

然后让其自由坠落,利用钻锥落下时的冲击力将土层中的泥砂、石块打成碎渣,然后使碎渣随泥浆的流动排出孔外,最终冲击成孔。

③旋挖钻。

旋挖钻是一种适用于基础工程中成孔作业的施工设备,其广泛用于市政工程、桥梁工程、高层建筑物等基础工程的施工。配合不同的钻具,其可适应干式(短螺旋)、湿式(回转斗)及岩层(岩心钻)的成孔作业。旋挖钻具有装机功率大、输出转矩大、轴向压力大、机动灵活、施工效率高及功能多的特点,目前旋挖钻已被广泛推广并用于各种钻孔桩的施工中。

旋挖成孔时,首先通过底部带有进土孔的桶式钻头的回转来破碎岩土,然后将破碎后的岩土压入钻头桶内,最后由钻孔机提升装置和伸缩式钻杆将钻头提出孔外,卸除桶内岩土。如此循环往复,不断地取土和卸土,直至钻至设计深度。

对于黏结性好的岩土层,可采用干式或清水钻进工艺,无须泥浆护壁;对于松散易坍塌的地层或有地下水分布、孔壁不稳定的地层,则必须采用静态泥浆护壁的钻进工艺方可确保成孔。

(4)清孔,放置钢筋笼。

清孔的目的是清除孔底沉淀的钻渣,使沉渣的厚度满足规范的要求,以保证灌注的混凝土与持力层之间无夹层。清孔既可以减小对单桩承载力的影响,又可以避免基桩发生过大的沉降。清孔一般需做两次,第一次是在孔底标高达到设计值后、安装钢筋笼之前;第二次是在钢筋笼安装到位后、灌注混凝土之前。

第一次清孔完成后应检查钢筋笼的加工质量,并及时吊装和安放钢筋笼,以避免因延时过长而引起坍孔或沉渣厚度过大。钢筋笼安放完成后需再次清孔,达到要求后方可灌注水下混凝土。

(5)灌注水下混凝土。

灌注水下混凝土是形成钻孔桩的最后一道工序,也是非常重要的一道工序。混凝土的灌注质量将直接影响钻孔桩的承载力,灌注质量不好时甚至会造成废桩。灌注水下混凝土时应注意以下几点:

①为保证水下混凝土的质量,设计混凝土配合比时,应在设计强度的基础上提高15%。如果桩的设计强度为C25,则其生产配合比应达到C30,坍落度宜为180～220 mm,以保证混凝土具有良好的和易性和流动性,避免灌桩过程中发生断桩。

②首批灌注的混凝土数量应保证将导管内和孔底泥浆全部压出,并保证导管端部埋入孔底混凝土内的深度为1～1.5 m。良好的灌注过程应该使得首批灌注的混凝土始终被后续灌注的混凝土托浮在顶面,最终成为桩头混凝土的主要部分而被凿除。

③混凝土的灌注过程应保持连续。灌注过程中应经常测量混凝土的灌注标高和导管埋深。记录混凝土的灌注数量,通过提升导管保证其埋入深度始终为4～6 m,避免因埋深过大导致管口压力超过灌注压力,使得导管内混凝土无法压出而孔内混凝土不能顶升,甚至导致导管无法提升,从而造成废桩。

正常提升导管时,应防止因提速过快而造成柱身混凝土夹泥或断桩。

④灌注混凝土最终的顶面标高应在设计桩顶标高的基础上预加一定的高度(翻浆高度),预加高度的部分称为桩头。桩头范围内的浮浆和混凝土应凿除,以保证桩顶混凝土的质量。

桩头凿除后,留下的钢筋作为与承台连接的接茬钢筋。接茬钢筋的长度不得小于1 m。

2)钻孔桩的质量标准

(1)钻孔桩成孔的质量标准。

钻孔桩在终孔和清孔后,应使用仪器对成孔的孔位、孔深、孔形、孔径、竖直度、泥浆相对密度、孔底沉渣厚度等指标进行检测,检测标准应符合《公路桥涵施工技术规范》(JTG/T 3650—2020)的要求。

验收标准是工程建设各方(业主、设计方、施工方、监理方)对钻孔桩的成孔质量进行评判的共同标准,必须掌握。

(2)钻孔桩水下混凝土的质量标准。

钻孔桩水下混凝土的质量标准如下:

①桩身混凝土强度符合设计要求。

②桩身无断层或夹层。

③桩底不高于设计标高,桩底沉渣厚度不大于质量验收标准的规定。

④凿除桩头后,无残余松散层和薄弱混凝土层。

⑤需嵌入承台内接茬钢筋的长度应符合要求。

5.1.3 沉井基础

沉井基础是桥梁工程施工中经常用到的基础形式,因沉井在最初制作时无底无盖,形似筒状,故又称为井筒。

沉井通常采用钢材、混凝土或钢筋混凝土制成,具有强度高、质量大、外形庞大、容易下沉的特点。当采用合适的方式将其沉降到稳定地层中时,沉井将因其稳定的状态和较大的支撑截面为建造在其顶面上的结构物提供强大而稳定的支撑。因此,在软土沉积很厚的地方常选择沉井作为桥墩基础。

沉井主要由井壁、刃脚和隔墙等组成。沉井既是基础结构的组成部分,又在下沉过程中起着挡土和挡水的围护作用,不需再另设坑壁支护结构,施工工艺简单,技术稳妥可靠,不需特殊的专业设备。此外,其可做成补偿性基础,既节省了材料又简化了施工,因而在深基础或地下结构中被广泛应用。

1. 沉井的类型

1)按平面外形分类

按照平面外形分类,沉井可分为圆形沉井、矩形沉井和圆端形沉井。

圆形沉井易控制下沉方向,取土方便,在水压力作用下井壁只承受环向压力。

矩形沉井制造简单,基础受力有利。其四角一般做成圆角,以减小井壁的摩阻力和取土清底的困难。但其阻水面积大,易造成严重冲刷,井壁承受的挠曲弯矩较大。

圆端形沉井介于上述两者之间,在控制下沉、受力状态、阻水冲刷方面较矩形沉井有利,但制造相对复杂。

2）按仓室分布分类

当沉井平面尺寸较大时，往往根据井壁侧向承受的弯矩、施工要求及上部结构的需要，在沉井中设置隔墙，将沉井平面分成多格，沉井内部空间被分成多个仓室。按照仓室的分布，沉井可分为圆形单仓沉井和矩形三仓沉井。

2. 沉井的构成

通常情况下，沉井结构由井壁、刃脚、隔墙、射水管、封底和盖板构成。

井壁是沉井的主体部分。在沉井下沉过程中，井壁具有挡土、挡水的作用，同时是沉井下沉入岩时自重荷载的主体部分；当沉井下沉到位后，井壁是将上部荷载向地基传递的主体部分，因此，井壁必须具有足够的强度和一定的厚度。

井壁最下端首先入岩的楔状部分称为刃脚。刃脚的作用是通过缩小沉井的下切面积，增大下切强度，使沉井更易切入土体。刃脚底部的宽度一般为0.1～0.2 m，软土可适当放宽。当下沉深度大且土质较硬时，刃脚底面应采用型钢或槽钢加固，以防刃脚破坏。

当沉井平面尺寸较大时，应在沉井内设置隔墙，将沉井分隔成多个仓室，以加强沉井的刚度，减小井壁的挠曲。应注意的是，在进行隔墙设计时，应使隔墙底面标高高于刃脚底面标高。

当沉井下沉尺度大、穿越的土层土质较好时，其在下沉过程中有可能遇到困难。此时应预先在井壁中埋置射水管，借助射水提高沉井下沉的速率。

当沉井下沉至设计标高且清基完成后，应浇筑封底混凝土以阻止渗水。若沉井中无填料，应在沉井顶部设置盖板，从而起到上下连接的作用。

3. 沉井施工方法

1）陆地上沉井施工方法

陆地上的沉井采用在墩台位置处就地制造，然后取土下沉的施工方法。因这种施工方法是在原地制作的，故不需大型设备，且施工方便，成本低。

通常情况下，沉井比较高，故可以分段制造、分段下沉。其中，第一节沉井的制作和下沉尤为重要。

（1）第一节沉井的制作。

第一节沉井应建造在较好的土质上。当土质强度不能满足第一节沉井制作的质量要求时，可对地基进行处理或减小沉井节段的高度。由于沉井自重较大，刃脚底部窄,应力集中,所以应在沉井刃脚下对称的位置铺垫枕木,再立模,绑扎钢筋,浇筑第一节沉井混凝土。下沉时,应按顺序对称地抽出枕木,以防止沉井出现倾斜和开裂。

(2)沉井下沉。

在沉井仓室内不断取土可使沉井下沉。下沉方法可分为排水下沉和不排水下沉两种,两种方法对沉井下沉过程中井壁外侧的摩擦力有较大影响。

对于水位以上部分或渗水量小的土层,可采取人工和机械挖土;当井内水位上升时,可采用抓土斗或水力吸泥机取土,待沉井顶面高出地面1～2m时应停止挖土,接高沉井。

(3)封底,填充填料及浇筑盖板。

封底之前应对基底进行检验和处理,一般情况下采用不排水封底,封底厚度应满足沉井底部不渗水的要求。封底施工完毕后再填充填料,浇筑盖板。

2)水中沉井施工方法

水中沉井可采用筑岛法和预制浮运下沉两种方法进行施工。

(1)筑岛法。

当水浅且流速不大时,可在墩台的设计位置用土石料人工筑岛,并在岛的四周以砂石袋堆码围护;当水流速较大或水位变化大时,可采用钢板桩围堰等方式防护。筑岛完成后,采用陆地上沉井的施工方法进行沉井施工。

(2)预制浮运下沉。

当水很深、流速很大时,采用筑岛法难以实施,且成本太高或风险太大。此时,沉井可以在工厂内或预制场地内分段制造,然后用浮吊分段运输,就位后分段拼接下沉。

5.2 桥梁下部结构施工

5.2.1 承台施工

1.围堰及开挖方式的选择

(1)当承台处于干处时,一般直接采用明挖基坑,并根据基坑状况采取一定措施后,在其上安装模板,浇筑承台混凝土。

(2)当承台位于水中时,一般先设围堰(钢板桩围堰或吊箱围堰)将群桩围在堰内,然后在堰内河底灌注水下混凝土封底,凝结后,将水抽干,使各桩处于干处,再安装承台模板,在干处灌注承台混凝土。

(3)对于承台底位于河床以上的水中,采用有底吊箱或其他方法在水中将承台模板支撑和固定,如利用桩基,或临时支撑。承台模板安装完毕后抽水,堵漏,即可在干处灌注承台混凝土。

(4)承台模板支承方式的选择应根据水深、承台的类型、现有的条件等因素综合考虑。

2. 承台底的处理

1)低桩承台

当承台底层土质有足够的承载力,又无地下水或能排干水时,可按天然地基上修筑基础的施工方法进行施工。当承台底层土质为松软土,且能排干水施工时,可挖除松软土,换填 10~30 cm 厚砂砾土垫层,使其符合基底的设计标高并整平,即立模灌注承台混凝土。

2)高桩承台

当承台底以下河床为松软土时,可在钢板桩围堰内填入砂砾至承台底面标高。填砂时视情况决定,可抽干水填入或静水填入,要求能承受灌注封底混凝土的重量。

3. 模板及钢筋

(1)模板一般采用组合钢模,纵、横楞木采用型钢,在施工前必须进行详细的模板设计,以保证模板有足够的强度、刚度和稳定性,能可靠地承受施工过程中可能产生的各项荷载,保证结构各部形状、尺寸的准确。模板要求平整,接缝严密,拆装容易,操作方便。一般先拼成若干大块,再由吊车或浮吊(水中)安装就位,支撑牢固。

(2)钢筋的制作严格按技术规范及设计图纸的要求进行,墩身的预埋钢筋位置要准确、牢固。

4. 混凝土的浇筑

(1)混凝土的配制除要满足技术规范及设计图纸的要求外,还要满足施工的要求,如泵送对坍落度的要求。为改善混凝土的性能,根据具体情况掺加合适的混凝土外加剂,如减水剂、缓凝剂、防冻剂等。

(2)混凝土的拌合采用拌合站集中拌合,混凝土罐车通过便桥或船只运输到浇筑位置,采用流槽、漏斗或泵车浇筑,也可由混凝土地泵直接在岸上泵入。

(3)混凝土浇筑时要分层,分层厚度要根据振捣器的功率确定,要满足技术规范的要求。

5.混凝土养护和拆模

混凝土浇筑后要适时进行养护,尤其是体积较大、气温较高时,要注意防止混凝土开裂。混凝土强度达到拆模要求后再进行拆模。

5.2.2 整体式墩台施工

1.混凝土及钢筋混凝土墩台施工要点

(1)墩台施工前应在基础顶面放出墩台中线和墩台内、外轮廓线的准确位置。

(2)现浇混凝土墩台钢筋的绑扎应和混凝土的浇筑配合进行。在配置垂直方向的钢筋时应有不同的长度,以使同一断面上的钢筋接头符合《公路桥涵施工技术规范》(JTG/T 3650—2020)的有关规定。水平钢筋的接头也应内外、上下互相错开。

(3)注意掌握混凝土的浇筑速度。

(4)若墩台截面积不大时,混凝土应连续一次浇筑完成,以保证其整体性。若墩台截面积过大,应分段分块浇筑。

(5)在混凝土浇筑过程中,应随时观察所设置的预埋螺栓、预埋支座的位置是否移动,若发现移位应及时校正。浇筑过程中还应注意模板、支架情况,如有变形或沉陷应立即校正并加固。

(6)高大的桥台,若台身后仰,本身自重力偏心较大,为平衡台身偏心,施工时应在填筑台身四周路堤土方的同时砌筑或浇筑台身,防止桥台后倾或向前滑移。未经填土的台身施工高度一般不宜超过4 m,以免偏心引起基底不均匀沉陷。

(7)V形、Y形和X形桥墩的施工方法与桥梁结构体系有密切关系。

2. 片石混凝土或片石混凝土砌体墩台施工要点

在浇筑实体墩台和厚大无筋或稀配筋的墩台混凝土时,为节约水泥,可采用片石混凝土或混凝土砌体。

(1)当采用片石混凝土时,混凝土中允许填充粒径大于150 mm的石块(片石或大卵石),并应遵守下列规定。

①填充石块的数量不宜超过混凝土结构体积的25%。

②应选用无裂纹、夹层和未煅烧过的并具有抗冻性的石块。

③石块的抗压强度应符合《公路桥涵施工技术规范》(JTG/T 3650—2020)的有关规定,与对碎石、卵石的要求相同。

④石块在使用前应仔细清扫,并用水冲洗干净。

⑤石块应埋入新浇筑捣实的混凝土中一半左右。受拉区混凝土不宜埋放石块;当气温低于0℃时,应停埋石块。

⑥石块应在混凝土中分布均匀,两石块间的净距不应小于100 mm,以便捣实其间的混凝土。石块距表面(包括侧面与顶面)的距离不得小于150 mm,具有抗冻要求的表面不得小于300 mm,并不得与钢筋接触和碰撞预埋件。

(2)当采用片石混凝土砌体时,石块含量可增加到砌体体积的50%~60%,石块净距可减为40~60 mm,其他要求与片石混凝土相同。

5.2.3 装配式桥墩施工要点

装配式桥墩主要采用拼装法施工。它用于预应力混凝土、钢筋混凝土薄壁墩、薄壁空心墩或轻型桥墩。拼装式桥墩主要由就地浇筑实体部分墩身和基础与拼装部分墩身组成。实体墩身与基础采用就地现浇施工时,在浇筑实体墩身与基础时应考虑其与拼装部分的连接、抵御洪水和漂流物的冲击、锚固预应力筋、调节拼装墩身的高度等问题。

装配部分墩身由基本构件、隔板、顶板和顶帽组成,在工厂制作,运到桥位处拼装成桥墩。装配部分墩身的分块,要根据桥墩的结构形式、吊装、起重工具和运输能力决定,要尽可能使分块大、接缝小,按照设计要求定型生产为宜。加工制作出来的拼装块件要质量可靠、尺寸准确、内外壁光洁度高。拼装要根据施工现场的地形、水文、运输条件以及墩的高度、起吊设备等具体情况拟定施工细则,认真组织实施。决定拼装方法时应注意预埋件的位置,接缝处理要牢固密实,预留孔道要畅通。

预应力混凝土空心墩的主要施工工艺流程：①浇筑桥墩基础；②浇筑实体墩身（包括预埋锚固件和连接件）；③安装预制的墩身构件，包括预制构件分块、模板制作及安装（在工厂进行）、制孔（在工厂进行）、预制构件浇筑（在工厂进行）、预制构件运输至桥位、安装墩身预制块件；④施加预应力；⑤孔道压浆；⑥封锚。

5.2.4 高桥墩施工要点

随着交通事业的不断深入发展和公路等级不断提高，新桥型不断推出，高强度混凝土不断推广应用，高桥墩（塔）也不断出现。随着桥墩高度的增加，其施工难度及技术要求也相应提高。目前比较成熟的方法有提升模板法、滑动模板法和预制拼装法。接下来，主要介绍前两种方法。

1. 提升模板法

提升模板法可分为单面整体提升模板法、翻模法和爬模法。

1) 单面整体提升模板法

单面整体提升模板可分为拼装式模板和自制式模板。索塔施工时，应分节段支模和浇筑混凝土，每节段的高度应视索塔尺寸、模板数量和混凝土浇筑能力而定，一般宜为3~6 m。用倒链或吊机吊起大块模板，安装好第一节段模板。在浇筑第一节段混凝土时，应在塔身内预埋螺栓，以支承第二节段模板和安装脚手架。

2) 翻模法

这种模板系统依靠混凝土对模板的黏着力自成体系，且制造简单、构件种类少，模板的大小可根据施工能力灵活选用，混凝土接缝较易处理，施工速度快。但模板本身不能提升，要依靠塔吊等起重设备提升。

施工程序为先安装第一层模板（接缝节＋标准节＋接缝节），浇筑混凝土，完成一个基本节段的施工；以已浇混凝土为依托，拆除最下一层的接缝节和标准节（顶节接缝节不拆），向上提升，将标准节接于第一层的顶节接缝节上，并将拆下的接缝节立于标准节上，安装对拉螺杆和内撑。

3) 爬模法

爬模按提升设备不同可分为倒链手动爬模、电动爬架拆翻模和液压爬升模。

(1)倒链手动爬模。

此种装置一般由钢模、提升桁架及脚手架三部分组成,其中模板由背模、前模及左、右侧模组成。其施工要点是:利用提升架上的起重设备,拆除下一节钢模,将其安装到上一节钢模上,浇筑上节钢模内的混凝土并养护;同时绑扎待浇筑节段的钢筋,待混凝土达到规定强度后,用倒链将提升架沿背模轨道向上提升(倒链的数量、起吊力的选择一定要依据可提升物的重力等考虑足够的安全系数,并考虑做保险链),再拆除最下节钢模。如此循环操作,全部施工设备随塔柱的升高而升高。

(2)电动爬架拆翻模。

此种装置由模架、模板、电动提升系统和支承系统四部分组成。其施工步骤为模架爬升、模板拆除、钢筋安装和混凝土施工。

(3)液压爬升模。

此种装置由模板系统、网架主工作平台、液压提升系统等组成。当一个节段的混凝土已浇筑并达到规定强度后,即可进行模板的爬升。先将上爬架的支腿(爬靴)收紧以缩小外廓尺寸,然后操作液压控制台开关,两顶升油缸活塞杆支承在下爬架上,两缸体同时向上顶升,并通过上爬架、外套架带动整个爬模向上爬升。待行程达到要求的高度时,停止爬升,调节专门杆件,伸出支腿,并使就位爬靴支在爬升支架上,然后操纵液压控制台,使活塞杆收回,带动下爬架、内套架上升就位,并把下爬架支腿支撑好。爬升就位后,拆下一节模板,同时绑扎钢筋,并将拆下的模板立在上一节模板顶部,再进行下一个节段的施工。

2. 滑动模板法

1)基本原理

滑动模板将板悬挂在工作平台的围圈上,沿着施工的混凝土结构截面的周界组拼装配,并随着混凝土的浇筑由千斤顶带动向上滑升。

2)基本构造

滑动模板的构造,由于桥墩类型、提升工具的类型不同而稍有差异,但其主要部件与功能则大致相同。一般主要由工作平台、内外模板、混凝土平台、工作吊篮和提升设备等组成。

3)施工工序要点

(1)滑模组装。

①在基础顶面搭枕木垛,定出桥墩中心线。②在枕木垛上先安装内钢环,并准确定位,再依次安装辐射梁、外钢环、立柱、顶杆、千斤顶、模板等。③提升整个装置,撤去枕木垛,再将模板落下就位,随后安装余下的设施。内外吊架待模板滑至一定高度时,及时安装。模板在安装前,表面需涂润滑剂,以减小滑升时的摩擦阻力。组装完毕后,必须按设计要求及组装质量标准进行全面检查,并及时纠正偏差。

(2)浇筑混凝土。

滑模宜浇筑低流动性或半干硬性混凝土,浇筑时应分层、分段地对称进行,分层厚度以 200~300 mm 为宜,浇筑后混凝土表面距模板上缘宜有 100~150 mm 的距离;混凝土入模时,要均匀分布,应采用插入式振动器捣固,振捣时应避免触及钢筋模板,振动器插入一层混凝土的深度不得超过 50 mm;脱模时混凝土强度应为 0.2~0.5 MPa,以防在其自重压力下坍塌变形。为此,可根据气温、水泥标号经试验后选定一定量的早强剂掺入,以加速提升;脱模后 8 h 左右开始养护,用吊在下吊架上的环绕墩身的带小孔的水管来进行。

养护水管一般设在距模板下缘 1.8~2.0 m 处效果较好。

(3)提升与收坡。

整个桥墩浇筑过程可分为初次滑升、正常滑升和末次滑升三个阶段。

从开始浇筑混凝土到模板首次试升为初次滑升阶段,初灌混凝土的高度一般为 600~700 mm,分 3 次浇筑,在底层混凝土强度达到 0.2~0.4 MPa 时即可试升。将所有千斤顶同时缓慢提升 50 mm,观察底层混凝土的凝固情况。现场鉴定可用手指按刚脱模的混凝土表面,基本按不动,但留有指痕,砂浆不沾手,用指甲划过有痕,滑升时能耳闻"沙沙"的摩擦声,这些表明混凝土已具备 0.2~0.4 MPa 的脱模强度,可以开始再缓慢提升 200 mm 左右。初升后全面检查设备,即可进入正常滑升阶段,即每浇筑一层混凝土,滑模提升一次,使每次浇筑的厚度与每次提升的高度基本一致。在正常气温条件下,提升时间不宜超过 1 h。末次滑升阶段是混凝土已经浇筑到需要高度,不再继续浇筑,但模板尚需继续滑升的阶段。灌完最后一层混凝土后,每隔 1~2 h 将模板提升 50~100 mm,滑动 2~3 次后即可避免混凝土与模板胶合。滑模提升时应做到垂直、均衡一致,顶架间高差不大于 20 mm,顶架和模板水平高差不大于 5 mm。

(4)接长顶杆、绑扎钢筋。

模板每提升至一定高度后,就需要穿插进行接长顶杆、绑扎钢筋等工作。为了不影响提升的时间,钢筋接头均应事先配好,并注意将接头错开。对预埋件及预埋的接头钢筋,滑模抽离后,要及时清理,使之外露。

(5)混凝土停工后的处理。

在整个施工过程中,由于工序的改变或发生意外事故,混凝土的浇筑工作停止较长的时间,即需要进行停工处理。例如,每隔半小时左右稍微提升模板一次,以免黏结;停工时在混凝土表面要插入短钢筋等,以加强新老混凝土的黏结;复工时还需要将混凝土表面凿毛,并用水冲走残渣,湿润混凝土表面,灌注一层厚度为20~30 mm的1:1水泥砂浆,然后再浇筑原配合比的混凝土,继续滑模施工。

5.2.5 墩台帽施工

1. 放样

墩、台混凝土浇筑或砌石砌至距墩、台帽下缘300~500 mm高度时,即需测出墩、台帽纵横中心轴线,并开始树立墩、台帽模板,安装锚栓孔或安装预埋支座垫板,绑扎钢筋等。桥台台帽放样时,应注意不要以基础中心线作为台帽背墙线。模板立好后,在浇筑混凝土前应再次复核,以确保墩、台帽中心、支座垫石等位置、方向和高程不出差错。

2. 模板

1)混凝土和钢筋混凝土墩、台帽模板

墩、台帽系支承上部结构的重要部分,其位置、尺寸和高程的准确度要求较严,墩、台身混凝土浇筑至墩、台帽下300~500 mm处就应停止浇筑,剩余部分应待墩、台帽模板立好后一次浇筑,以保证墩、台帽底有足够厚度的紧密混凝土。

台帽背墙模板应特别注意纵向支承或拉条的刚度,防止浇筑混凝土时发生鼓肚,侵占梁端空隙。

2)桩柱墩帽模板

桩柱墩帽亦称盖梁,除装配式的以外,需要现场立模浇筑。盖梁圬工体积小,有条件利用钢筋混凝土桩柱本身做模板支承。其方法是用两根木梁将整排柱用螺栓相对夹紧,上铺横梁,横梁间衬以方木调节间距,也可用螺栓隔桩柱成对夹紧,在横梁上直接安装底模板。两侧模板借助于横梁、上拉杆和一对三角撑所组成的方框架来固定。所有框架、榫眼及角撑均预先制好,安装时只用木楔楔紧框构四周,就能迅速而正确地使模板定位。

3)钢筋网、预埋件、预留孔等的安装

(1)钢筋网的安装。

梁桥墩、台帽支座处一般均布设1~3层钢筋网。当墩、台帽为素混凝土或虽为配筋混凝土但钢筋网未设置架立钢筋时,施工时应根据各层钢筋网的高度安排墩、台帽混凝土的浇筑程序。为了保证各层钢筋网位置正确,应在两侧板上画线,并加设钢筋网的架立钢筋和定位钢筋,以免振捣混凝土时钢筋网发生位移。

(2)墩、台的预埋件的种类。

第一,支座预埋件,如平面钢板支座的下锚栓及下垫板、切线式支座的下锚栓及下垫板、摆柱式支座的锚栓及垫板、盆式橡胶支座的固定锚栓等。

第二,防振锚栓。

第三,装配式墩、台帽的吊环。

第四,供运营阶段使用的扶手、检查平台和护栏等。

第五,供观测用的标尺。

第六,防振挡块的预埋钢筋。

预埋件施工应注意下述各点:为保证预埋件位置准确,应对预埋件采取固定措施,以免振捣混凝土时发生移动;预埋件下面及附近的混凝土应注意振捣密实,对具有角钢锚筋的预埋件尤应注意加强捣实;预埋件在墩、台帽上的外露部分要有明显标识,浇至顶层混凝土,要注意外露部分尺寸准确;在已埋入墩、台帽内的预埋件上施焊时,应尽量采用细焊条、小电流、分层施焊,以免烧伤混凝土。

(3)预留孔的安装。

墩、台帽上的预留锚栓孔须在安装墩、台帽模板时,安装好预留孔模板,在绑扎钢筋时注意将预留孔位置留出。预留孔应该下大上小,其模板可采用拼装式。模板安装时,顶面可比支座垫石顶面低5mm左右,以便垫石顶面抹平。带弯钩的锚栓的模板安装时应考虑钩的方向。为便于安装锚栓后灌实锚栓孔,可在每一锚栓孔模板的外侧三角木块部分预留进浆槽。

5.3 桥梁上部结构施工

桥梁上部结构的安装与施工方法种类繁多,根据桥梁结构和材料等特点,桥址地形、水位、航运等情况,可选用的机具设备和起重能力,安装与施工方法的经济效益评价,以及施工单位的实际工艺水平、技术条件,施工工期等因素进行综合比选,选择一种适用、经济、适合当地条件且安全优质的施工方法。必要时开展技术创新,发展新工艺。表5.1列出了上部结构主要施工方法、适用桥型和跨度。

表5.1 桥梁上部结构主要施工方法表

施工方法	简支梁桥	悬臂梁桥T形刚构	连续梁桥	刚架桥	拱桥	组合体系桥	斜拉桥	悬索桥	常用跨度
支架施工法	√	√	√	√	√	√	√		≤50 m
预制装配施工法	√	√		√	√	√		√	≤40 m
移动模架施工法		√	√	√					≤50 m
悬臂浇筑/拼装施工法		√	√	√	√		√	√	≥50 m
顶推和拖拉施工法			√		√		√		≤80 m
转体施工法		√	√				√		≤140 m
横移施工法	√	√				√	√		≤100 m
提升与浮运施工法	√	√			√				≤80 m

下面重点介绍几种常用的桥梁上部结构施工方法。

5.3.1 支架施工法

支架施工法也称就地浇筑法,即在桥位处搭设支架,作为工作和支撑平台,然后在其上制作模板,并在模板中浇筑梁体混凝土,待混凝土达到一定强度后拆除模板、支架。这种方法适用于两岸桥墩较矮的引桥和城市高架桥,或靠岸边浅水且无通航要求的小跨径桥梁。其主要特点是:占用场地少,直接在现场浇筑成型;无须大型起吊和运输设备;桥梁整体性好;工期长,施工质量不易控制;施工支架、模板耗用量大,施工费用较高;施工过程中搭设支架会影响交通、通航和排洪;对预应力混凝土梁而言,混凝土的收缩、徐变引起的应力损失大。

支架施工法的施工基本作业包括:

(1)地基处理:根据地勘资料对支架的地基基础进行处理,避免施工过程中混凝土结构的模板和支架变形,影响施工质量。

(2)支架与模板工程:根据工程规模和现场条件进行支架和模板的选择、设计、制作、安装和预压工作,并在浇筑混凝土前对支架和模板进行全面、严格的检查。

(3)钢筋工程:对钢筋进行整直、切断、除锈、弯钩、焊接和绑扎等,钢筋和预应力筋位置严格按设计图纸规定进行布置,并在浇筑混凝土前检查钢筋与预应力筋管道位置是否满足设计要求、钢筋骨架是否可靠牢固,检查锚具、压浆管和排气孔是否可靠。

(4)混凝土工程:包括混凝土的拌制、运输、浇筑、振捣和养护等工序。

(5)预应力工程:后张预应力筋孔道的形成,预应力筋的制备、穿束、张拉,预应力孔道压浆、封锚等。

对于混凝土梁式结构,按照上述施工基本作业开展支架法施工。对于支架法施工拱式结构,其工艺次序与梁式结构类似,但为保证在整个施工过程中拱架受力均匀和变形最小,必须选择合适的浇筑方法和顺序。

(1)跨径小于16 m的拱圈或拱肋混凝土,按拱圈全宽从两端拱脚向拱顶对称连续浇筑,并在拱脚混凝土初凝前全部完成。

(2)跨度不小于16 m的拱圈或拱肋,应沿拱跨方向分段浇筑,分段位置应能使拱架受力对称、均匀和变形小,如图5.4所示。

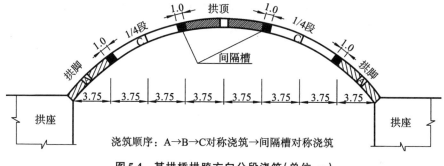

图5.4 某拱桥拱跨方向分段浇筑(单位:m)

(3)间隔槽混凝土应待拱圈分段浇筑完成后且其强度达到设计强度75%以上,并且接缝按施工缝经过处理后,再由拱脚向拱顶对称进行浇筑。

(4)浇筑大跨径拱圈时,纵向钢筋接头应安排在设计规定的最后浇筑的几个间隔槽内,并应在浇筑这些间隔槽时再连接。

(5)浇筑大跨径拱圈(拱肋)混凝土时,宜采用分环分段法浇筑,也可沿纵向分成若干条幅,中间条幅先行浇筑合龙,达到设计要求后,再按横向对称、分层浇筑合龙其他条幅。

(6)大跨径钢筋混凝土箱形拱圈(拱肋)可采取在拱架上组装并现浇的施工方法。

5.3.2 预制装配施工法

预制装配施工法为在预制工厂或在运输方便的桥址附近设置预制场进行梁的整体成批预制,然后采用适当的架设方法进行安装就位。整孔(片)预制和吊装过程相对简单,但需要大型的运输和架设设备。其主要特点是:工期短;工厂预制,容易控制构件的质量和尺寸精度;降低工程成本;存梁时间较长,可减少混凝土收缩、徐变引起的变形;需要大型的起吊运输设备和施工场地;梁体的整体工作性能不如就地浇筑法。

预制混凝土简支梁的架设,包括起吊、纵移、横移和落梁等工序。根据架梁的工艺类别可分为陆地架设、浮吊架设和利用安装导梁或塔架、缆索的高空架设等。每一类架设工艺中,按起重、吊装等机具的不同,又可分为各种各具特色的架设方法。重量较大的公路整孔预制梁,多采用专用架桥机架设;而重量相对小的公路桥梁,除了专用架桥机外,还有很多灵活、简便的架设方法。大型预制梁的发展,促进了大型机械化运、架梁设备的发展;同时,机械化施工技术的发展,也反过来促进了桥梁的发展。中国在修建科威特湾海湾大桥中,为架设60 m预制公路箱梁,研发了YL1800型轮胎式运梁车和JQ1800型架桥机,将制、运、架技术水平提高到1800 t。

整孔(片)预制吊装法的施工基本作业包括:

(1)模板工程:根据工程规模和现场条件进行模板的选择、设计和制作工作,并在浇筑混凝土前对模板进行全面、严格的检查。

(2)钢筋工程、混凝土工程和预应力工程与支架法基本相同。

(3)预制梁的运输:预制梁在施工现场内运输称为场内运输,一般采用龙门吊机将预制梁起吊后移到存梁处或转运至运梁车上,无龙门吊机时可采用自行式吊车起吊;预制梁从预制场至施工现场的运输称为场外运输,常用专用运梁车、大型平板车、驳船或火车运送。

(4)预制梁的架设:预制梁的架设安装可采用龙门吊机、汽车吊机、履带吊机、架桥机安装及浮吊安装等方法。其中架桥机是将预制梁吊装至桥梁支座上的专用施工机械,按其用途可分为公路架桥机、铁路架桥机和公铁两用架桥机,目前国内公路架桥机最具代表性的就是整机步履式纵移和整机大悬臂轨行式纵移两种。

1. 构件预制

在预制厂和施工现场,可用固定式底座制作预制构件。预制构件在固定台位上完成各工序,直到构件完全可以移动后再进行下一个构件的制作。

预制构件制作完成后,采用龙门吊、提梁机将经过初张拉的构件从制梁台座移至存梁台座,终张拉完成且管道内浆液强度达到设计强度后,又用移梁机从存梁台座移至存梁区。提梁采用四点起吊三点平衡原理,吊点设在梁端腹板内侧,吊装梁体时在顶板下缘吊孔处垫以厚度不小于40 mm的钢垫板及橡胶垫板保护梁体,起吊过程控制梁体同一梁端高差不大于10 mm和两端高差不大于20 mm。

2. 构件运输

预制构件的场内运输常用龙门轨道运输。预制构件的场外运输,主要采用大吨位运梁车将预制构件从存梁区运输至架梁工位,与架桥机配合完成相应的架梁作业。轮胎式运梁车是目前桥梁运输过程中最理想的预制梁运输专用工具,适用于架桥工地,预制梁场与架桥工地较远的场合,整车由两个独立的运行结构(主副车)组成。

炮车是为公路桥梁架设专门设计的预制梁运输机械,由两个分别独立的运行机构(主动车、被动车)组成,运梁炮车兼有运梁和给架桥机喂梁的功能,主要适用于架桥工地、预制梁场等。

3. 吊机架设

在桥墩不高且场内又设有行车便道的情况下,用吊机架设中、小跨径的桥梁十分方便。吊机架设的机具主要有龙门吊、汽车式吊机和履带式吊机等。

龙门吊架设是将预制构件运输至桥位处,然后用跨墩龙门架或墩侧高低腿龙门架将构件吊起,再横移至设计位置处落梁安装。

汽车式吊机和履带式吊机属于大型自行式吊车且本身有动力。汽车式吊机是把起重机构装在载重汽车底盘上,由汽车发动机提供动力,其优点是机动性好,行驶速度快,缺点是要求较好的路面和支承点;履带式吊机由回转台和行驶履带组成,回转台装有起重臂、动力装置、绞车和操纵室,履带架既是行驶机构也是起重机的支座,其优点是起重量大,可在松软场地行驶,缺点是行驶速度慢,自重大。采用自行式吊车架梁时架设迅速,可缩短工期,不需要架设其他临时动力设备以及其他装备。此法视吊装重量的不同,可以采用一台吊机架设、两台吊机架设、吊机和绞车配合架设的方法。

4. 架桥机架设

架桥机就是将预制好的梁片吊放到桥墩上的专用设备。架桥机架设一片预制梁一般经过喂梁、捆梁、吊梁、落梁四个过程,如图5.5所示。

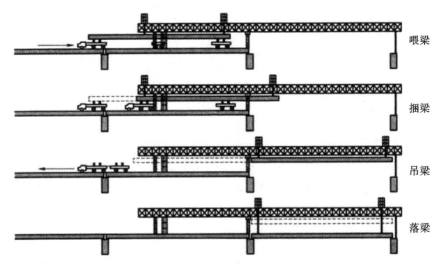

图 5.5 架桥机架设过程

喂梁:喂梁时,运梁车应缓慢地推入架桥机后方主梁内。

捆梁:构件在预定位置停车后,前后吊点同时挂好吊杆和底梁。

吊梁:采用吊梁小车(天车)吊运构件至指定位置下落就位,梁片在起吊、行走和下落时,应尽量保持水平。

落梁:将梁运至待架梁支座的上方,使梁体中心线与支座中心线对正,然后下落就位,落梁至距支座200～300 mm时,要确认支座和横移设备就绪后再继续落梁。

5. 浮吊架设

在深水大河或海上修建桥梁时,可采用回转的伸臂式浮吊架梁,如图5.6(a)所示。这种架梁方法高空作业少,施工比较安全,吊装能力也大,工效也高,但需要大型浮吊。鉴于浮吊船来回运梁时间较长,一般采取用装梁船储梁后成批一起架设的方法。图5.6(b)为利用浮船和水浮力控制高程的浮运架设示意图。

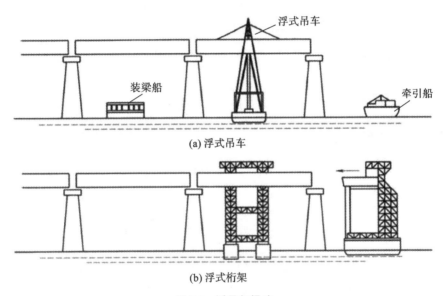

图5.6 浮吊架梁法

浮吊架梁时需要在岸边设置临时码头,移运预制梁。架梁时,浮吊应锚固牢靠。如流速不大,则可用预先抛入河中的混凝土锚实现定锚。

5.3.3 移动模架施工法

移动模架施工法是在可移动的支架或模板上完成一孔梁浇筑全部工序,采用逐跨原位现浇施工工艺。移动模架系统主要由牛腿、主梁、横梁、后横梁、外模及内模组成,每一部分都配有相应的液压或机械系统。移动模架法适用于深水或高墩身桥位而使用支架法或其他施工方法不经济的情况下建造桥梁上部结构,优点有:周转次数多,周转时间短,使用辅助设备少,减少了人力物资的浪费。

移动模架法大量用于现浇制梁,配合起吊桁车也可用于节段拼装制梁,用于后者时又称为造桥机,大型造桥机可用于拼装大跨度连续梁。

1. 移动模架分类及选择

移动模架造桥机的种类较多,从构造上可分为悬吊式移动模架和支撑式移动模架;支撑式模架按照主梁的支撑位置,又可分为上行式、下行式和腹位式等几种类型。

上行式移动模架是移动模架主梁在混凝土梁体上行走,工作面在桥墩以上,主梁支撑在墩顶及已成梁段上,不需要墩旁托架,对桥下净空没有要求,适合于立交桥、城市高架桥、深谷高桥以及软土地基高架桥的施工。

下行式移动模架是移动模架在梁体底面下行走,桥梁宽度不受限制,适合于公路桥梁施工。

腹位式移动模架的特点就是梁体位于支架梁的腹内,适合于节段拼装施工。

2. 移动模架施工工艺

移动模架施工主要包括制梁、脱模和移动模架前移等工序。以制作预应力混凝土箱梁为例,其工艺流程如图5.7所示。

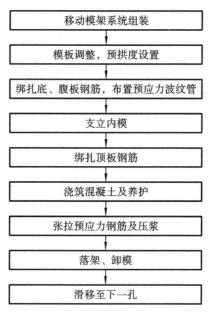

图5.7 下行式移动模架的施工工艺流程

3. 移动模架线形控制

移动模架施工梁体的线形控制，主要通过调整模板来保证梁体的施工预拱度和设计线形。施工预拱度设置时需要考虑移动模架在梁体混凝土作用下的变形，必要时做静载试验确定。

施工时只要按要求设置预拱度以控制混凝土浇筑过程中模板的变形，即可保证梁体线形。

5.3.4 悬臂浇筑施工法

悬臂施工法是以桥墩为中心向两岸对称、逐节悬臂接长直到跨中合龙的施工方法。由于悬臂施工时由已建墩、梁承重而不需要支架、便桥，对桥下通航或行车无影响，悬臂施工法大大推动了桥梁建设，因此"悬臂施工技术"是桥梁技术的一次革命。

悬臂施工法包括悬臂浇筑和悬臂拼装两种方法。其中悬臂浇筑法是将梁部结构沿纵向化整为段，利用挂篮、桁架和托架等施工设备作为操作平台和承力、传力结构，利用先浇结构将力传至桥墩，从墩顶开始，对称地逐段现浇，直到合龙成桥。悬臂拼装法将在5.3.5节介绍。本节主要介绍混凝土连续体系的悬臂浇筑施工。

悬臂浇筑法主要设备是挂篮，挂篮在已张拉锚固并与墩身连成整体的梁段上移动，绑扎钢筋、立模、浇筑混凝土、施加预应力都在其上进行。完成本节段施工后，挂篮对称前移，进行下一对梁段施工，循序前行，直至悬臂梁段浇筑完成。

1. 挂篮

挂篮是悬浇节段的施工平台和承重结构，因此挂篮应具有足够的强度、刚度和稳定性，以及自重轻和移动灵活等特点。常用的挂篮形式有菱形挂篮、梁式挂篮、斜拉式(三角)挂篮和组合斜拉式挂篮。

挂篮主要由以下几部分组成。

(1)主桁架：挂篮的主要承重结构，一般由若干桁片构成两组，承受施工设备和新浇混凝土的全部重量，并通过支点和锚固装置将荷载传递到已施工完成的梁身上。

(2)悬吊系统：以钻有销孔的钢带或两端有螺纹的圆钢组成，张拉平台的悬吊系统可用钢吊带、钢丝绳、链条等组成,其作用是将底模架、张拉平台的自重及其上的荷载传递到主桁架。

(3)锚固系与平衡重:为了防止挂篮在前移和浇筑混凝土时发生倾覆失稳,并确保施工过程挂篮的安全,锚固系与平衡重的设置至关重要。挂篮在空载行走状态和浇筑混凝土时的倾覆稳定,稳定系数不小于1.5。

(4)走行系统:挂篮的整体纵移可采用滚移或滑移等方式,其动力可采用千斤顶或手拉葫芦等方式实现挂篮的移动。

(5)工作平台:在挂篮主桁架前端需要设置工作平台,用于纵向预应力筋的穿束、张拉等工作。

(6)底模架:供立模、钢筋绑扎、混凝土的浇筑和养护等工作使用。

根据实际施工要求,选择合适的挂篮结构形式是挂篮设计的首要问题。挂篮设计应满足实际桥梁悬臂施工的需要。设计挂篮长度由节段长度、锚固、结构受力和变形等力学条件等综合控制,设计挂篮长度一般为最大节段长度和工作平台长度之和。挂篮横断面的布置取决于桥梁的宽度和箱梁横断面形式,一般全断面上使用一个挂篮施工即可。

挂篮主桁架作为承重结构,是最重要的设计计算构件,其计算主要内容包括各类杆件和锚杆的内力计算、挂篮的变形、稳定性和抗倾覆等。由于挂篮主桁架为空间桁架结构,应采用空间杆系有限元进行计算。

2. 悬臂浇筑施工工艺

悬臂浇筑施工法是将主梁沿桥梁轴线分成2~5 m长的若干段,墩顶0号块一般采用支架现浇施工,从1号节段开始采用悬臂挂篮对称浇筑法进行施工。连续梁(刚构)桥的挂篮为后支点挂篮,其施工的一般顺序为:挂篮就位→挂篮试压→挂篮底模、外模标高调整并固定→安装底板、腹板钢筋,安装底板、腹板波纹管和竖向预应力粗钢筋,固定腹板锚具→内模就位→绑扎顶板钢筋、安装顶板波纹管→固定顶板锚具→安装端头模板→对称灌注梁段混凝土→覆盖养护→穿束→张拉→压浆→挂篮前移→进入下一梁段的施工→边跨合龙、中跨合龙、体系转换(挂篮整体下放拆除)。

每个梁段施工循环内的主要工序如图5.8所示。

1)0号段施工

对于墩、梁之间没有固结的连续梁、斜拉桥漂浮体系结构,为了承受悬臂施

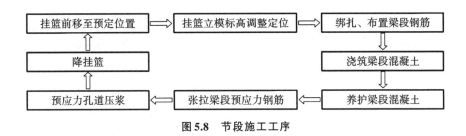

图5.8 节段施工工序

工过程中可能出现的不平衡力矩,需要采取措施保证梁体稳定,目的是保证施工过程中"T构"的稳定可靠。常用的方法是将墩顶的节段与桥墩临时固结起来。悬臂施工时,墩梁临时固结措施或支撑措施主要有下列几种形式:

(1)当桥墩较大时,可以将0号块梁段与桥墩直接临时固结,临时支墩采用C50混凝土或C50硫黄砂浆,通过锚固钢筋将梁、墩锚固,拆除方式是采用绳锯切割混凝土或通电熔化硫黄砂浆。

(2)采用支架、立柱或牛腿作为固结措施。其中,支架固结措施适用于桥墩不高且水不深的情况,牛腿固结措施适用于桥墩较高的情况。

临时墩梁固结应考虑施工时有一个梁段超前的不平衡力矩,并验算其稳定性,稳定系数不小于1.5。

2)合龙段施工

由于混凝土的收缩、徐变特性,环境温度变化,合龙段间距限制等,合龙梁段会产生拉裂或压坏;同时合龙段施工过程也是结构体系转换过程,结构体系转换将引起整个结构内力和变形的变化。因此,合龙是最关键的施工工序,其质量直接影响到整个桥梁的受力性能。具体合龙顺序由计算和设计确定,施工单位不能随意变更合龙顺序。为了保证合龙段质量,在合龙过程中应采取严格的施工控制措施。

(1)合龙段长度选择。

合龙段长度在满足施工操作要求的前提下,应尽量缩短,一般采用1.5~2.0 m。

(2)合龙温度选择。

一般宜在低温合龙,在预计合龙前3天连续观测温度及合龙段悬臂端高程变化规律,时间间隔为2 h,根据近期气温及标高变化规律确定最佳合龙时间。如果不是在设计合龙温度时合龙,应采用顶推等相应措施避免温度对结构的影响。

对于连续刚构桥中跨合龙常采用对顶工艺,即在中跨合龙前利用千斤顶给两悬臂端施加水平推力,将两T构顶开一定位移,然后用劲性骨架锁定,在合龙段储备一定压力。其作用主要有:

①消除高温合龙的影响:由于实际施工中季节、天气等因素影响,合龙温度常常高于设计温度,根据混凝土热胀冷缩的特性,一旦温度降低,梁体缩短,合龙段将承受拉力,可能造成混凝土开裂。连续刚构桥在高温条件下合龙采取预施加反顶力的施工措施,能够大大降低墩桩截面的拉压应力,能够很好地解决高温合龙对结构受力的不利影响。

②改善桥墩受力:在二恒、活载以及收缩徐变作用下,连续刚构桥中跨下挠通常较边跨大,从而使桥主墩产生向跨中倾斜的位移,导致墩身产生较大内力(弯矩)。采用对顶后,可抵消部分桥墩内力,改善其受力。

为了保证对顶效果,可采用对顶力或墩顶位移来控制。工程中主要有两种计算方法。

①按消除墩顶水平位移的方法:设主梁后期收缩徐变和整体降温使墩顶向跨中的水平位移分别为δ_1、δ_2,则顶推力使墩顶向两岸的偏移量为$\delta=\delta_1+\delta_2/2$。

②按消除主梁拉力的方法:连续刚构桥受到桥墩的约束,合龙温差和梁体收缩徐变会在跨中产生拉力,施加与此拉力大小相等的水平推力,可消除对桥梁的不利影响。

由于桥梁结构为超静定结构,可借助有限元分析进行较为精确的计算,全面掌握顶力作用下主梁和桥墩的受力。实施对顶时,要加强梁端位移、墩顶位移以及控制截面应力的监控。

(3)混凝土选择。宜使用微膨胀混凝土,并及时张拉预应力束筋,防止合龙段混凝土出现裂缝。

(4)合龙段锁定。

在对梁体变形和温度变化连续观测的基础上,选择在梁体相对变形和温度变化都较小的时间段内,对称、均衡、同步地对梁体进行锁定以防止悬臂端产生位移、产生裂缝。合龙锁定中采用又拉又撑的方法,即用刚性支撑骨架承受压力,如图5.9所示,用临时预应力束承受拉力。刚性支撑骨架根据温度荷载计算其所需截面积,同时应验算其压杆稳定性;临时预应力束既要确保降温时劲性骨架中不出现拉应力,又要满足升温时骨架不致受压过大而失稳,具体张拉吨位根据合龙期间可能出现的温度范围计算,合龙锁定温度选择在设计要求的合龙最佳温度范围内。

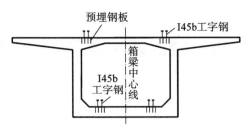

图5.9 体外刚性支撑锁定

(5)配重。

为了防止在浇筑混凝土过程中合龙段两端发生相对位移,可在合龙前两悬臂端施加与合龙段重量相等的配重,并在浇筑混凝土时等量同步释放该配重,就会避免合龙段两端产生相对偏位,并能保证混凝土的浇筑质量,且配重可以调整合龙段两端的标高。通常在悬臂端采用水箱、沙袋或预制混凝土块进行配重,并沿横桥向均衡布置,避免箱梁侧倾和扭转。每个悬臂端配重为合龙段混凝土重量的50%。

(6)结构体系转换。

在结构由双悬臂状态变成单悬臂状态,最终为连续梁受力状态的这一施工过程中存在结构体系转换,施工时应注意以下几点:

①结构由双悬臂状态转换成单悬臂受力状态时,梁体某些部位的弯矩方向发生转换。所以在拆除梁墩锚固前,应按设计要求,张拉一部分或全部布置在梁体下部的正弯短预应力束。

②墩梁临时锚固的放松应均衡对称进行,确保逐渐均匀地释放。

③若转换为超静定结构,则需考虑钢束张拉、支座变形、温度变化等因素引起的结构的次内力。若按设计要求,需进行内力调整时,应以标高、反力等多因素控制,相互校核。

④在结构体系转换中,临时固结解除后,将梁落于正式支座上,并按标高调整支座高度及反力。支座反力的调整,应以标高控制为主,反力作为校核。

5.3.5 悬臂拼装法

悬臂拼装法:将梁部结构化整为块,分块预制,利用移动式吊机起吊节段,从墩顶开始,对称地逐段拼装,利用环氧树脂和预应力钢筋连接成整体,直到合龙成桥,如图5.10所示。

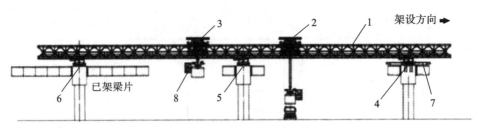

图 5.10　造桥机悬臂拼装法示意图

1—主桁架；2,3—起重桁车；4,5,6—前中后支点；7—牛腿；8—操作平台

悬臂拼装法是从桥墩顶开始，将预制梁段对称吊装，就位后施加预应力，并逐渐接长的一种施工方法。悬臂拼装法将大跨度桥化整为节段，预制和拼装方便，上下部结构平行作业，拼装速度快、周期短，施工速度快。同时预制节段施工质量易控制，结构的附加内力小。但是，需要较大的预制场地和较高的起重能力，拼装精度要求高，施工的高程控制难度大，一般宜用于跨径小于 100 m 的多跨桥梁。

接下来介绍混凝土梁的悬臂拼装施工。

1. 节段预制

悬臂节段通常采用长线法浇筑或短线法浇筑预制方法生产。

1) 长线匹配预制法

长线匹配预制法作业是以桥梁跨度一半的梁体长度作预制长度，在足够长度（大于半跨长度）的预制台座上，依整跨预制曲线做一次性调整后，依次序逐块结合浇筑，完成半跨后，再将节段逐块脱离移至存储场，如图 5.11 所示。

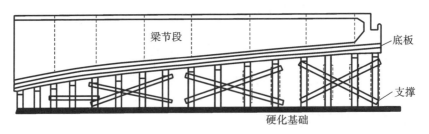

图 5.11　长线法施工

2) 短线匹配预制法

短线匹配预制法是一种在有限场地上进行桥梁节段预制的有效方法。预制

构件几何线形控制仅存在于浇筑节段与相邻匹配节段之间,其线形控制需在每一次密接匹配预制时精确调整匹配节段的方位及模板的相对方位,因此节段测量控制精度要求较长线匹配预制高。

当节段混凝土已达到拆模强度时,其匹配节段即可吊运至存梁区存放,仅留下刚浇筑完成的节段作为下一节段施工的匹配节段。预制从第1个节段开始,第1个节段在固定端模和浮动端模之间浇筑,这个节段通常被称为起始节段;然后将该节段前移作为匹配梁(充当浮动端模)进行第2节段浇筑,如图5.12所示,这样能保证相邻节段之间的匹配质量。重复这个过程,将第 i 节段前移进行第 $i+1$ 节段浇筑,直到所有节段预制完毕。

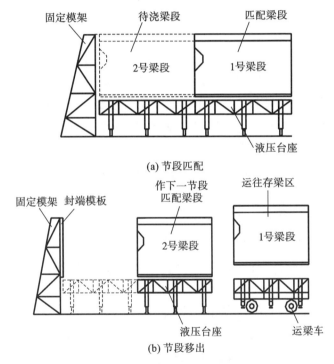

图5.12　短线法预制箱梁示意图

2. 拼装方式与接缝处理

悬臂拼装法施工中的0号块,由于其梁高大、质量大且吊装不方便,同时,为便于控制整个梁体的安装精度,大多采用现场就地浇筑法施工,也有在墩上采用预制装配施工的。

梁段的接缝可采用湿接缝、胶接缝和干接缝几种形式。

湿接缝宽为 0.1~0.2 m,拼装时下面设置临时托架和模板,当拼装梁段的位置调整准确后,用强度等级高的砂浆或小石子混凝土填实,待接缝混凝土达到设计强度后施加预应力。湿接缝常在 0 号块与 1 号节段间使用,因为 1 号节段的施工精度对后续节段的相对位置和对控制桥梁拼装的标高影响甚大。

胶接缝用环氧树脂加水泥在节段接缝面上涂一薄层,厚约 1 mm,它在施工中起润滑作用,使节缝密贴,完工后可提高结构的抗剪能力、整体刚度和不透水性,常在中间节段的接缝中使用。

干接缝,即接缝间无任何填充料,施工方便,依靠施加的纵向预应力承担接缝截面的弯矩,预压力产生的接缝截面摩擦力抗剪,主要因为接缝不密封会导致钢筋锈蚀,使用较少。

3. 剪力键施工

为了有效传递节段间的剪力,预制节段通常在接合面上设有剪力键。剪力键根据形状可分为单键和多键。单键通常较大并集中在局部,而多键则尽可能分布于接合面的各个部位,其尺寸相对较小,可避免剪力集中,因此通常认为多键系统更为有效。

新节段与匹配梁脱离时要缓慢进行,并应采用有效措施避免损坏剪力键。

4. 悬臂拼装施工工艺

节段悬臂拼装施工过程主要包括:①0 号块的施工;②架桥机的安装;③对称悬臂拼装;④边跨拼装;⑤合龙。下面重点介绍 0 号块的施工和节段悬拼施工工艺。

0 号块的施工有现浇和预制吊装两种方式。当 0 号块为现浇时,可能受到浇筑过程各种因素的影响,很难保证 0 号块的位置、尺寸精度达到悬拼要求,而 1 号块是紧邻 0 号块两侧的第一个箱梁节段,其在预制阶段的尺寸已经控制好,如作为整个悬拼 T 构的基准梁段,后面的拼装节段线形调节量非常微小,因此 1 号节段的安装精度是至关重要的。

节段悬拼应保持胶结面干净整洁,胶结面环氧树脂填充密实,预应力管道不被堵塞。拼接时同一 T 构两端的节段需同时、对称拼装。当施工误差超过允许误差时,应及时调整,总体要求线形基本平顺,拼接缝平整、密实、颜色一致。

5. 起吊机具和方法

预制块件的悬臂拼装可根据现场布置和设备条件采用不同的方法来实现。当靠岸边的桥跨不高且可在陆地或便桥上施工时,可采用自行式吊车、门式吊车来拼装。对于河中桥孔,也可采用水上浮吊进行安装。如果桥墩很高,或水流湍急而不便在陆上、水上施工时,就可利用各种吊机进行高空悬拼施工。

1) 悬臂吊机拼装法

悬臂吊机由承重梁、横梁、锚固装置、平衡系、起重系、行走系和工作吊篮等部分组成。承重梁和横梁可由万能杆件、型钢等构成。与用挂篮悬浇施工类似,在开始拼装靠近墩顶的1号、2号节段时,可以用一根承重梁对称同时起吊,在容许布置两台移动式悬臂吊机时,拆分承重梁形成两台吊机,开始独立对称吊装,如图5.13所示。

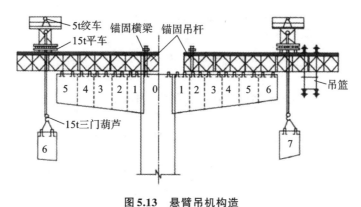

图5.13 悬臂吊机构造

注:0、1、2、3、4、5、6、7为节段号

节段的运输可从桥下或水上浮运至桥位,再由悬臂吊机吊装就位。

2) 桁梁拼装法

桁梁悬拼施工是一种移动支架法,它以桁梁作为承重结构和运梁设备进行悬拼施工,已被大量地应用在中等以上的高架桥上。依据桁梁支承状态分为两类,一类是简支悬臂桁梁,长度大于桥梁的最大跨度,桁梁支承在已拼装完的梁段上和待拼墩顶上,如图5.14所示,必要时可用加劲索加强桁梁。另一类是连续桁梁,长度大于两倍桥梁跨度,形成三个支点的连续梁,国内称这类移动式连续桁梁为造桥机。造桥机施工的显著特点是:节段运输方便、拼装速度快。

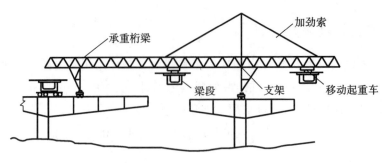

图 5.14　简支悬臂桁梁拼装

图 5.15 所示为大跨度造桥机拼装示意图。

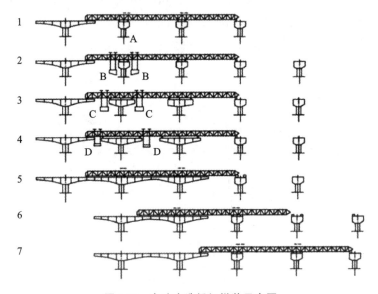

图 5.15　大跨度造桥机拼装示意图

3）起重机拼装法

可采用伸臂吊机、缆索吊机、龙门吊机、人字扒杆、汽车吊、履带吊、浮吊等起重机械进行悬臂拼装。根据吊机的类型和桥孔具体条件的不同，吊机可以支承在墩柱上、已拼好的梁段上或处在栈桥上、桥孔下。

6. 节段梁纠偏措施

悬臂拼装施工中高程控制的关键就是施工挠度，虽然在预制过程中已经考虑了理论预拱度，但是在实际施工中胶拼张拉预应力前后、墩台沉降以及施工误差等造成实际与理论预拱度值的偏差。若测量结果超出几何控制数据库允许的误差范围,则须对后续梁段的拼装进行调整。可采取以下调整方法:

(1)改变胶接缝涂胶厚度。

(2)当线形发生主要定位错误或线形误差过大以致无法用楔形垫片纠偏,须采用增设湿接缝的方法,增设的湿接缝一般为50 cm厚。

7. 短线法预制线形控制

短线法节段预制线形控制的实质就是通过每次调整匹配节段相对于待浇节段的空间位置来保证梁体的设计线形。一般情况下,桥梁的设计线形(即梁体的实际空间位置)作为整体坐标系,而在节段预制时,匹配节段的方位是相对于待浇节段的相对坐标,属于待浇节段的局部坐标系。短线法预制线形控制就是通过每次调整匹配梁的空间位置来保证梁体的设计线形,包括匹配梁理论安装位置和每次制造误差的补偿修正。

短线法预制的线形控制是通过每一次密接匹配预制时精确地调整匹配节段的方位及模板的相对方位来实现的。线形控制直接影响工程质量,要达到理想的目的,最主要的是精密的测量及正确调控相邻匹配节段(旧节段,即已浇筑节段)与新节段模板之间的相对位置。

根据前述坐标转换原理,可在匹配节段两端面各设置三个控制点(L、M、R),通过测量控制这六个控制点坐标来控制匹配节段的位置,俗称"六点坐标法"。因实际工程中,很难在节段两端接缝处设置控制点,通常在每一节段前后端顶面距梁端约20 cm处分别布置四个高程标钉(L、R点)和两个中线标钉(M点)。测量两个中线标钉可定出匹配节段在水平面内的偏转角度(即转角);测量四个高程标钉可定出匹配节段在竖直平面内的偏转角度(即倾角或仰角)以及绕节段轴线的旋转角度(即扭角或畸变角)。

精确的测量是短线法预制线形控制的关键,必须要有专职测量工程师驻守在工地现场,精确翔实地进行测量、记录,测量记录实行双检制,确保节段预制的精确度。如图5.16所示,首先在预制场内设置稳定的观测塔和目标塔,在观测塔上架设测量仪器来进行调控。在节段预制过程中观测塔、目标塔及观测塔上的测量仪器均不得有任何移位,否则必须重新建立测量控制系统。

端模板必须永远保持垂直、水平和方正,所有线形控制是依预制曲线来移动旧节段(匹配节段)来进行控制的。匹配预制之前再次对上述六点测量并做好记录,此时这个节段方可进行密接匹配预制。

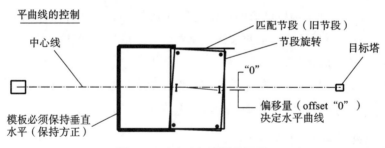

图5.16 六点坐标测量平面图

当匹配节段移到密接匹配预制位置后,依据控制程序计算的结果重设方位,直线桥中线保持不变,曲线桥则有偏移量。竖曲线的控制方法与上述相似,如图5.17所示,因为要补偿挠度而有预拱值,即使是每段曲线桥也要做竖向的调控,调整量的大小取决于施工图中的预制曲线。

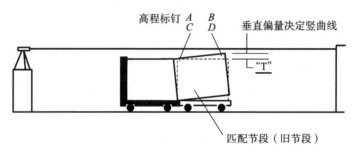

图5.17 竖曲线线形控制立面图

当匹配节段调整到位后,新节段的预制准备也已完成,就可以浇筑混凝土了。在匹配节段移走之前,必须再次测量,以确定浇筑混凝土当中旧节段是否有移动。这种移动的情况时常会发生,如模床沉陷、振动器的影响,以及封模时的外力都可能造成匹配节段的移动。

浇筑混凝土前的测量记录及调控极为重要,但是混凝土浇筑后,这些控制点的数据很难保持与浇筑前相同,所以浇筑混凝土后的测量是极为关键的。虽然这种移动量可能很小,但它会发生,因此浇筑混凝土后须如实记录这些数据,并利用控制程序作为下一个新节段定位时补偿前一个节段制造误差的计算依据。

5.3.6 顶推法

顶推法是在桥头沿桥纵轴线方向将逐段预制张拉的梁体向前推出使之就位的施工方法。其施工原理如下:沿桥纵轴方向的桥台后设置预制场,分阶段预制拼装梁体或整体制造梁体,通过水平千斤顶施力,借助由聚四氟乙烯模压板与不锈钢板特制的滑移装置,将梁体逐段向前顶推,就位后落梁并更换正式支座,从而完成桥梁施工。

顶推法适用于跨越城市、深谷、较大河流、公路、铁路的连续梁结构施工,多用于跨径为30～60 m的预应力混凝土等截面连续梁架设。顶推法可架设直桥、弯桥、坡桥。采用顶推法架梁时,梁前端呈悬臂状态,与后部相比断面受力较大。为降低梁前端这种临时架设的断面受力,可在梁前端安装导梁,还可以根据现场条件,在桥墩间设置临时支墩以降低架设时梁的断面受力。在中间跨度大,又不能设置临时支墩时,也可用导梁从两侧相对顶推,在跨中连接。

顶推法按顶推动力装置的多少可分为单点顶推和多点顶推;按动力装置的类别可分为步距式顶推和连续顶推;按支承系统可分为临时滑道支承装置顶推和永久支承装置顶推;按顶推方向可分为单向顶推和双向(相对)顶推;按梁节段的成形方式可分为预制组装、分段顶推和逐段预制、逐段顶推。

单点顶推为顶推的装置集中在主梁预制场地附近的桥台或桥墩上,前方墩各支点上设置滑动支承,如图5.18所示。其特点为设备数量少,易于集中和同步;功率大,墩台受力大。

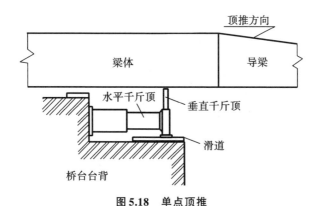

图5.18　单点顶推

多点顶推需在每个墩台上设置一对小吨位水平千斤顶,将顶推力分散到各墩上,如图5.19所示,且采用一套液压与电路相结合的控制系统,集中控制、分级调压,保证同时启动、同步前进、同时停止。

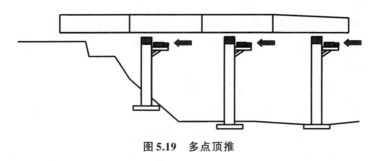

图 5.19 多点顶推

顶推法的施工平台和设备主要包括顶推平台、导梁、滑道、千斤顶与油泵、横向导向装置。

1. 顶推平台

顶推平台由支墩、平台、活动底模、升降设备、支墩顶部底模或滑道等组成。顶推平台对其平整度、刚度、整体性等要求严格,以保证主梁结构的制作质量并为顶推架设创造有利条件。

根据桥梁结构及线路特点,顶推平台的位置一般布置于桥台后,桥台后设置有困难时亦可设置于某孔跨内。顶推平台沿顺桥向的长度至少不小于一个最长节段的长度。平台后方应留有作业平台,作业平台长度不宜小于 10 m。

2. 导梁

顶推法的梁前端应设置导梁,导梁长度一般为顶推跨度的 0.6～0.7。为了使顶推时的挠度小,则采用钢板梁结构形式,同时导梁的刚度一般为主梁刚度的 1/15～1/9。由于顶推时其下翼缘在滑动支座上通过,所以在设计时应保证其平滑性和对支点反力有足够的强度。为了使导梁的前端在顶推时能在各滑动支座上顺利推出,则需安装滑履。导梁与混凝土梁的连接一般采用预应力精轧螺纹钢连接,并且将导梁埋入梁端一部分,作为连接处承受抗剪应力。

3. 滑道

如何减小摩阻力是顶推施工的关键技术问题。施工中通过在梁底、墩顶设置滑道的办法来解决,如图 5.20 所示,滑道用聚四氟乙烯模压板和镍钢(不锈钢)板组成,滑移面的摩擦系数很小,为 0.02～0.04;顶推时,组合的聚四氟乙烯滑块在不锈钢板上滑动,并在前方滑出,通过在滑道后方不断喂入滑块,带动梁身前进。

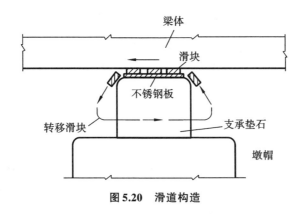

图 5.20 滑道构造

4. 千斤顶与油泵

顶推装置布置在主梁预制场附近的桥台或桥墩上,前方各支点上设置滑动支承。顶推装置分为两种:一种是由水平千斤顶通过箱梁两侧的牵动钢杆(索)给预制梁一个顶推力;另一种是由水平千斤顶与竖直千斤顶配合使用,顶推预制梁前进。

国内一般较多采用拉杆式顶推方案,每个墩位上设置一对液压穿心式水平千斤顶,每侧使用一根或两根 $\phi 25$ mm 高强螺纹钢筋或钢绞线,杆的前端通过锥形楔块固定在水平千斤顶活塞杆的头部,另一端使用特制的拉锚器、锚定板等连接器与主梁连接,水平千斤顶固定在墩身特制的台座上,同时在梁位下设置滑板和滑块。当水平千斤顶施顶时,带动箱梁在滑道上向前滑动。

主要顶推工艺具体如下:

步骤 1　顶升,开启支撑顶升油缸,使主梁被顶推装置整体托起,脱离垫梁;

步骤 2　水平顶推,开启水平千斤顶顶推,使主梁与顶推装置上部结构一起向前移动;

步骤 3　降落,支撑顶升油缸回油下降,主梁整体下降搁置于临时垫梁上;

步骤 4　缩回,水平千斤顶油缸回油,顶推装置回到初始顶推状态,完成一个顶推过程。

准备下一循环过程。

5. 横向导向装置

为了使得主梁能正确就位,施工中的横向导向装置是不可少的。图 5.21(a)为利用横向水平千斤顶进行导向的一个装置。需要纠偏导向时,在箱梁腹板外侧利用聚四氟乙烯板和水平千斤顶形成滑动面,以达到导向、纠偏的目的。也可以在反力架上设置贝雷平滚导向装置,如图5.21(b)所示,根据需要在平滚和箱梁侧面之间塞入厚度不同的薄钢板来调整梁的平面位置,后一种方法设备简单,但是精度较差。

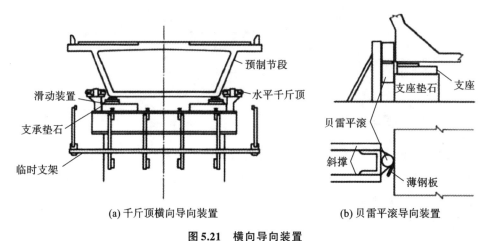

(a) 千斤顶横向导向装置　　(b) 贝雷平滚导向装置

图5.21　横向导向装置

5.3.7　转体施工法

转体施工法是在河流的两岸或适当的位置,先将半桥现浇或预制完成,之后以桥梁结构本身为转动体,利用千斤顶等动力装置分别将两个半桥转体到桥位轴线位置合龙成桥。按转动方式的不同可分为平面转体、竖向转体或平竖结合转体。

转体施工法是指将桥梁结构在非设计轴线位置制作(浇筑或拼接)成形后,在桥梁的某位置处设置转盘等转体装置,施加转动力矩使梁体转体就位,拆除转体装置,封固转盘,再合龙成桥的一种施工方法。转体法的优点是能较好地克服桥下障碍,减少对桥下交通的影响,施工速度快、造价低。竖向转体方法多应用于拱桥,平面转体方法在拱桥、梁式桥、斜拉桥等桥梁施工中得到广泛应用。平面转体方法于1976年首创于维也纳多瑙河运河桥斜拉桥的施工中,因其要求的施工设备少、操作简便且安全性较高,在我国公路桥梁建设中应用较多。

1. 平面转体

1)拱桥

平面转体施工是将两个半跨的拱圈(肋)的桥轴线旋转至沿岸线或后台,利用地形及支架按设计高程进行现浇或预制拼装,然后在水平面内绕拱座底部的竖轴旋转使拱圈(肋)合龙成拱,如图5.22所示。按施工方法可分为有平衡重转体和无平衡重转体两种。有平衡重转体是一种在旋转过程中自平衡的转体,对于单跨拱桥通常需要利用桥台背墙重量和附加平衡压重,以平衡半跨拱圈(肋)的自重力矩。无平衡重转体是指以两岸山体岩石的锚碇锚固半跨拱在悬臂状态平衡时所产生的水平拉力,借助拱脚处立柱下端转盘和上端转轴使拱体实现平面转动。

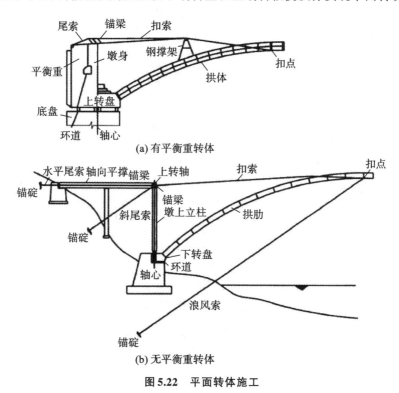

图5.22 平面转体施工

2)梁式桥及斜拉桥

预应力混凝土连续梁、连续刚构、斜拉桥采用平面转体方法进行转体施工时,施工流程如图5.23所示。

平面转体方法施工中,转动位置的设置需要考虑尽量减小转动质量,同时也要方便转动装置的布置,即应有足够的空间。在连续梁施工中,转动位置依据具体结构的不同而不同,可设置在墩顶、墩中、墩底,以在墩底的居多。近年发展的永临结合的墩顶转体,如图5.24所示,成为连续梁转体施工中的主流方法;V形墩结构一般设置在墩底或承台中。

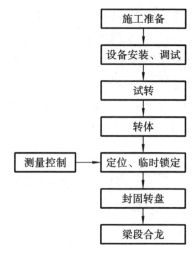

图 5.23 转体施工流程图

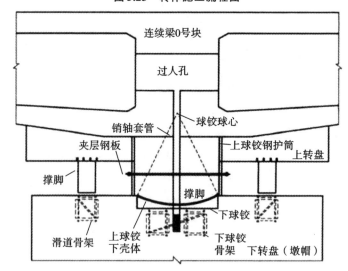

图 5.24 永临结合的墩顶转体系统示意图

转体施工应进行转体结构稳定、偏心及牵引力计算,转体牵引力可按式(5.1)计算,牵引设备应按计算牵引力的2倍配置。偏心值宜为 0.05～0.15 m。

$$T=\frac{2fGR}{3D} \tag{5.1}$$

式中:T——牵引力,kN;

G——转体总重力,kN;

R——铰柱半径,m;

D——牵引力偶臂,m;

f——摩擦系数,无试验数据时,可取静摩擦系数为 0.1～0.12,动摩擦系数为 0.06～0.09。

转动体系主要由上转盘、下转盘、转轴、转体滑道、辅助支腿、转体牵引索和动力系统组成,分为"中心支承的转盘体系"和"环道与中心支承相结合的转盘体系",前者用于中、小跨径结构,后者用于大跨径结构。

转体施工注意事项有:

①转体系统的制作、安装精度及表面摩擦系数应满足设计要求,辅助支腿应对称均匀布置,与下环道的间距不大于 20 mm;应设置防超转限位装置。

②预埋于上转盘的转体牵引索固定端与上转盘外圆相切;千斤顶必须水平、对称地布置于转盘两侧的同一平面内,千斤顶的中心线必须与转盘外圆相切,中心线高度与上转盘预埋钢绞线的中心线水平,同时要求千斤顶到上转盘的距离相等。

③转体前应进行桥体称重,根据实测不平衡力矩推算出所需配载质量,使实际重心偏移量满足设计偏移量要求;主梁试转后,根据测量监控所提供的数据,进行二次配重。

④转动时应控制转速均匀,角速度不宜大于 0.02 rad/min,且梁体悬臂端线速度不大于 1.5 m/min。平转接近设计位置 1 m 时减小平转速度,距设计位置 0.5 m 时采用点动牵引法就位。

⑤转体到位后,应精确测量调整中线位置,并利用千斤顶调整梁体端部高程,调整就位后应及时浇筑转盘封盘混凝土。

2. 竖向转体

竖向转体施工,用于拱桥施工,它是在河岸或浅滩上将两个半跨的拱圈(肋)在桥轴竖平面内预制,然后通过竖平面绕拱脚旋转使拱圈(肋)合龙成拱。竖向转体施工法较拱架施工可节省投资和材料,但如果跨径过大,拱圈(肋)过长,则竖向转动不易控制,因此一般适宜中、小跨径拱桥施工。

3. 平竖结合转体

平竖结合转体是将平面转体施工和竖向转体施工结合的一种转体施工方法。

5.4 桥面工程桥面系及附属工程施工

5.4.1 桥面铺装层施工

桥面铺装层的作用是实现桥梁的整体化,使各片主梁共同受力,同时为行车提供平整舒适的道面。桥面防水层经验收合格后,即可进行桥面铺装层的施工,但在雨天或雨后桥面未干燥时,不能进行桥面铺装层的施工。铺装层应在纵向100 cm、横向40 cm范围内,逐渐降坡,与汇水槽、泄水口平顺相接。

1. 沥青混合料桥面铺装层施工

在水泥混凝土桥面上铺筑沥青铺装层:在水泥混凝土桥面上铺筑沥青铺装层前,应在桥面防水层上撒布一层沥青石屑保护层,或在防水黏结层上撒布一层石屑保护层,并采用"轻碾慢压"方式。沥青铺装宜采用双层式,底层宜采用高温稳定性较好的中粒式密级配热拌沥青混合料,表层应采用防滑面层。铺装后宜采用轮胎或钢筒式压路机进行碾压。

2. 水泥混凝土桥面铺装层施工

铺装层的厚度、配筋、混凝土强度等应符合设计要求。结构厚度误差不得超过-20 mm。铺装层的基面应粗糙、干净,并于铺装前湿润。桥面钢筋网应位置准确、连续。铺装层表面应做防滑处理。水泥混凝土施工工艺及钢纤维混凝土铺装的技术要求应符合国家现行标准的有关规定。

5.4.2 桥梁伸缩装置施工

桥梁伸缩装置是指为适应材料胀缩变形对结构的影响,而在桥梁结构的两端设置的间隙,其作用是使梁体自由伸缩、行车舒适。

1. 桥梁伸缩装置的选择

桥梁伸缩装置分为填充式伸缩装置、齿形钢板伸缩装置和橡胶伸缩装置三种类型,对其进行选择时,应使伸缩装置与设计伸缩量相匹配,具有足够的强度,能承受与设计标准相一致的荷载。城市桥梁伸缩装置应具有良好的防水、防噪声性能,安装、维护、保养、更换简便。

2. 桥梁伸缩装置的安装

桥梁伸缩装置的安装主要包括以下几个步骤。

(1)设备组装。根据设计图纸,将伸缩缝连接器和胶垫组装好,并存放备用。

(2)伸缩缝安装。按照设计要求,固定扣紧伸缩缝,并安装胶垫,确保胶垫的大小、厚度和位置符合规范。

(3)检查调试。将伸缩缝操作杆固定在桥墩上,并进行调整和检查,确保伸缩缝能够自由伸缩,同时避免对桥梁造成破坏。

(4)安装基础处理。根据实际情况,对伸缩装置安装位置的基础进行处理,确保基础牢固。

(5)安装金属结构。根据伸缩装置的类型,先安装对应的金属结构部件,并使用螺栓进行固定。

(6)安装伸缩结构。按照伸缩装置的设计要求,安装伸缩结构部件,并进行角度和尺寸的校验。

(7)焊接处理。在装配过程中,需要进行一些接头的焊接处理,提高整个伸缩装置的强度和稳定性。

(8)表面处理。最后,对整个伸缩装置进行表面处理,以确保它不会受到氧化和腐蚀等影响。

5.4.3 桥面排水设施及防水层施工

1. 桥面排水设施

桥面排水设施主要包括汇水槽、泄水口及泄水管。汇水槽、泄水口顶面高程应低于桥面铺装层10～15 mm。泄水管下端至少应伸出构筑物底面100～150 mm。泄水管应通过竖向管道直接引至地面或雨水管线,其竖向管道应采用抱箍、卡环、定位卡等预埋件固定在结构物上;下雨时,雨水在桥面必须能及时排出,否则将影响行车安全,也会对桥面铺装和梁体产生侵蚀作用,影响梁体耐久性。桥面防水层设在钢筋混凝土桥面板与铺装层之间,尤其在主梁受负弯矩作用处。

2. 桥面防水层施工

桥面防水层按设计要求设置,主要由垫层、防水层与保护层三部分组成。其中垫层多做成三角形,以形成桥面横向排水坡度。垫层不宜过厚或过薄,当厚度超过5 cm时,宜用小石子混凝土铺筑;厚度在5 cm以下时,可只用1:3或1:4水泥砂浆抹平,水泥砂浆的厚度不宜小于2 cm。垫层的表面不宜光滑。有的梁桥防水层可以利用桥面铺装来充当。

桥面应采用柔性防水,不宜单独铺设刚性防水层。桥面防水层使用的涂料、卷材、胶黏剂及辅助材料必须符合环保要求。桥面防水层的铺设应在现浇桥面结构混凝土或垫层混凝土达到设计要求强度,经验收合格后进行。桥面防水层应直接铺设在混凝土表面上,不得在二者间加铺砂浆找平层。

桥面防水层分为涂膜防水层和卷材防水层两种,防水涂膜和防水卷材均应具有高延伸率、高抗拉强度、良好的弹塑性、耐高温和低温与抗老化性能。防水卷材及防水涂料应符合国家现行标准和设计要求。涂膜防水层也称涂料防水层,是指在混凝土结构表面或垫层上涂刷防水涂料以形成防水层或附加防水层。防水涂料可使用沥青胶结材料或合成树脂、合成橡胶的乳液或溶液。基层处理剂干燥后,方可涂防水涂料,铺贴胎体增强材料。

涂膜防水层应与基层黏结牢固。涂膜防水层的胎体材料,应顺流水方向搭接,搭接宽度长边不得小于50 mm,短边不得小于70 mm,上下层胎体搭接缝应错开1/3幅宽。下层干燥后,方可进行上层施工。每一涂层应厚度均匀、表面平整。

5.4.4 防护设施及人行道施工

1. 防护设施施工

桥梁防护设施一般包括栏杆、护栏和防护网等。防护设施的施工应在桥梁上部结构混凝土的浇筑支架卸落后进行。其线形应流畅、平顺,伸缩缝必须全部贯通,并与主梁伸缩缝相对应。防护设施采用混凝土预制构件安装时,砂浆强度应符合设计要求。当设计无规定时,可采用M20水泥砂浆。预制混凝土栏杆采用榫槽连接时,安装就位后应用硬塞块固定,灌浆固结。塞块拆除时,灌浆材料强度不得低于设计强度的75%。采用金属栏杆时,焊接必须牢固,毛刺应打磨平整,并及时除锈防腐。防撞墩必须与桥面混凝土预埋件、预埋筋连接牢固,并应在施作桥面防水层前完成。护栏、防护网宜在桥面、人行道铺装完成后安装。

2. 人行道施工

人行道结构应在栏杆、地袱完成后施工,且在桥面铺装层施工前完成。人行道施工应符合国家现行标准的有关规定。人行道下铺设其他设施时,应在其他设施验收合格后,方可进行人行道铺装。悬臂式人行道构件必须在主梁横向连接或拱上建筑完成后方可安装。人行道板必须在人行道梁锚固后方可铺设。

5.5 ××高速公路项目标段桥梁工程施工技术方案

5.5.1 桥梁工程概述

1. 工程概况

××高速公路项目标段起于K69+880~K84+280,线路正线全长14.4 km。桥梁长1621.8 m(7座),重点桥梁有5座;涵洞长约2561.52延米(78道);天桥总长321延米(6座)。

2. 桥梁工程类型

本标段桥梁基础采用钻孔桩基础,共有五种直径类型,分别为ϕ1.2 m、ϕ1.5 m、ϕ1.6 m、ϕ1.8 m和ϕ2.0 m的钻孔桩。桥台采用肋板桥台;桥墩根据高度的不同分别采用直径不同的圆形实心墩。桥梁上部结构形式主要有跨度30 m的小箱梁和跨度40 m的T梁。涵洞主要采用盖板涵、盖板通道及圆管涵结构形式。

5.5.2 桥梁工程施工方案

1. 桥梁工程施工组织方案

本标段桥梁经过的河流水流速度较小,基础施工根据水深情况,浅水基础采用麻袋围堰施工或钢围堰施工,深水基础采用钢围堰或钢板桩围堰进行施工。桩基础采用旋挖钻机和冲击钻机进行施工。墩台采用大块定制钢模板施工。

桥梁上部结构,根据施工设计图纸,采用预制架设施工。

2. 桥梁基础施工方案

1)陆地上钻孔桩基础

陆地上钻孔灌注桩根据地质状况分别采用旋挖钻机钻孔,泥浆护壁法成孔,导管法灌注水下混凝土。钢筋笼分段制作,汽车吊安装,纵向接长采用套筒连接法施工。

2)水中钻孔桩基础

本标段水中桩基采用搭设钻孔灌注桩钢平台施工,并从岸边搭设钢栈桥作为施工通道,钢栈桥标准跨为12 m。

3. 墩台身施工方案

1)承台

陆地承台基坑采用挖掘机开挖,人工配合进行清土,地下水或渗水严重的设置纵、横向排水沟,确保基坑无积水。承台模板采用定制大块钢模板,混凝土拌合站集中拌制,电子计量,混凝土运输车运输到现场,混凝土泵送或溜槽入模,分层浇筑成型。

2)桥台

台身采用定制大块定型钢模板或新的竹胶板立模,整体浇筑混凝土施工,混凝土拌合站集中拌制,电子计量,混凝土运输车运输到现场,泵送混凝土入模,分层浇筑成型。

3)桥墩

墩身采用大块钢模板施工,一次性完成混凝土浇筑,混凝土拌合站集中拌制,电子计量,混凝土运输车运输到现场,泵送混凝土入模,分层浇筑成型。

4. 盖梁、支座垫石及挡块施工方案

1)盖梁及挡块

盖梁及挡块采用大块定制钢模板施工,一次性完成混凝土浇筑,混凝土拌合站集中拌制,电子计量,混凝土运输车运输到现场,泵送混凝土入模,分层浇筑成型。

2)支座垫石

支座垫石采用竹胶板安装施工,一次性完成混凝土浇筑,混凝土拌合站集中拌制,电子计量,混凝土运输车运输到现场,采用吊车配料斗吊运混凝土入模,一次浇筑成型。

5. 预制梁预制方案

(1)本标段共设梁场1个,预制梁共计426片,分别为25 m、30 m箱梁330片和40 m T梁96片。

(2)预制梁底腹板钢筋提前在钢筋绑扎台座上绑扎好,用2台小龙门吊先将预制梁底腹板钢筋吊至预制梁台座上,然后吊装内模,最后安装顶板钢筋。

(3)混凝土采用全自动搅拌设备拌制,混凝土运输车运送,小龙门吊配料斗吊运入模,按"底板→腹板→顶板"顺序,分层、连续浇筑成型,插入式和附着式振动器振捣。混凝土采用蒸汽养护(冬季)、喷淋养护(夏季),然后再自然养护。

(4)预制梁预应力钢绞线用砂轮切割机下料,人工配合卷扬机穿束。设计未规定时,混凝土强度达到设计值的85%以上方可进行预应力张拉;设计有规定时,达到设计值以上进行预应力张拉。预应力张拉按设计张拉顺序依次进行,两端同时对称张拉,随后进行管道压浆与封锚工作。然后用2台100 t龙门吊移至存梁区分类存放,存梁区的存梁能力按铺架进度要求设计,制梁顺序按预制梁架设顺序进行安排,做到边制边架,先制的先架,减少存梁。

6. 预制梁架设方案

预制梁移运和架设是施工的关键,科学合理地制订移运和架设方案可以保证预制梁预制的工期和质量。整孔预制梁混凝土强度达到设计要求及张拉压浆等工作完成后,即可进行预制梁移运和架设。

预制梁在场区内的移运采用2台100 t龙门吊吊移至轮胎式运梁车上运输至施工现场,再采用40 m架桥机架设。

5.5.3 桥梁施工方法、施工工艺

1. 基础开挖

基础开挖采用挖掘机等施工机械放坡开挖,人工配合,遇有岩石采用小型松

动爆破,距离基底 30 cm 人工清理或以风镐凿除。

2.钻孔桩基础施工

本标段钻孔桩基础施工将根据现场实际地质情况采用不同的成孔方法:当地质情况为黏土、砂土及卵砾石较小的地层时,采用旋挖钻机钻孔;当地质情况为岩层、卵砾石较大的地层时,采用冲击钻机钻孔。汽车吊机安装钢筋笼和导管,混凝土由混凝土拌合站集中拌制供应,混凝土运输车运输灌注水下混凝土。

1)施工工艺流程

钻孔桩施工工艺流程见图 5.25 和图 5.26。

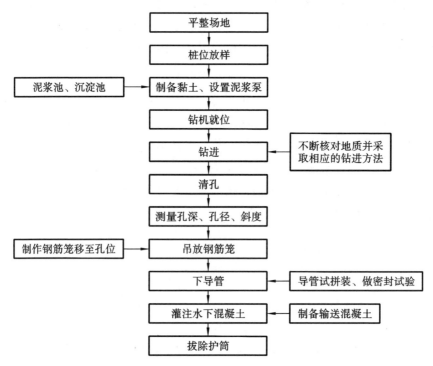

图 5.25　钻孔桩施工工艺流程图(旋挖钻)

2)施工准备

在"三通一平"的基础上,钻孔的准备工作主要有桩位测量及放样、制作和埋设护筒;泥浆备料调制、泥浆循环系统设置及准备钻孔机具等。

(1)场地准备。

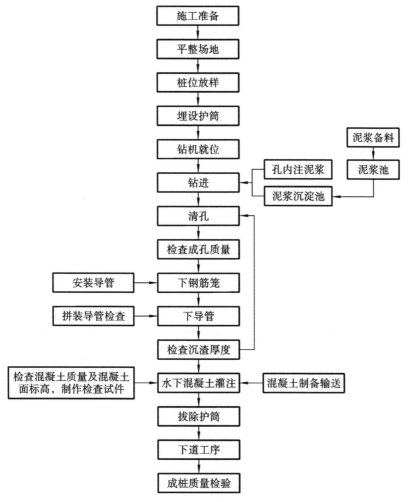

图5.26 钻孔桩施工工艺流程图(冲击钻)

钻孔场地的平面尺寸应按桩基设计的平面尺寸、钻机数量和钻机底座平面尺寸、钻机移位要求、施工方法以及其他配合施工机具设施布置等情况决定。

陆地桩基的施工场地均为旱地,施工期间地下水位在原地面以下。钻孔前将场地整平,清除杂物,更换软土。场地表面压实平整后横向铺设枕木,然后在枕木上铺设废旧钢轨或型钢,即构成钻机平台。场地的大小要能满足钻机的放置、吊机站位及混凝土搅拌车运输等协调工作的要求。

(2)埋设护筒。

护筒用10 mm的钢板制作,长200~250 cm,护筒顶要高出地面不小于30

cm,护筒内径大于钻孔直径20～40 cm,护筒顶面位置偏差不大于5 cm,倾斜度不大于1‰。

护筒内存储泥浆使其高出地面或施工水位至少0.5 m,防止钻孔过程中由于孔内压力小于孔外压力而导致坍孔。

(3)安装钻机。

旋挖钻机:立好钻架并调整和安设好起吊系统,将钻头吊起,徐徐放进护筒内。将钻机调平,安装钻盘,要求钻盘中心与钻架上的起吊滑轮在一铅垂线上,钻杆位置偏差不大于2 cm。

冲击钻机:钻机起落钢丝绳中心应对准桩中心。钻机定位后,底座必须平整、稳固,确保在钻进中不发生倾斜和位移,保证钻进中钻具的平稳及钻孔质量。

(4)泥浆的制备。

根据现场实际情况,本标段拟采用优质泥浆。各项指标如下:相对密度为1.03～1.1,黏度为18～22 s,含砂率小于2％,pH值为8～10、胶体率大于98％、失水率为14～20 mL/30 min。

成孔用的泥浆主要由膨润土(黏土)、水、增黏剂组成。钻孔施工中根据具体的钻孔方法和地质情况采用不同稠度泥浆悬浮钻渣进行护壁,因此开钻前必须准备数量充足的性能优良的膨润土、黏土和增黏剂(塑性指数大于25,小于0.005 mm的黏粒含量大于50％),以备成孔过程及清孔时造浆使用。

3)钻孔施工

(1)旋挖钻钻孔。

开始钻孔时,先采用正循环开孔,当钻孔深度达到5 m以上时,改用反循环钻孔,直至成孔。

当钻头接近护筒刃脚时,采用慢速钻进,以加强护筒刃脚下孔壁的护壁效果。

如护筒底土质松软发现漏浆时,可提起钻头,向孔内投放黏土,再放下钻头旋转,使胶泥挤入孔壁堵住漏浆空隙,待不再漏浆时,继续钻进。钻进过程中,保证钻孔垂直。

钻孔作业应连续进行,因故停钻时,必须将钻头提离孔底5 m以上以防止坍孔埋钻。

在钻进过程中,应注意地层变化,对不同的土层,采用不同的钻进速度。

遇地下水丰富容易坍孔的粉砂土,宜用低档慢速钻进,减少钻头对粉砂土的扰动,同时应加大泥浆比重和提高水头,以加强护壁防止塌孔。

钻孔时,必须采取减压钻进,这样可使钻杆保持竖直状态,使钻头竖直平稳旋转,避免或减少斜孔、弯孔和扩孔现象。

施工中每钻进 1~4 m 或地层变化处,应及时捞取钻渣样品,查明土类并记录,以便与设计资料核对。遇地质情况与设计发生较大差异,及时报请设计及监理单位研究处理措施后继续施工。

钻进过程中应经常测量孔深,并对照地质柱状图随时调整钻进技术参数。达到设计孔深后及时清孔提钻,清孔时以所换新鲜泥浆达到孔内泥浆含砂量逐渐减少至稳定不沉淀为度。

泥浆泵应有足够的流量,以免影响钻孔速度。每台钻机应配备两套泥浆泵轮换使用。

(2)冲击钻钻孔。

开钻时先在孔内灌注泥浆,泥浆相对密度等指标根据土层情况而定。如孔中有水,可直接投入黏土,用冲击锥以小冲程反复冲击造浆。一般细粒土层可采用浓泥浆、小冲程、高频率反复冲砸,使孔壁坚实不坍不漏。待钻进深度超过钻头全高加冲程后,方可进行正常冲击。在开孔阶段 4~5 m,为使钻渣挤入孔壁,减少掏渣次数,正常钻进后应及时掏渣,确保有效冲击孔底。

冲程应根据土层情况分别规定:一般在通过坚硬密实卵石层或基岩漂石之类的土层时采用大冲程;在通过松散砂、砾类土或卵石夹土层时采用中冲程,冲程过大,对孔底振动大,易引起坍孔;在通过高液限黏土、含砂低液限黏土时,采用中冲程;在易坍塌或流砂地段用小冲程,并应提高泥浆的黏度和相对密度。

在通过漂石或岩层时,如表面不平整,应先投入黏土、小片石、卵石,将表面垫平,再用钻头进行冲击钻进,防止发生斜孔、坍孔事故;如岩层强度不均,易发生偏孔,亦可采用上述方法回填重钻;必要时投入水泥护壁或加大护筒埋深。

在砂及卵石类土等松散层钻进时,可按 1:1 投入黏土和小片石(粒径不大于 15 cm),用冲击锥以小冲程反复冲击,使泥膏、片石挤入孔壁。必要时须重复回填反复冲击 2~3 次。若遇有流砂现象时,宜加大黏土、减小片石比例,力求孔壁坚实。

当通过含砂低液限黏土等黏质土层时,因土层本身可造浆,应降低输入的泥浆稠度,并采用 0.5 m 的小冲程,防止卡钻、埋钻。

要注意均匀地松放钢丝绳的长度。一般在松软土层每次可松绳 5~8 cm,在密实坚硬土层每次可松绳 3~5 cm,应注意防止松绳过少,形成"打空锤",使钻机、钻架及钢丝绳受到过大的意外荷载,遭受损坏。若松绳过多,则会减小冲程,降低钻进速度,严重时使钢丝绳纠缠发生事故。

为正确提升钻头的冲程,应在钢丝绳上做好长度标志。

钻孔施工中,一般在密实坚硬土层每小时"纯钻"(钻头在井底转动,破碎岩石、形成井眼的钻进)进尺 5~10 cm,松软地层每小时纯钻进尺 15~30 cm 时,应进行取渣。或每进尺 0.5~1.0 m 时取渣一次,每次取 4~5 筒,或取至泥浆内含渣显著减少,无粗颗粒,相对密度恢复正常为止。取渣后应及时向孔内添加泥浆或清水以维护水头高度,投放黏土自行造浆的,一次不可投入过多,以免黏锥、卡锥。

每钻进 1 m 掏渣时,均要检查并保存土层渣样,记录土层变化情况,遇地质情况与设计发生差异,及时报请设计及监理单位研究处理措施后继续施工。

在取渣后或因其他原因停钻后再次开钻,应由低冲程逐渐加大到正常冲程以免卡钻。

整个钻进过程中,应始终保持孔内水位高出地下水位(或施工水位)至少 0.5 m,并低于护筒顶面 0.3 m 以防溢出。

4)成孔检查

根据要求,成孔后采用钢筋探笼(探笼直线段长度按照规范要求选取)进行成孔质量检验。通过对试桩成孔质量的检测,检验施工工艺的科学性、合理性,为成孔质量验收提供科学依据,并确保静载试验结果的可靠性、准确性。

(1)孔径检测。

孔径检测是在桩孔成孔后,下放钢筋笼前进行的,根据设计桩径制作笼式检孔器并进行入孔检测,其外径等于钢筋笼直径加 100 mm,但不得大于钻孔的设计孔径,长度等于孔径的 3~4 倍(旋挖钻成孔)或 4~6 倍(冲击钻成孔)。检测时,将探孔器吊起,孔的中心与起吊钢绳保持一致,慢慢放入孔内,上下通畅无阻表明孔径符合要求。

(2)孔深和孔底沉渣检测。

孔深和孔底沉渣采用标准锤检测。测锤一般采用锥形锤,锤底直径为 13~15 cm,高为 20~22 cm,质量为 4~6 kg。测绳必须经检校过的钢尺进行校核。

5)第一次清孔

清孔处理的目的是使孔底沉渣厚度、泥浆液中的钻渣量和孔壁泥垢厚度符合规范和设计要求,为水下混凝土灌注创造良好的条件。当钻孔达到设计高程后,经对孔径、孔深、孔位、竖直度进行检查确认钻孔合格后,即可进行第一次清孔。

(1)抽浆法清孔:采用旋挖钻机钻孔时,可在终孔后停止进尺,一边利用钻机的反循坏系统的泥浆泵持续抽浆,把孔底泥浆、钻渣混合物排出孔外,一边向孔内补充经泥浆池净化后的泥浆,使孔底钻渣清除干净。

抽浆清孔比较彻底,适用于各种钻孔方法的摩擦桩、支承桩和嵌岩桩。但孔壁易坍塌的钻孔使用抽浆法清孔时,操作要注意,防止坍孔。

(2)使用冲击钻钻孔时,除用抽渣筒清孔外,也可采用换浆法清孔,直至孔内泥浆指标满足要求。

(3)清孔应达到以下标准:孔内排出的泥浆用手检查后确认无2~3 mm直径的颗粒,泥浆比重为1.03~1.1,含砂率小于2%,黏度为17~20 Pa·s。同时保证水下混凝土灌注前孔底沉渣厚度:柱桩小于5 cm、摩擦桩小于20 cm。严禁采用加大钻孔深度的方法代替清孔。

6)钢筋笼加工及吊放

(1)钢筋骨架制作:钢筋笼骨架在钢筋加工中心内分节制作。

采用滚焊机成型法:根据施工要求,钢筋笼的主筋通过人工穿过固定旋转盘相应模板圆孔至移动旋转盘的相应孔中进行固定,把盘筋端头先焊接在一根主筋上,然后通过固定旋转盘及移动旋转盘转动把箍筋缠绕在主筋上,同时进行焊接,从而形成产品钢筋笼。最后安装和固定声测管。

钢筋笼保护层的设置采用绑扎混凝土预制块,混凝土预制块为15 cm×20 cm×8 cm,靠孔壁的一面制成弧面,靠骨架的一面制成平面,并有十字槽。纵向为直槽,横向为曲槽,其曲率与箍筋的曲率相同,槽的宽度和深度以能容纳主筋和箍筋为度。在纵槽两旁对称地埋设两根备绑扎用的U形12号铁丝。垫块在钢筋笼上的布置以钻孔土层变化而定,在松软土层内垫块应布置较密。一般沿钻孔竖向每隔2 m设置一道,每道沿圆周对称地设置4块。

焊接钢筋"耳朵":钢筋"耳朵"用短钢筋(直径不小于10 mm)弯制而成,长度不小于55 cm,高度不小于8 cm,焊在骨架主筋外侧。沿钻孔竖向每隔2 m设置一道,每道沿圆周对称地设置4个"耳朵"。

(2)钢筋笼的存放、运输与现场吊装。

钢筋骨架临时存放的场地必须保证平整、干燥。存放时,每个加劲筋与地面接触处都垫上等高的木方,以免受潮或沾上泥土。钢筋笼的各节段要排好次序,挂上标志牌,便于使用时按顺序装车运出。

钢筋骨架在转运至桩位的过程中必须保证骨架不变形。采用汽车运输时要保证在每个加劲筋处设支承点,各支承点高度相等。

在安装钢筋笼时,采用两点起吊。钢筋笼直径大于1.2 m、长度大于6 m时,应采取措施对起吊点予以加强,以保证钢筋笼在起吊时不致变形。吊放钢筋笼入孔时应对准孔径,保持垂直、轻放、慢放入孔,入孔后应徐徐下放,不宜左右旋转,严禁摆动碰撞孔壁。若遇障碍应停止下放,查明原因进行处理。严禁"高提猛落"和强制下放。

第一节骨架放到最后一节加劲筋位置时,穿进工字钢,将钢筋骨架临时支承在孔口工字钢上,再起吊第二节骨架与第一节骨架连接,连接采用套筒连接。连接时上、下主筋位置对正,保持钢筋笼上下轴线一致:先连接一个方向的两根接头,然后稍提起,以使上下节钢筋笼在自重作用下垂直,再连接其他接头,接头位置必须按50%接头数量错开。连接好后,骨架吊高,抽出支承工字钢后,下放骨架。如此循环,使骨架下至设计标高。

钢筋笼最上端的定位,必须由测定的孔口标高来计算定位筋的长度,为防止钢筋笼掉笼或在灌注过程中浮笼,钢筋笼的定位采用螺纹钢筋悬挂在钢护筒上。钢筋笼中心与桩的设计中心位置对正,反复核对无误后再焊接定位于钢护筒上,完成钢筋笼的安装。钢筋笼定位后,在4 h内浇注混凝土,防止坍孔。

(3)声测管的布置及数量必须满足设计要求,与钢筋笼一起吊放。

声测管要求全封闭(下口封闭、上端加盖),管内无异物,水下混凝土施工时严禁漏浆进管内。声测管与钢筋笼一起分段连接(采用套管连接),连接处应光滑过渡,管口高出设计钢筋笼顶20 cm,各个声测管间距正确,高度保持一致。

7)第二次清孔

由于安放钢筋笼及导管时间较长,孔底产生新的沉渣,待安放钢筋笼及导管后,采用换浆法二次清孔,以达到置换沉渣的目的。施工中经常摆动导管,改变导管在孔底的位置,保证沉渣置换彻底。待孔底泥浆各项技术指标均达到设计要求,且复测孔底沉渣厚度达到要求后,清孔完成,立即进行水下混凝土灌注。

8)灌注水下混凝土

(1)采用垂直导管法进行水下混凝土的灌注。导管用内径250 mm的钢管,壁厚6 mm,每节长2.0~2.5 m,配1节0.5 m、1节1.0 m的短导管,由管端粗丝扣连接,接头处用双密封防水。导管使用前,应进行接长,进行拉力和水密试验。下导管时应防止碰撞钢筋笼,导管支撑架用型钢制作,支撑架支垫在钻孔平台上。混凝土灌注过程中用钻架吊放拆卸导管。

(2)水下混凝土施工采用混凝土运输车运输,到达孔位后直接放入导管顶部的漏斗内。混凝土进入漏斗时的坍落度控制在18~22 cm之间,并有良好的和易性。混凝土初凝时间应保证灌注工作在首批混凝土初凝以前的时间完成。

(3)水下灌注时的首批混凝土,其数量必须经过计算,使其有一定的冲击能量,能把泥浆从导管中排出,并保证导管下口埋入混凝土的深度为2~6 m。

(4)水下混凝土灌注应连续进行。在整个灌注过程中,导管埋入混凝土的深度一般控制在2~6 m以内,不得中途停止,否则,及时分析原因处理。

(5)灌注水下混凝土时,及时检测所灌注的混凝土面高度,以控制导管埋入深度和桩顶标高。

(6)在混凝土灌注过程中,要防止混凝土拌合物从漏斗溢出或从漏斗处掉入孔底,使泥浆内含有水泥而变稠凝固,致使测深不准。同时应设专人注意观察导管内混凝土下降和井孔水位上升,及时测量复核孔内混凝土面高度及导管埋入混凝土的深度,做好详细的混凝土灌注施工记录,正确指挥导管的提升和拆除。探测时必须仔细,同时以灌入的混凝土数量校对,防止错误。

(7)施工中导管提升时应保持轴线竖直和位置居中,逐步提升。如导管接头卡住钢筋骨架,可转动导管,使其脱开钢筋骨架后,移到钻孔中心。

3. 承台施工

承台施工工艺流程见图5.27。

采用机械开挖,人工清底。根据地质、水文情况,确定开挖坡度,必要时麻袋防护基坑边坡。开挖至承台底面标高后,凿除钻孔桩桩头,进行桩基无损检测,整修基坑底面,根据地质条件浇筑5~10 cm厚混凝土垫层。承台钢筋在钢筋加工中心加工,运输车运送至现场,现场绑扎,模板采用钢模板。承台混凝土一次浇筑完成。混凝土采用插入式振捣器振捣,采用土工布或薄膜覆盖洒水养护。

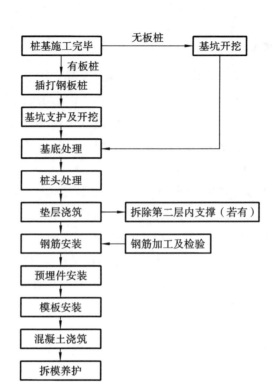

图 5.27 承台施工工艺流程图

4. 墩台身施工

1)桥梁墩台施工工艺流程

桥梁墩台施工工艺流程见图 5.28。

2)桥台施工

桥台采用搭设钢管脚手架与大块钢模施工,人工配合吊车安装模板。钢筋在钢筋加工中心制作,现场绑扎成型,混凝土一次连续灌注。混凝土由拌合站集中拌制,混凝土搅拌车运输,混凝土泵车泵送入模浇筑,插入式振动器振捣。

3)桥墩施工

普通低墩,一次浇筑混凝土。

模板拼装:桥墩身施工采用定制钢模。模板框架采用14#槽钢加固,加劲肋采用边长50 mm的等边角钢加固。严格控制加工质量,做到表面平整,尺寸偏差符合设计要求,具有足够的强度、刚度、稳定性,拆装方便。接缝采用企口缝,

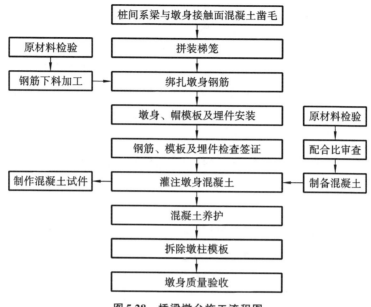

图 5.28　桥梁墩台施工流程图

确保严密不漏浆。

模板拼装前,先将表面用磨光机打磨平,清扫干净,涂刷优质长效脱模剂。模板安装好后,检查其位置、尺寸、高程符合要求后进行加固,保证模板在浇筑混凝土过程中受力后不变形、不移位。模板内干净无杂物,拼装平整严密。支架结构立面、平面均安装牢固,支架立柱在两个互相垂直的方向加以固定,支架支承部分安置在稳固地基上。

钢筋绑扎:钢筋笼在钢筋加工中心集中加工,现场套筒连接绑扎成形。钢筋骨架外侧绑扎同级混凝土垫块,满足钢筋保护层要求;钢筋接头所在截面按规范要求错开布置。经自检及监理工程师检验合格后,方可进行下道工序施工。

混凝土浇筑:浇筑前,对支架、模板、钢筋及预埋件进行检查。混凝土集中拌制,混凝土运输车运至现场,泵送入模板。混凝土水平分层浇筑,分层厚度不超过 30 cm,当落差大于 2 m 时采用串筒下料。串筒出口距混凝土表面 1.0 m 左右,插入式振动器振捣密实,振动器移动间距不超过其作用半径的 1.5 倍,与模板保持 5~10 cm 的间距,插入下层 5 cm 左右,防止碰撞模板、钢筋及预埋件。

混凝土浇筑过程中检查模板、支架等工作情况,出现变形、移位或沉陷,立即校正、加固,处理好后继续浇筑。随时检查预埋件是否移位,发现移位及时校正。墩台周围、顶部分别采用薄膜遮盖、覆盖,并洒水养护,当气温低于 5 ℃时,不洒水。

4) 墩(台)施工要点

承台施工时要采取可靠的固定措施保证承台中的墩身插筋固定牢固。

模板设计要有足够的刚度,面板统一采用优质冷轧钢板,选择具有相应施工资质及丰富施工经验的模板厂家加工制造,确保面板焊接拼缝严密平整,表面平整光滑。

在墩身施工时,要通过浇筑试验墩验证模板的工艺是否符合要求、混凝土的配合比及施工工艺是否满足要求、脱模剂的性能是否能够保证外观质量满足要求。

全桥墩身使用同厂家、同品种的水泥、粗细骨料、外加剂、脱模剂,对于一个单墩尽量使用同一批号的水泥。石子用净水二次冲洗,确保混凝土颜色一致。

混凝土全部采用全自动配料搅拌系统生产,泵送入模。

加强混凝土养护,防止产生表面裂纹。对已完混凝土进行包裹,后续工序施工模板严密,避免漏浆,使用清洁水进行养护,保护已完混凝土结构不受污染。

尽量避免在墩身上安设预埋件,如确实需要,要征得监理工程师同意并尽可能采用预留孔洞等措施以减小对混凝土外观的影响。

提前安排桥台施工,以便及早组织台背回填。选用碎石土填筑,每层松铺厚度不超过150 mm,压实质量满足规范要求。压路机不能到达的地方采用冲击夯夯实。

5. 盖梁、挡块及支座垫石施工

桥梁盖梁施工工艺流程如图5.29所示。

盖梁、挡块及支座垫石施工与桥墩施工方法基本一致。

5.5.4 桥面系及附属工程施工工艺

桥面系施工工艺流程:防撞护栏施工→桥头搭板施工→安装竖向泄水管→桥面铺装施工→伸缩缝安装。限于篇幅,接下来主要介绍防撞护栏施工和桥面铺装施工。

1. 防撞护栏施工

(1)模板制作采用组合定型钢模板,确保模板刚度;严格控制模板加工精度,

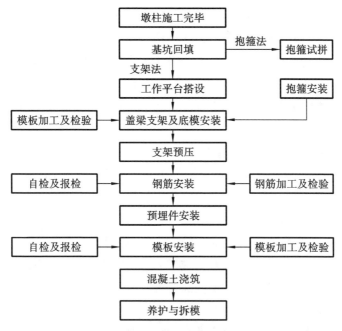

图 5.29 桥梁盖梁施工流程图

几何尺寸误差控制在 2 mm；禁止用生锈(尤其是有锈斑坑)的钢板；保证钢模板的各部尺寸绝对准确，且边缘顺直，钢板表面有良好的光洁度。其加固带间距视情况而定，主要是保证模板在使用过程和吊装过程中不变形。

(2)钢模板制作完成后，在正式使用前要对其进行组合调试，组合后对模板各线条进行调直，用砂轮机磨平调直，直顺度控制在 1 mm 之内，并且对模板接缝处进行精细处理，消除错台；检查无误后方可正常使用。

(3)钢模板在正式安装使用前应将表面浮锈清除干净，并用机油将模板表面涂抹均匀，涂油不宜过多(涂油过多，模板支好后往下流油，污染混凝土连接面)，以此保证混凝土表面光洁和混凝土不沾模板。

(4)放样全部采用全站仪，提高放样精确度。首先用全站仪放样中心线，依据中心线确定防撞护栏内外侧模板边线。为提高精度，加密放样点并确定底边线。

(5)绑扎焊接护栏钢筋，焊接时应注意钢筋顶面应保持水平，两侧应留有保护层厚度。

(6)在上述工作完成后，即可在构造物的对应位置安装模板。模板安装过程中，首先在护栏钢筋底端焊接横向钢筋，控制护栏宽度和防止护栏移动；在桥面施工中预埋螺丝并安装可调丝框,防止移动和调整直顺度;模板上部用对拉螺杆控制宽度,确保护栏模板在施工过程中不会移动。

(7)模板支设时,采用全站仪控制其直顺度及标高,确保其直顺度控制在1 mm之内,再用鱼线调整校核。安装完成后,再进行自检,主要是检查安装尺寸是否合适,各个固定点(拉杆、支杆等)是否牢固可靠。在混凝土浇筑过程中,发现变形要随时调整。

(8)根据试验室提供的混凝土配合比进行混凝土拌合,严格控制混凝土质量。混凝土用的原材料要求较严,砂子、小石子一定要过筛,要准确严格按配合比配料。混凝土分三层浇筑,第一层浇筑到护栏底部斜边下角变点,第二层浇筑到斜边上角变点,第三层浇筑到顶,由振捣人员控制三层混凝土的入模时间及方量。混凝土布料要均匀,严格控制振捣时间,每层混凝土振捣时间不小于1 min,不大于1.5 min。护栏混凝土浇筑完成后,顶面先用木抹子抹平,再用铁抹子抹平初压光,最后待混凝土初凝时用铁抹子再次压光。

(9)拆模时间根据气温和混凝土强度而定,用不污染混凝土的土工布(或其他覆盖物)覆盖洒水养护。对完成的防撞护栏混凝土进行全面检查,发现问题及时分析原因,及时纠正错误。

2. 桥面铺装施工

(1)铺装前梁板粗糙度处理。通常架梁之前,梁板经过拉毛或刷毛处理,若表面粗糙度不够,会影响上面混凝土铺装层的黏结力,所以架梁之后,我们使用小型铣刨机或气动凿毛机进行机械凿毛处理,去除梁板的浮浆,使其表面达到一定粗糙度,增加其黏结力。

梁板上的门筋疏密程度不一致,可根据门筋的间隙大小选择铣刨机或凿毛机的型号。门筋间隙小的可用铣刨机或凿毛机,门筋间隙大的可选用铣刨机,做到去除浮浆,露出粗糙表面,达到与混凝土再次结合的目的。

(2)桥面板清理。将铣刨或凿毛后的浮浆,用吹风机清理干净。吹风机可选用手持式、背负式或者手推式。根据使用者的习惯,如果铣刨后浮浆的颗粒很大,可采用发动机动力的手推式吹风机,因其风力大,清理的效果比较好,可将凿除的浮浆清理干净,必要时用水进行冲洗,以保证浇筑后的混凝土与梁体的整体一致性。

(3)放样及绑扎钢筋焊网。由测量人员对桥面板顶面高程进行复测,与桥面铺装高程进行比较,在保证铺装层厚度的基础上微调高程。高程确定后,测量人员依据桥梁中线对每片钢筋焊网的安装位置进行弹线放样,指导焊网安装人员施工。

根据焊网放样墨线进行钢筋焊网铺设,焊网搭接采用平接法,要求焊网在伸缩缝区间不间断,在伸缩缝处设置板端加强筋。焊网顺桥方向钢筋在上,横桥方向钢筋在下。两片焊网搭接接头位置应相互错开,横桥方向避免搭接通缝,若网片边界与桥形不符合,现场裁制网片,局部网片钢筋不足可用等强钢筋补充。钢筋网片表面不得有油迹及其他影响使用的缺陷,因取样产生的局部空缺必须由相应的焊网补上。对钢筋焊网区域架设钢筋马镫控制高程,在铺设完成后对控制高程进行复测,保证钢筋焊网高程准确且不出现塌陷现象。

(4)安装轨道。轨道安装采用槽钢做轨道,此种做法采用 $\phi 12\sim 14$ mm 钢筋作为支点,将其钻孔至梁板里,横向用钢筋焊接保证其高程,每组支点间距 50 cm 左右。采用 3.5 cm×5 cm 的槽钢作为轨道,如用桁架式辊轴摊铺机摊铺,将槽钢开口向上,以减小辊轴的压强。两轨道相接处点焊连接,同时将轨道与外侧钢筋支点点焊,保证轨道不变形。保证轨道直顺,网片上下侧模间隙封堵严密,不漏浆、不跑模。

(5)混凝土摊铺。钢筋网铺设和轨道安装完毕后,要严格按设计高程控制,且将轨道调整直顺无误,保证基面潮湿,保证混凝土铺装厚度符合设计规定。必须在横向连接板焊接工作完成后,再次将基面清洗干净,才可进行浇筑。

混凝土摊铺设备,旧工艺采用普通三轴式摊铺,因其设备的局限很难整幅摊铺。采用框架式整平机摊铺,虽然拼装灵活,提浆效果比较好,但因人工控制发动机油门,其激振频率较高,控制不好则会造成局部有过振现象。

全自动桁架式辊轴摊铺机,是在辊轴和框架式摊铺机基础上研发而成的,用于高速公路大桥的混凝土整幅铺装以及混凝土地面、路面的施工,使混凝土摊铺的振捣、提浆、整平效果更佳。全自动桁架式辊轴摊铺机的特点如下:

摊铺压实效果更好:采用桁架式结构,选用优质方管焊制,使设备整体坚固不变形,克服了以往整平机在过长的情况下变形的缺点,同时整机重量的增加提高了摊铺的压实度,使摊铺的效果更好。

振捣深度和提浆效果更好:摊铺机采用特种 $\phi 168$ 无缝钢管,坚固抗震,最前辊整体偏心,击打式振动实现自动修正偏差,产生高激振力,比普通三轴振捣深度和提浆效果更好。

(6)混凝土收面。混凝土摊铺整平以后,收面工作是极其重要的。以往采用人工和手扶抹光机收面,其效率低,面层的平整度差。驾驶型抹光机解决了以往工艺的不足。

（7）桥面养护及环境保护。混凝土抹面以后要及时养护，覆盖土工布或麻袋定时洒水，养护期必须保证湿润。铺装混凝土完成后的桥面，严禁人员在其表面踩踏，造成桥面铺装表层出现脚窝，要切实做好成品保护。

5.5.5 桥梁工程重点施工技术措施

1. 满足桥梁主要承重结构100年使用期的技术措施

混凝土按100年使用年限对耐久性进行控制检验。

在××高速公路项目标段桥梁工程的建设中，必须考虑结构使用环境的侵蚀特性，制定严格的混凝土耐久性施工组织设计，强化与耐久性有关的技术条款，确保混凝土结构使用寿命100年。

原材料按相关的技术质量要求由专人采购、专人管理，采购人员与施工人员对各种原材料有交接记录，做到可追溯性。入场时严格按要求进行检验和复检。堆放地点设明确标识，标识出材料名称、品种、生产厂家和生产日期，严防误用。

粗骨料分级采购、分级运输、分级堆放、分级计量，存放地地面全部硬化处理并有斜坡防止积水。粉状料采用散料仓分别储存。袋装材料采用专用库房存放。

预制梁预制：本项目预制梁采用预制梁场集中预制生产，按100年使用要求设计。从场地选址开始，到混凝土选定、拌合、浇筑、振捣、养护及模板安装、钢筋安装、预应力张拉等各个环节，都要求制定严密的质量控制措施。

施工单位明确质量控制要点；监理单位制订关键环节、重要部位的旁站监理计划，确保预制梁预制达到内实外美。

混凝土：提前做好配合比试验及施工工艺试验，严格原材料、外加剂的质量检验工作，确保质量指标符合高性能混凝土的相关标准。

2. 桩基施工技术措施

开工前进行定位复测，安设护桩，布设水准基点，施工期及时测量孔位和孔深，及时调整钻机位置。钻机平台稳定，整体性能好，无移动及晃动现象，护筒埋设稳固，孔口处用黏土夯实。钻孔过程中，做好进尺记录，并严格控制孔内泥浆，有专人负责检测。通过不同地层时要及时取样与设计核对，发现与设计不相符时，及时与监理单位和设计单位联系，进行变更设计，采取处理措施。孔桩水下混凝土灌注时有专人测量孔深和混凝土灌注深度,填写混凝土灌注记录,认真计算导管埋入混凝土深度,以便于及时拆除导管。钻孔桩使用冲击钻钻进施工时,不得影响邻近已灌注混凝土的质量,邻近孔桩已灌注混凝土抗压强度达到2.5 MPa以上方能钻进施工。

1)防止出现斜孔、扩孔、塌孔措施

(1)钻机底座牢固可靠,钻机不得产生水平位移和沉降。同时钻进的过程中每接长一根钻杆、钻进时间超过4 h和怀疑钻机有歪斜时均要进行基座检测调平。

(2)钻杆直径应大于ϕ150 mm。

(3)钻进过程中根据不同的地层控制钻压和钻进速度,尤其在变土层位置采用"低压慢钻"施工。

(4)钻孔的垂直度偏差控制在5‰之内,发现孔斜后及时进行修孔。

(5)选用优质泥浆护壁,加强泥浆指标的控制,使泥浆指标始终在容许范围内。控制钻进速度,使孔壁泥皮得以牢靠形成,以保持孔壁的稳定。

(6)在施工过程中,根据不同的地层情况,选择合理的钻进参数。同时注意观察孔内泥浆液面的变化情况,并适时往孔内补充新制备泥浆。

(7)由具有丰富施工经验的技术工人参与施工,强调预防为主的指导思想,避免塌孔事故的发生。

(8)一旦发现塌孔现象,应立即停钻。如果塌孔范围较小,可通过增大泥浆黏度及比重的办法稳定孔壁;如果塌孔较为严重,可对钻孔采用黏性土回填,待稳定一段时间后再重新钻进成孔。

2)防止桩孔缩径的措施

桩孔缩径现象可能出现在软塑状亚黏土地层中,在该地层施工时拟采取以下措施:

(1)使用与钻孔直径相匹配的钻头以气举反循环工艺钻进成孔,采用高黏度、低固相、不分散、低失水率的膨润土作为泥浆护壁。

(2)在软塑状亚黏土层采用小钻压、中等钻速钻进成孔,并控制进尺。

(3)根据钻孔的钻进参数、孔径检测情况,适当调整钻进参数,以期达到设计要求。

(4)当发现钻孔缩径时,可通过提高泥浆性能指标,降低泥浆的失水率,以稳定孔壁。同时在缩径孔段注意多次扫孔,以确保成孔直径。

3)防止掉钻措施

掉钻的主要原因是钻杆与钻杆或钻杆与钻头之间的连接承受不了扭矩或自重,使接头脱落、断裂或钻杆断裂。防止掉钻的措施有:加强接头连接质量检查,加强钻杆质量检查,对焊接部位进行超声波检测,每使用一次就全面仔细检查一次,避免有裂纹或质量不过关的钻具用于施工中,同时钻进施工时要中低压中低速钻进,严禁大钻压、高速钻进,减小扭矩。

如果不慎发生掉钻事故,根据以往施工经验,如果钻杆较长(在5 m以上,钻具倾斜),采用偏心钩打捞,速度快,成功率高;如果钻杆较短,采用特制的三翼滑块打捞器进行打捞,效率较高,成功率高。打捞要及时,不可耽搁,以免孔壁不牢,出现塌孔,故现场需配备偏心钩和三翼滑块打捞器,以防万一。

4)防止钻孔桩混凝土浇筑时出现堵管、断桩现象的措施

(1)堵管现象主要分为两种,一种是气堵,当混凝土满管下落时,导管内混凝土(或泥浆)面至导管口的空气被压缩,当导管外泥浆压力和混凝土压力处于平衡状态时就出现气堵现象。解决气堵现象的措施有:首批混凝土浇筑时,在泥浆面以上的导管中间开孔排气,当首批混凝土满管下落时,空气能从孔口排掉,就不会形成堵管。首批过后正常浇筑时,应将丝扣连接的小料斗换成外径小于导管内径的插入式轻型小料斗,使混凝土小于满管下落,不至于形成气堵。另外一种堵管现象为物堵,混凝土施工性能不好,石子较多,或混凝土原材料内有杂物等,在混凝土垂直下落时,石子或杂物在导管内形成拱塞,导致堵管。物堵现象的控制措施为:要求混凝土有较好的流动性、不离析性能和丰富的胶凝材料,同时加强现场物资管理,使混凝土原材料中不含有任何杂物,并在浇筑现场层层把关,确保混凝土浇筑顺利。

(2)断桩主要是导管埋置深度不够,导管拔出了混凝土面(或导管拔断),形成了泥浆隔层。防止措施为:对导管埋深进行记录,同时用搅拌站浇筑方量校核测深锤测得的混凝土面标高,始终保持导管埋深在2~6 m,同时对导管要每根桩进行试压,并舍弃使用时间长或壁厚较薄的导管,确保导管有一定的强度。

(3)确保搅拌站的生产能力,采用2套混凝土搅拌设备生产混凝土,一套备用,同时备好发电机,确保钻孔桩混凝土浇筑连续也是保证不发生断桩的必要条件。

3.基础施工技术措施

(1)施工前应对施工方案、技术措施和保证工程质量、施工安全等认真进行研究和深入细致地讨论,做到有计划、有步骤地完成施工。

(2)根据实际情况合理选择配备施工所需机械设备,确定其参数,提前做好准备。

(3)基坑顶有动载时,坑顶缘与动载间应留有大于1m的护道,如地质、水文条件不良,或动载过大,应进行基坑开挖边坡验算,根据验算结果确定采用增宽护道或其他加固措施。

(4)基底应避免超挖,松动部分应清除。使用机械开挖时,不得破坏基底土的结构,可在设计高程以上保留一定厚度由人工开挖。

(5)合理安排工期,基坑选在枯水或少雨季节开挖。基坑开挖不宜间断,达到设计高程经检验合格后,应立即进行基础施工。如基底暴露过久,则应重新检验。

(6)开挖基坑遇有较大渗水时,可采取以下措施:每层开挖深度不大于0.5 m,汇水坑应设于基坑中心。开挖进入含水层时,宜扩挖40 cm,以石料码砌扩挖部位,并在表面喷射一层5~8 cm厚的混凝土或采用其他措施进行处理。

4.保证桥梁质量所采取的必要工程技术与工艺措施

1)钻孔灌注桩

成桩后,对每根桩的桩身质量和桩底的沉渣厚度进行检测,并进行后压浆处理,以提高单桩承载力,控制桩的沉降。桩的检测按照设计要求执行,一般采用超声波检测和钻孔取芯法进行桩的质量检测。

2)承台

本项目承台均采取一次性浇筑,混凝土浇筑采用分层连续浇筑,每层厚度控制在30 cm左右,自由下落高度不大于2 m,浇筑时视情况设置溜槽或串筒。

3)墩台

模板安装采取"防、堵"技术,保证模板接缝严密、不漏浆。整体吊装时,其高度依据吊装能力并结合墩台分段高度而定,并有足够的整体性及刚度。墩台混凝土采用脚手架灌注时,脚手架、人行道与模板、支架相联结,支撑支于可靠的地基上。

灌注混凝土时,经常检查模板、钢筋及预埋件的位置和保护层的尺寸,保持模板稳定不变形。墩台混凝土的灌注,在整个截面内进行,墩台身混凝土未达到终凝前,不泡水。施工中确保支座垫石钢筋网位置正确。

墩台顶帽施工前后均复测其跨度及支座垫石标高,垫石顶面要求平整,高程符合设计要求。墩台施工完毕后,对全桥进行中线、水平及跨度贯通测量,并用墨线画出各墩台的中心线、支座十字线、梁端线以及锚栓孔的位置。锥体护坡护面在填方基本稳定后施工,坡面须挂线,砌面要平顺,砌石时不边砌石边补土。

4)盖梁

模板采用分块吊装,螺栓紧固,保证模板具有足够的整体性及刚度。盖梁混凝土采用搭设作业平台浇筑,作业平台与模板、支架相联结,用于上下工人的爬梯支撑于可靠的地基上。

盖梁混凝土应一次浇筑完成,盖梁混凝土未达到终凝前,不泡水。盖梁混凝土施工中确保支座垫石钢筋网位置正确。

盖梁施工完成后复测其跨度及支座垫石标高。盖梁施工完毕后,对全桥进行中线、水平及跨度贯通测量,并用墨线画出各墩台的中心线、支座十字线、梁端线。

5)后张法预应力混凝土预制梁

原材料应有供应商提供的出厂检验合格证书,并按有关检验项目、批次规定,严格实施进场检验,不合格的材料不准进场。

水泥采用强度等级不低于52.5级的普通硅酸盐水泥,禁止使用其他品种水泥,如使用其他水泥,需重新进行配合比试验,经有关单位批准后使用。

选用小尺寸不可渗透的粗骨料。粒径为5~20 mm,最大粒径不应超过25 mm,且不超过设计混凝土保护层厚度的2/3和钢筋最小间距的3/4,并分两级[5~10 mm和10~20(25)mm]储存、运输、计量。使用时粒径5~10 mm碎石与粒径10~20(25)mm碎石质量之比为(40±5)%:(60±5)%。

严格控制粗、细骨料的含泥量。其中细骨料采用硬质洁净的中粗砂,含泥量不大于1.5%。粗骨料为坚硬耐久的碎石,含泥量不大于0.5%。

加强振捣,特别是在预制梁预制施工过程中,采用插入式振动棒为主,附着式振动器相结合进行振捣,"不漏振、不过振",防止混凝土在施工过程中产生空洞、蜂窝麻面,保证混凝土密实。

加强混凝土养护,避免混凝土产生温度裂纹及干缩裂纹。

喷淋、自然养护时,预制梁表面应采用土工布或麻袋覆盖,并在其上覆盖塑料薄膜,洒水养护,保证混凝土表面潮湿。预制梁养护不应少于7d。

严格保证保护层厚度及完好性,采用满足强度要求的塑料或水泥砂浆垫块来保证混凝土保护层厚度。

模板应具有足够的强度、刚度及稳定性,确保梁体各部位结构尺寸正确,且多次使用不变形。

模板安装吊运过程中,严禁模与模、模与混凝土及其他物体碰撞,确保模板不变形,如有变形或损坏,必须进行检修、调校合格后,方能投入使用。

为了保证钢筋绑扎精度、加快进度,梁体钢筋分底腹板、顶板,底腹板钢筋骨架在胎模架上进行绑扎,顶板钢筋在预制梁台座上绑扎完成。

钢筋骨架绑扎完毕后,用两台小龙门吊通过专用吊具进行吊装。在起吊钢筋骨架时需用加强钢筋加固骨架,保证骨架刚度以及保证骨架吊装以后的尺寸和质量,确保钢筋骨架不变形。

后张法预应力混凝土预施应力应一次张拉完成。张拉时,预制梁的混凝土强度、弹性模量(或龄期)应符合设计规定,设计未规定时,混凝土强度应不低于设计值强度等级的85%,方可进行预应力张拉。张拉时严格按设计张拉顺序进行。

后张法预制梁终张拉完毕后应尽早压浆,在48h内进行,压浆前应清除管道内杂物及积水。

压浆用水泥应为强度等级不低于52.5级普通硅酸盐水泥,掺入的粉煤灰应符合相关规范的规定;水胶比在0.26~0.28之间,且不得泌水,初始流动度应为10~17s,30min流动度10~20s,抗压强度不小于设计强度;压入管道的水泥浆应饱满密实,体积收缩率应小于2%。

水泥浆掺入高效减水剂、阻锈剂,严禁掺入氯化物或其他对预应力筋有腐蚀作用的外加剂。

为保证压浆饱满,预应力管道压浆采用真空辅助压浆工艺。

浇筑梁体封端混凝土之前,应先将承压板表面的黏浆和锚环外面上部的灰浆铲除干净,对锚圈与锚垫板之间的交接缝进行处理,同时检查确认无漏压的管道后,才允许浇筑封端混凝土。为保证混凝土接缝处接合良好,应将原混凝土表面凿毛,并焊上钢筋网片。封端采用与梁体混凝土标号相同的混凝土进行浇筑。

预制梁在制梁场内移运存放、起落均采用专用吊梁工具,起落时龙门吊应同时匀速上升和降落,避免因单端受力造成梁底破损。预制梁移动过程中严禁碰撞。预制梁存放时应进行四点有效支撑,双层存梁时应进行上下层梁的有效连接,增加其稳定性,保证预制梁不倾覆。

第6章 隧道工程设计

6.1 隧道勘察

地质条件对隧道工程的规划、设计、施工、运营影响较大,在工程实践中需要采用多种手段,充分做好各阶段的工程地质勘查工作,查明隧道工程的工程地质和水文地质条件等信息,并进行分析和评价,避免设计工作中的盲目性,节约投资并减少施工和运营的事故。

6.1.1 隧道勘察概述

1. 勘察基本要求

隧道勘察首先应进行大致的、大范围的以全貌为对象的调查,以此整理出调查所判明的事项等,提出勘察的重点,在先前已获得成果的基础上,用以后进行的勘察成果不断地加以评价、修正,使之满足设计、施工需要。

隧道设计和施工阶段勘察的基本要求见表6.1。

表6.1 隧道设计和施工阶段勘察的基本要求

阶段	时期	目的	内容	范围
初测	从研究比较线路到决定隧道线路	获取可行性研究选线所需的地形、地质及其他环境条件的资料,并为下一阶段调查提供基础资料;为判断隧道工程能否采用掘进机法施工提供必要的依据	地形、地质、环境、障碍物调查,大件设备运输条件调查等	包括比较线路在内的范围

续表

阶段	时期	目的	内容	范围
定测	从决定隧道线路后到施工前	获取初步设计、施工计划、概算等所需资料;为掘进机选型提供地质参数	地形、地质、环境、障碍物的详细调查,包括各项措施、施工设备、弃渣场等具体内容	与隧道有关的地点及周围地区
施工中调查	施工期内	预测和确认施工中产生的问题,变更设计、施工管理等	地形、地质、环境等调查,洞内测量、开挖工作面观察,预计施工影响并制定措施等	隧道内及受施工影响的范围

2. 勘察方法

隧道勘察以查明隧道工程地质和水文地质条件为目标,勘察方法主要有遥感图像地质解译、工程地质调绘、工程勘探、地质测试等工程地质勘查方法,以及物探、钻探等综合勘探技术。

1)工程地质勘查方法

(1)遥感图像地质解译。遥感图像地质解译是通过多种手段和方法,对遥感图像地质信息进行识别、分析、判断,以识别地区或场地地质条件的过程。利用遥感图像信息丰富的特点,从遥感图像上判释、解译出沿线区域的地层、岩性、地质构造、不良地质等主要工程地质条件,形成遥感工程地质判释成果,指导地面地质调绘。

(2)工程地质调绘。工程地质调绘是指采用收集资料、遥感解译、地质调查访问等手段,对地貌形态、地层岩性及其工程特征、地质构造、水文地质情况、不良地质现象、特殊岩土等工程地质要素进行调查、测绘,以分析地质现象,确定勘探方法,认识、评价场地工程地质条件的基本工作方法。工程地质调绘是最基本、全局性的工作,是对各种地质信息进行综合分析的纽带和基础,贯穿于整个勘察阶段的全过程。

(3)工程勘探。工程勘探是指通过人工、机械或仪器来揭示地层层序、岩土工程特征,认识地表以下地层的手段,包括物探、简易勘探和钻探。物探具有方法多、勘探深度大、易于大面积施测的特点,合理应用物探能提高地质勘探宏观控制水平,减少钻孔布置的盲目性,为工程设计直接提供所需的各种地质参数。钻探是最直观、最可靠的方法之一,用于查明基础地质条件,验证地质调绘以及其他勘探手段的推断与解释;进行水文地质试验,获得土工试样;进行物探测井,取得工程地质、水文地质参数。

(4) 地质测试。地质测试是为工程设计或施工检验提供地质参数,进行岩、土、水样的室内试验以及在地层原始状态下测试物理力学性质和水文地质条件的手段的统称。原位测试是一种在现场对地基岩土直接进行多种参数测定的综合方法,优点是在工程场地进行测试,无须采样,试样体积比室内试验样品大,能反映宏观结构对岩土体性质的影响,其缺点是难于控制测试中的边界条件。土工试验是通过野外取样,并按工程设计和施工需要的化学、物理力学等指标对试样进行试验,是钻探、原位测试、物探和取得试验参数的主要依据。

2) 综合勘探技术

综合勘探是在研究、分析区域地质条件的基础上,采用遥感图像地质解译、调绘、物探、钻探、原位测试、室内试验等多种工程地质勘查手段进行勘察的方法。其目的是使取得的地质资料互相验证、取长补短,综合分析,以最小的勘探工作量达到最佳勘察效果。目前隧道工程通常采用综合勘探技术开展相应的勘察工作。

3. 勘察内容

隧道勘察应根据不同阶段任务、目的和要求,针对隧道工程的特点,开展调查、测绘、勘探和试验等工作,并编制勘察报告,做到搜集资料齐全、准确,满足设计要求。一般来说,隧道勘察包括隧道工程外部环境条件调查、隧道工程地质调绘、隧道工程勘探和地质测试、隧道施工阶段地质勘查。

1) 隧道工程外部环境条件调查

隧道工程外部环境条件调查主要包括表6.2中所列的内容。

表6.2 隧道工程外部环境条件调查主要内容

序号	项目	内容
1	自然条件调查	以地形地貌特征为主,包括自然地理的概况,如山脉、水系、地形的陡缓高程、地表植被、建筑物分布、与地质结构有关的地形地貌特征等

续表

序号	项目	内容
2	施工环境调查	主要包括周围建筑物及人居状态,用以评估隧道施工对周围居民生产生活可能产生的影响及应采取的措施
3	环境保护调查	主要包括隧址区自然、生态、农林资源、水源等保护区的分布、范围、保护等级等,并确定相应的环境保护措施
4	气象调查	主要包括气温、气压、风、湿度、降雨量、洪水、晴雨情况、降雪量、积雪和雪融期以及地层冻结深度
5	施工条件调查	主要包括建筑材料及水、电供应情况,交通条件、施工场地及弃渣条件,也包括生活供应、医药卫生条件、开挖洞口的用地和建筑物拆迁等

2)隧道工程地质调绘

隧道工程地质调绘主要包括表 6.3 中所列的内容。

表 6.3 隧道工程地质调绘主要内容

序号	项目	内容
1	工程地质条件	地层、岩性及地质构造特征,重点查明地层岩性分布,地质构造性质、类型、规模,断层、节理、软弱结构面特征及其与隧道的组合关系,以及围岩的基本物理力学性质等
2	水文地质条件	地表水水系和井泉分布;地下水类型及地下水位,含水层的分布范围及相应的渗透系数、水量、水压、水温和补给关系,水质及其对混凝土的侵蚀性,有无异常涌水、突水等;濒临水库地区的隧道位于水库规划水位以下时,评价其与水库的水力联系
3	不良地质条件	影响隧道洞口安全或洞身稳定的崩塌、错落、岩堆、滑坡、岩溶、人为坑洞、泥石流、雪崩、冰川等不良地质现象和偏压等地质问题,分析其类型和规模及发生原因、发展趋势,判明对隧道影响的程度
4	特殊岩土	隧址区特殊岩土成因、范围及岩土力学特性对隧道的影响程度,评价隧道可能发生的地质灾害,特别是对洞口及边仰坡的影响,提出工程措施意见
5	有害气体等	有害气体、矿体及具有放射性危害的地层,确定分布范围、成分和含量
6	地应力水平	重点查明高地应力可能引起的大变形、岩爆分布范围及影响程度

续表

序号	项目	内容
7	地震动参数	通过地震动峰值加速度 0.1 g 及以上的地区时,应调查历史地震对既有建筑物的毁损情况、自然破坏现象等,结合岩性、构造、水文地质等条件,确定地震动参数,分析评价其对隧道洞身稳定性和洞口斜坡稳定性的影响

3) 隧道工程勘探和地质测试

隧道工程地质勘探和地质测试应符合以下规定:

(1) 钻孔位置和数量应视地质复杂程度而定。洞门附近覆土较厚时,应布置勘探孔;地质复杂,长度大于 1000 m 的隧道,洞身应按不同地貌及地质单元,合理布置勘探孔查明地质条件;主要的地质界线,重要的不良地质、特殊岩土地段等处应有钻孔控制;洞身地段的钻孔位置宜布置在隧道中线外 8~10 m。

(2) 钻探深度应至隧底以下 3~5 m;遇溶洞、暗河及其他不良地质时,应适当加深至溶洞、暗河底及不良地质体以下 5 m。

(3) 埋深小于 100 m 的较浅隧道或洞身段沟谷较发育的隧道,勘探点间距不宜大于 500 m;埋深较大隧道勘探点的布置应根据地质调查及物探成果专门研究确定。

(4) 区域性断层和重大物探异常点应布设控制性勘探点。

(5) 钻探中应做好水位观测和记录,探明含水层的位置和厚度,并取样做水质分析。水文地质条件复杂的隧道,应做水文地质试验,测定岩土的渗透性,计算涌水量,必要时应进行地下水动态观测,并测定地下水的流向、流速。

(6) 取代表性岩土试样进行物理力学性质试验。

(7) 对有害矿体和气体,应取样进行定性、定量分析。

4) 隧道施工阶段地质勘查

隧道施工阶段地质勘查宜采用开挖面地质素描、物探、超前钻孔、孔内摄像、导坑等综合超前地质预报方法,主要完成以下任务:

(1) 核定围岩的岩性、结构、构造、地下水及围岩级别等情况,为验证或修改设计提供依据。

(2) 及时预测和解决施工中遇到的工程地质及水文地质问题。

(3) 开挖揭示地质条件与设计图差别较大时,应进行必要的洞内外补勘工作。

6.1.2　隧道超前地质预报

隧道施工地质超前预报是一项系统性工作,目前已经被纳入隧道施工工序。

1. 隧道超前地质预报概述

隧道超前地质预报,是指利用钻探和现代物探等手段,探测隧道等地下工程的岩土体开挖面前方地质情况,以在施工前掌握前方岩土体结构、性质,地下水及瓦斯等的赋存情况,地应力等信息,为进一步施工提供指导,以避免施工及运营过程中发生涌水、瓦斯突出、岩爆、大变形等地质灾害,从而保证施工安全和顺利进行。

1)隧道超前地质预报的目的

隧道超前地质预报应达到以下目的:

(1)进一步查清隧道工作面前方工程地质和水文地质条件,指导工程施工顺利进行。

(2)降低地质灾害发生的概率和危害程度。

(3)为优化工程设计提供依据。

(4)为编制竣工文件提供基础资料。

2)隧道超前地质预报的内容

隧道超前地质预报主要包括表6.4中的内容。

表6.4　隧道超前地质预报的主要内容

序号	项目	重点
1	地层岩性预报	软弱夹层、破碎地层、煤层及特殊岩土
2	地质构造预测预报	断层、节理密集带、褶皱轴等影响岩体完整性的构造发育情况
3	不良地质预测预报	岩溶、人为坑洞、瓦斯等发育情况
4	地下水预测预报	岩溶管道水及富水断层、富水褶皱轴、富水地层中的裂隙水等发育情况

3)隧道超前地质预报长度划分

按预报长度,隧道超前地质预报可以分为表6.5中的3种类型。

表6.5　隧道超前地质预报长度划分及预报方法选择

序号	类型	预报长度	可选预报方法
1	长距离预报	100 m以上	地质调查法、地震波反射法及100 m以上的超前钻探等
2	中距离预报	30～100 m	地质调查法、弹性波反射法及30～100 m的超前钻探等
3	短距离预报	30 m以内	地质调查法、电磁波反射法(地质雷达探测)及小于30 m的超前钻探等

2. 隧道超前地质预报方法

隧道超前地质预报可以采用地质调查法、超前钻探法、物探法和超前导坑预报法。

1)地质调查法

地质调查法是根据隧道已有勘察资料、地表补充地质调查资料和隧道内地质素描,通过地层层序对比、地层分界线及构造线地下和地表相关性分析、断层要素与隧道几何参数的相关性分析、邻近隧道内不良地质体的可能前兆分析等,利用常规地质理论、地质作图和趋势分析等,推测开挖工作面前方可能揭示的地质情况的一种超前地质预报方法。

地质调查法是隧道超前地质预报中最早使用的方法,具有不占用开挖工作面施工时间、不干扰施工,设备简单、操作方便,提交资料及时,可随时掌握隧道开挖工作面的地层、岩性、地质构造、地下水等地质条件的变化等优点。这种方法在隧道埋深较浅、构造不太复杂的情况下有很高的准确性。

地质调查法包括隧道地表补充地质调查和隧道内地质素描:

(1)隧道地表补充地质调查是在研究区域地质及已有勘察资料的基础上,对隧道所处区域的地质条件进行的进一步调查与核实,贯穿于整个施工期间。当施工中遇到重大地质异常时,为了进行地下与地面对照,也需要进行地表补充地质调查。

(2)隧道内地质素描是将隧道所揭露的地层岩性、地质构造、结构面产状、地下水出露点位置及出水状态和出水量、煤层、溶洞等准确记录下来并绘制成图表,包括开挖面地质素描和洞身地质素描。

2) 超前钻探法

超前钻探是在隧道开挖面或其侧洞沿开挖前进方向施做超前地质钻孔,以探明开挖工作面前方地质条件。超前钻探包括超前地质钻探和加深炮孔探测两种方法:超前地质钻探是利用钻机在隧道开挖工作面进行钻探获取地质信息的一种超前地质预报方法;加深炮孔探测是利用风钻或凿岩台车等在隧道内开挖工作面钻小孔径浅孔获取地质信息的一种方法。

(1)超前地质钻探适用于各种地质条件下的隧道超前地质预报,富水软弱断层破碎带、富水岩溶发育区、煤层瓦斯发育区、重大物探异常区等地质条件复杂地段必须采用。该方法能比较直观地探明钻孔所经过部位的地层岩性、岩体完整程度、岩溶及地下水发育情况等,必要时应测试水压、取样、进行室内试验,且对煤系地层可进行孔内煤与瓦斯参数测定。与物探方法相比,它具有直观性、客观性,不存在物探手段经常发生的多解性、不确定性。超前钻探虽直观,但也有费用高、速度慢、占用隧道施工时间长的缺点,并有"一孔之见"的不足,对断层等面状构造一般不会漏报,但是对溶洞有漏报的可能。

(2)加深炮孔探测适用于各种地质条件下隧道的地质超前探测,尤其适用于岩溶发育地区。该方法是超前地质钻探的一种重要补充,因其数量多,在岩溶发育区大大增加揭示溶洞的概率,效果非常明显。与超前地质钻探相比,加深炮孔探测具有设备移动灵活、操作方便、费用低、占用隧道施工时间短的特点,可与爆破孔同时施作,但是也存在钻孔浅,且不能取岩芯的缺点。

3) 物探法

物理勘探(简称物探)是利用物理学的原理、方法和专门的仪器,观测并综合分析天然或人工地球物理场的分布特性,探测地质体或地质构造形态的勘探方法。目前常用的物探技术原理主要包括声波法、电测法、电磁波反射法、地震波反射法和红外探测法等。

采用物探技术进行超前地质预报的优点是快速、超前探测距离大、对施工干扰相对小、可以多种技术组合应用。但是物探法的应用受环境及经验的影响,准确解译物探资料具有一定的技术难度,实际中应进一步结合地质理论和其他探测资料,提高物探成果解译水平。

4) 超前导坑预报法

超前导坑预报法是以超前导坑中揭示的地质情况,通过地质理论和作图法预报正洞地质条件的方法。超前导坑法可以分为平行超前导坑法和正洞超前导坑法。平行超前导坑法是在隧道正洞左边或右边一定距离开挖一个平行的断面较小的导坑,以导坑中的地质情况通过地质理论和作图法预报正洞地质条件的方法;正洞超前导坑法是在隧道正洞某个部位开挖一个断面较小的导坑以探明地质情况的方法。线间距较小的两座隧道可互为平行导坑,以先行开挖的隧道预报后开挖的隧道地质条件。

超前导坑预报法适用于各种地质情况,但因为费用高、工期长,通常只在隧道长、埋深大、地质条件复杂且设计有超前导坑(施工期间增加工作面加快施工速度、施工和运营期间作为通风及防灾救援通道等)的环境下使用。为探测前方地质条件而专门进行超前探洞施工的情况在实际工程中很少见。

3. 综合超前地质预报方法

要推动隧道超前地质预报水平,提高预报准确度,就必须将地质调查方法与多种物探方法有机结合起来,对地质物探资料进行系统处理和综合分析。

1) 综合超前地质预报原则

目前已开始注重采用综合分析方法对隧道开展超前地质预报工作,所遵循的原则为"以地质分析为核心,综合物探与地质分析结合,洞内外结合,长短预测结合,物性参数互补":

(1)"以地质分析为核心"是指以地面和开挖面地质调查为主要手段(必要时开展超前钻孔),并将地质分析作为超前预报的核心,贯穿于整个预报工作的始终。

(2)"综合物探与地质分析结合"是指在开展TSP(tunnel seismic prediction,地震波反射法)、地质雷达、瞬变电磁法等综合物探工作的同时,必须将物探解译与地质分析紧密结合。

(3)"洞内外结合"是指洞内、洞外预报相结合,并以洞内预报为主,如地面地质调查是洞外预报,开挖面素描、超前钻探和各种物探方法是洞内预报。

(4)"长短预测结合"是指在长距离预报的指导下,进行短距离精确预报,如地面地质调查和TSP是长距离预报,开挖面素描、地质雷达、超前钻探等是短距离预报。

(5)"物性参数互补"是指选取的物探预报方法其预报物性参数应相互补充配合。TSP、地质雷达、瞬变电磁法、BEAM(bore-tunneling electrical ahead monitoring,聚焦电流法)等物探方法不一定同时同等使用,应在地质分析的基础上,考虑"长短预测结合"等综合预报原则和物探方法适宜性,选取适宜的方法进行预报。

2)综合超前地质预报工作路线

在上述综合预报原则的指导下,建立隧道综合超前地质预报工作路线。首先对隧址区勘察设计资料进行详细研究,利用地面地质调查等方法,确定断层和其他不良地质体与隧道轴线交点的大概位置,估测岩层、断层和其他重要地质界面的产状,预测地下水富存段。

在此基础上,根据宏观地质分析预测成果和开挖面地质调查,结合各种物探方法的适宜性,有针对性地选择一种或者几种物性参数互补的物探方法进行超前探测与预报解译,了解开挖面前方一定距离的详细地质特征信息。通过上述地质分析和物探预报解译,对开挖面前方的基本地质条件,包括断层、岩体破碎情况、溶洞、地下水情况、岩体软硬程度等,进行综合分析预报,判断是否存在不良地质体和施工地质灾害,并采取相应的措施指导施工。

6.1.3 隧道围岩分级

隧道围岩分级旨在评定围岩性质、判断隧道围岩稳定性,为选择隧道位置、确定支护类型提供依据,并指导安全施工。

国内外现在的围岩分级方法有定性、定量、定性与定量相结合3种,以前两种方法为主。

定性分级的做法是,在现场对影响岩体质量的诸因素进行定性描述、鉴别、判断,或对主要因素做出评判、打分,有的还引入分量化指标进行综合分级。以定性为主的分级方法,如现行的公路隧道围岩分级等方法经验的成分较多,有一定人为因素和不确定性,在使用中,往往存在不一致,随勘察人员的认识和经验的差别,对同一围岩做出级别不同的判断。采用定性分级的围岩级别,常常出现与实际差别1~2级的情况。

定量分级的做法是根据对岩体性质进行测试的数据或对各参数打分,经计算获得岩体质量指标,并以该指标值进行分级,如国外 N.Barton 的 Q 分级、Z.T. Bieniawski 的地质力学(RMR)分级、Deere 的 RQD(rock quality designation,岩石质量指标)值分级等方法。但由于岩体性质和赋存条件十分复杂,分级时仅用少数参数和某个数学公式难以全面准确地概括所有情况,而且参数测试数量有限,数据的代表性和抽样的代表性均存在一定的局限,实施时难度较大。

影响围岩稳定的因素多种多样,主要是岩石的物理力学性质、构造发育情况、承受的荷载(工程荷载和初始应力)、应力变形状态、几何边界条件、水的赋存状态等。这些因素中,岩体的物理力学性质和构造发育情况是独立于各种工作类型的,反映出了岩体的基本特性。在岩体的各项物理力学性质中,与稳定性关系最大的是岩石坚硬程度。岩体的构造发育状态、岩体的不连续性、节理化程度所反映的岩体完整性是地质体的又一基本属性。国内外多数围岩分级都将岩石坚硬程度和岩体的完整程度作为岩体质量分级的两个基本因素。

1. 公路隧道围岩级别划分

公路隧道围岩级别可根据调查、勘探、试验等资料,隧道岩质围岩定性特征、岩体基本质量指标BQ或岩体修正质量指标[BQ]、土质围岩中的土体类型、密实状态等定性特征,按表6.6确定围岩级别。围岩岩体主要特征定性划分与根据BQ或[BQ]值确定的级别不一致时,应重新审查定性特征和定量指标计算参数的可靠性,并对它们重新观察、测试。在工程可行性研究和初勘阶段,可采用定性或工程类比方法进行围岩级别划分。

表6.6 公路隧道围岩级别划分

围岩级别	围岩岩体或土体主要定性特征	岩体基本质量指标BQ或岩体修正质量指标[BQ]
Ⅰ	坚硬岩,岩体完整	>550
Ⅱ	坚硬岩,岩体较完整; 较坚硬岩,岩体完整	550~451
Ⅲ	坚硬岩,岩体较破碎; 较坚硬岩,岩体较完整; 较软层,岩体完整,整体状或巨厚层状结构	450~351
Ⅳ	坚硬岩,岩体破碎; 较坚硬岩,岩体较破碎~破碎; 较软岩,岩体较完整~较破碎; 软岩,岩体完整~较完整 土体:1.具压密或成岩作用的黏性土及砂性土; 2.黄土(Q_1、Q_2); 3.一般钙质、铁质胶结的碎石土、卵石土、大块石土	350~251

续表

围岩级别	围岩岩体或土体主要定性特征	岩体基本质量指标BQ或岩体修正质量指标[BQ]
V	较软岩,岩体破碎; 软岩,岩体较破碎~破碎; 全部极软岩和全部极破碎岩	≤250
	一般第四系的半干硬至硬塑的黏性土及稍湿至潮湿的碎石土、卵石土、圆砾土、角砾土及黄土(Q_3、Q_4)。非黏性土呈松散结构,黏性土及黄土呈松软结构	
VI	软塑状黏性土及潮湿、饱和粉细砂层、软土等	—

注:①新生代第四纪分为全新世(Q_4)和更新世(Q_1~Q_3),更新世又分为早、中、晚三部分,分别用Q_1、Q_2、Q_3表示。
②本表不适用于特殊条件的围岩分级,如膨胀性围岩、多年冻土等。

2.围岩分级的主要因素

公路隧道围岩分级的综合评判方法采用两步分级,并按以下顺序进行:

(1)根据岩石的坚硬程度和岩体完整程度两个基本因素的定性特征和定量的岩体基本质量指标BQ,综合进行初步分级。

(2)对围岩进行详细定级时,应在岩体基本质量分级基础上,考虑修正因素的影响,修正岩体基本质量指标值,得出基本质量指标修正值[BQ],再结合岩体的定性特征综合评判,确定围岩的详细分级。

1)岩石坚硬程度

岩石坚硬程度可按表6.7定性划分。

表6.7 岩石坚硬程度的定性划分

坚硬程度		定性鉴定	代表性岩石
硬质岩	坚硬岩	锤击声清脆,有回弹,震手,难击碎; 浸水后,大多无吸水反应	未风化~微风化的花岗岩、正长岩、闪长岩、辉绿岩、玄武岩、安山岩、片麻岩、石英片岩、硅质板岩、石英岩、硅质胶结的砾岩、石英砂岩、硅质石灰岩等

续表

坚硬程度		定性鉴定	代表性岩石
硬质岩	较坚硬岩	锤击声较清脆,有轻微回弹,稍震手,较难击碎; 浸水后,有轻微吸水反应	1.中等(弱)风化的坚硬岩; 2.未风化～微风化的熔结凝灰岩、大理岩、板岩、白云岩、石灰岩、钙质胶结的砂页岩等
软质岩	较软岩	锤击声不清脆,无回弹,较易击碎; 浸水后,指甲可刻出印痕	1.强风化的坚硬岩; 2.中等(弱)风化的较坚硬岩; 3.未风化～微风化的凝灰岩、千枚岩、砂质泥岩、泥灰岩、泥质砂岩、粉砂岩、砂质页岩等
	软岩	锤击声哑,无回弹,有凹痕,易击碎; 浸水后,手可掰开	1.强风化的坚硬岩; 2.中等(弱)风化～强风化的较坚硬岩; 3.中等(弱)风化的较软岩; 4.未风化的泥岩、泥质页岩、绿泥石片岩、绢云母片岩等
	极软岩	锤击声哑,无回弹,有较深凹痕,手可捏碎; 浸水后,可捏成团	1.全风化的各种岩石; 2.强风化的软岩; 3.各种半成岩

岩石坚硬程度定量指标用岩石饱和单轴抗压强度 R_c 表达,宜采用实测值;若无实测值时,可采用实测的岩石点荷载强度指数 $I_{s(50)}$ 的换算值,按式(6.1)计算:

$$R_c = 22.82 I_{s(50)}^{0.75} \tag{6.1}$$

R_c 与岩石坚硬程度定性划分的关系,可按表6.8确定。

表6.8 R_c 与岩石坚硬程度定性划分的关系

R_c/MPa	坚硬程度
>60	坚硬岩
60～30	较坚硬岩
30～15	较软岩
15～5	软岩
≤5	极软岩

2)岩体完整程度

岩体完整程度可按表6.9定性划分。

表6.9 岩体完整程度的定性划分

完整程度	结构面发育程度		主要结构面的结合程度	主要结构面类型	相应结构类型
	组数	平均间距/m			
完整	1~2	>1.0	好或一般	节理、裂隙、层面	整体状或巨厚层状结构
较完整	1~2	>1.0	差	节理、裂隙、层面	块状或厚层状结构
	2~3	1.0~0.4	好或一般		块状结构
较破碎	2~3	1.0~0.4	差	节理、裂隙、层面、小断层	裂隙块状或中厚层状结构
	≥3	0.4~0.2	好		镶嵌碎裂结构
			一般		中、薄层状结构
破碎	≥3	0.4~0.2	差	各种类型结构面	裂隙块状结构
		≤0.2	一般或差		碎裂结构
极破碎	无序		很差		散体状结构

注:平均间距指主要结构面(1~2组)间距的平均值。

岩体完整程度的定量指标用岩体完整性系数K_v表达,应符合下列规定:

(1)K_v宜用弹性波探测值;若无探测值时,可用岩体体积节理数J_v按表6.10确定对应的K_v值。

表6.10 J_v与K_v对照表

J_v/(条/m³)	K_v
<3	>0.75
3~10	0.75~0.55
10~20	0.55~0.35
20~35	0.35~0.15
≥35	≤0.15

(2)岩体完整性指标K_v测试和计算方法,应针对不同的工程地质岩组或岩性段,选择有代表性的点、段,测试岩体弹性纵波速度,并应在同一岩体取样测定岩石弹性纵波速度,按式(6.2)计算:

$$K_v = \left(V_{pm}/V_{pr}\right)^2 \tag{6.2}$$

式中:V_{pm}——岩体弹性纵波速度,km/s;

V_{pr}——岩石弹性纵波速度,km/s。

(3)岩体体积节理数J_v(条/m³)测试和计算方法,应针对不同的工程地质岩组或岩性段,选择有代表性的出露面或开挖壁面进行节理(结构面)统计。除成组节理外,对延伸长度大于1m的分散节理亦应予以统计。已为硅质、铁质、钙质充填再胶结的节理,可不予统计。每一测点的统计面积不应小于2×5 m²。岩体J_v值应根据节理统计结果,按式(6.3)计算:

$$J_v = S_1 + S_2 + \cdots + S_n + S_0 \tag{6.3}$$

式中:$S_1, S_2, \cdots, S_n$——第$1, 2, \cdots, n$组节理每米长测线上的条数;

S_0——每立方米岩体非成组节理条数。

3)围岩基本质量指标(BQ)

岩质围岩基本质量指标BQ应根据分级因素的定量指标R_c值和K_v值,按式(6.4)计算:

$$BQ = 100 + 3R_c + 250K_v \tag{6.4}$$

并且,应满足下列限制条件:

(1)当$R_c > 90 K_v + 30$时,应以$R_c = 90 K_v + 30$和K_v代入计算BQ值。

(2)当$K_v > 0.04 R_c + 0.4$时,应以$K_v = 0.04 R_c + 0.4$和R_c代入计算BQ值。

岩质围岩详细定级时,应根据地下水、主要软弱结构面、初始应力状态的影响程度,对岩体基本质量指标BQ进行修正,按式(6.5)计算:

$$[BQ] = BQ - 100(K_1 + K_2 + K_3) \tag{6.5}$$

式中:[BQ]——岩体修正质量指标;

K_1——地下水影响修正系数;

K_2——主要软弱结构面产状影响修正系数;

K_3——初始应力状态影响修正系数。

K_1、K_2、K_3值,可分别按表6.11、表6.12、表6.13确定。

表6.11 地下水影响修正系数 K_1

地下水出水状态	BQ				
	>550	550~451	450~351	350~251	≤250
潮湿或点滴状出水,$p≤0.1$ 或 $Q≤25$	0	0	0~0.1	0.2~0.3	0.4~0.6
淋雨状或线流状出水,$0.1<p≤0.5$ 或 $25<Q≤125$	0~0.1	0.1~0.2	0.2~0.3	0.4~0.6	0.7~0.9
涌流状出水,$p>0.5$ 或 $Q>125$	0.1~0.2	0.2~0.3	0.4~0.6	0.7~0.9	1.0

注:①p——水压;Q——流量。
②在同一地下水状态下,岩体基本质量指标BQ越小,修正系数 K_1 取值越大;同一岩体,地下水量、水压越大,修正系数 K_1 取值越大。

表6.12 主要软弱结构面产状影响修正系数 K_2

结构面产状及其与洞轴线的组合关系	结构面走向与洞轴线夹角<30° 结构面倾角30°~75°	结构面走向与洞轴线夹角>60° 结构面倾角>75°	其他组合
K_2	0.4~0.6	0~0.2	0.2~0.4

注:①一般情况下,结构面走向与洞轴线夹角越大,结构面倾角越大,修正系数 K_2 取值越小;结构面走向与洞轴线夹角越小,结构面倾角越小,修正系数 K_2 取值越大。
②本表特指存在一组起控制作用结构面的情况,不适用于有两组或两组以上起控制作用结构面的情况。

表6.13 初始应力状态影响修正系数 K_3

初始应力状态	BQ				
	>550	550~451	450~351	350~251	≤250
极高应力区	1.0	1.0	1.0~1.5	1.0~1.5	1.0
高应力区	0.5	0.5	0.5	0.5~1.0	0.5~1.0

注:①BQ值越小,修正系数 K_3 取值越大。
②围岩极高及高初始应力状态的评估,可按表6.14规定进行。

表6.14 高初始应力地区围岩在开挖过程中出现的主要现象

应力情况	主要现象	R_c/σ_{max}
极高应力	1.硬质岩:开挖过程中有岩爆发生,有岩块弹出,洞壁岩体发生剥离,新生裂缝多,成洞性差。 2.软质岩:岩芯常有饼化现象,开挖过程中洞壁岩体有剥离,位移极为显著,甚至发生大位移,持续时间长,不易成洞	<4
高应力	1.硬质岩:开挖过程中可能出现岩爆,洞壁岩体有剥离和掉块现象,新生裂缝较多,成洞性差。 2.软质岩:岩芯时有饼化现象,开挖过程中洞壁岩体位移显著,持续时间较长,成洞性差	4~7

注:σ_{max}为垂直洞轴线方向的最大初始应力。

4)各级岩质围岩的物理力学参数

各级岩质围岩的物理力学参数,宜通过室内或现场试验获取,无试验数据和初步分级时,可按表6.15选用。岩体结构面抗剪断峰值强度参数,可按表6.16选用。无实测数据时,各级土质围岩的物理力学参数可按表6.17采用。

表6.15 各级岩质围岩物理力学参数

围岩级别	重度γ/(kN/m³)	弹性抗力系数K(MPa/m)	变形模量E/GPa	泊松比μ	内摩擦角φ/(°)	黏聚力c/MPa	计算摩擦角φ_c/(°)
Ⅰ	>26.5	1800~2800	>33	≤0.2	>60	>2.1	>78
Ⅱ		1200~1800	20~33	0.2~0.25	50~60	1.5~2.1	70~78
Ⅲ	26.5~24.5	500~1200	6~20	0.25~0.3	39~50	0.7~1.5	60~70
Ⅳ	24.5~22.5	200~500	1.3~6	0.3~0.35	27~39	0.2~0.7	50~60
Ⅴ	22.5~17	100~200	<1.3	0.35~0.45	20~27	0.05~0.2	40~50
Ⅵ	17~15	<100	<1	0.4~0.5	<20	<0.2	30~40

注:①本表数值不包括黄土地层。
②选用计算摩擦角时,不再计内摩擦角和黏聚力。

表6.16 岩体结构面抗剪断峰值强度参数

序号	两侧岩石的坚硬程度及结构面的结合程度	内摩擦角φ/(°)	黏聚力c/MPa
1	坚硬岩,结合好	>37	>0.22
2	坚硬~较坚硬岩,结合一般; 较软岩,结合好	37~29	0.22~0.12
3	坚硬~较坚硬岩,结合差; 较软岩~软岩,结合一般	29~19	0.12~0.08
4	较坚硬~较软岩,结合差~结合很差; 软岩,结合差; 软质岩的泥化面	19~13	0.08~0.05
5	较坚硬岩及全部软质岩,结合很差; 软质岩泥化层本身	<13	<0.05

表6.17 各级土质围岩物理力学参数

围岩级别	土体类别	重度/(kN/m³)	弹性抗力系数K(MPa/m)	变形模量E/GPa	泊松比μ	内摩擦角φ/(°)	黏聚力c/MPa
Ⅳ	黏质土	20~30	200~300	0.030~0.045	0.25~0.33	30~45	0.060~0.250
	砂质土	18~19		0.024~0.030	0.29~0.31	33~40	0.012~0.024
	碎石土	22~24		0.050~0.075	0.15~0.30	43~50	0.019~0.030
Ⅴ	黏质土	16~18	100~200	0.005~0.030	0.33~0.43	15~30	0.015~0.060
	砂质土	15~18		0.003~0.024	0.31~0.36	25~33	0.003~0.012
	碎石土	17~22		0.010~0.050	0.20~0.35	30~43	<0.019
Ⅵ	黏质土	14~16	<100	<0.005	0.43~0.50	<15	<0.015
	砂质土	14~15		0.003~0.005	0.36~0.42	10~25	<0.003

5)各级围岩的自稳能力

各级围岩的自稳能力,可根据围岩变形量测和理论计算分析评定,或按表6.18判定。

表 6.18 隧道各级围岩自稳能力判断

围岩级别	自稳能力
Ⅰ	跨度≤20 m,可长期稳定,偶有掉块,无塌方
Ⅱ	跨度10~20 m,可基本稳定,局部可发生掉块或小塌方; 跨度<10 m,可长期稳定,偶有掉块
Ⅲ	跨度10~20 m,可稳定数日至1月,可发生小~中塌方; 跨度5~10 m,可稳定数月,可发生局部块体位移及小~中塌方; 跨度<5 m,可基本稳定
Ⅳ	跨度>5 m,一般无自稳能力,数日至数月内可发生松动变形、小塌方,进而发展为中~大塌方。埋深小时,以拱部松动破坏为主;埋深大时,有明显塑性流动变形和挤压破坏。 跨度≤5 m,可稳定数日至1月
Ⅴ	无自稳能力,跨度5 m 或更小时,可稳定数日
Ⅵ	无自稳能力

注:①小塌方:塌方高度小于3 m,或塌方体积小于30 m³。
②中塌方:塌方高度3~6 m,或塌方体积30~100 m³。
③大塌方:塌方高度大于6 m,或塌方体积大于100 m³。

6.2 隧道选线设计

6.2.1 隧道位置的选择

隧道位置的选择应根据路线总体规划、交通运输条件及周边环境和地形变化条件确定,选在对环境影响小、利于隧道出碴和隧道施工场地布置、利于设置防灾救援系统和管理养护等设施的路段。隧道位置的选择应充分考虑隧道穿越的工程地质和水文地质条件。隧道位置应选择在岩性好、结构稳定的地层中。当受条件限制无法绕避不良地质区时,隧道应尽量缩短其通过长度,同时应采取可靠的工程处理措施以确保隧道施工和运营安全。隧道位置的选择应严格执行国家的水法、土地管理法、森林法、环境保护法等法律、法规对公路工程建设的相应规定,应严格保护耕地,特别是基本农田。隧道位置的选择要结合隧道接线端的构造物布设情况,做好路线各控制点的衔接处理,保证隧道内外线形顺畅、协调一致。隧道洞身和洞门是不可分割的整体,隧道位置选择时,应重视洞口位置的选定,并考虑辅助通道和运营通风的设置条件和要求。

1. 一般地质条件下隧道位置的选择

隧道位置应选择在地质构造简单、岩性较好的稳固地层中通过,尽量避免通过断层、崩塌、滑坡、流砂、溶洞、陷穴以及偏压显著、地下水丰富等地质不良地段。当绕避有困难时,应采取必要的工程处治措施。

无论是沿河(溪)线还是越岭线,地质条件对隧道位置的选择往往起决定性作用。好的地层对施工和营运均有利,也可节省投资。对岩性不好的地层、断层破碎带、含水层等不良地段,应避免穿越,以免增大投资,造成施工与营运的困难,影响隧道安全,留下后患。若不能绕避而必须通过时,应采取可靠的工程处理措施,以确保隧道施工及营运安全。常见的不良地质条件有滑坡、崩坍、松散堆积层、泥石流、岩溶及含盐、含煤、地下水发育等地质条件。

1) 单斜地质构造隧道位置的选择

(1) 隧道穿过水平或缓倾角岩层,宜选择坚硬不透水厚岩层作为顶板,以防止在薄岩层施工时顶部产生掉块现象。

(2) 陡倾角岩层一般有偏压存在,当有软弱夹层或有害节理时,易产生坍塌和顺层滑动。隧道开挖造成临空后,洞壁如有两组以上结构软弱面或节理裂隙为有害组合时,易引起较大的偏压或顺层滑塌,因此隧道应布置于岩性较好的单一岩层中。

(3) 隧道通过直立岩层时,隧道轴线宜垂直于岩层的走向穿过。当隧道轴线不可避免与岩层走向平行时,应避免穿过软弱夹层和不同岩层接触地带。

2) 褶皱地质构造隧道位置的选择

隧道通过褶皱构造时,应尽量避免将隧道置于向斜或背斜的轴部,应将隧道位置调整至翼部。当对隧道通过向斜和背斜轴部做比较时,背斜略好于向斜。若向斜处于含水层中,洞身开挖所出现的涌水和坍塌比背斜严重。

3) 断裂、接触带构造隧道位置的选择

断裂构造及不同岩层的接触带,其裂隙发育,地下水也较多,隧道开挖时易发生坍塌涌水。因此,隧道穿过断裂及接触带时,应尽量使隧道轴线以大角度通过,并避开其中严重的破碎地段。

4) 滑坡、错落

滑坡、错落对隧道的危害很大，因此在隧道通过滑坡地区时，必须查明滑坡类型、范围、深度、滑动方向及发生发展原因和规律，以及地下水情况等。隧道洞身应尽量避免设置在滑坡地区、从错落体内通过。当隧道必须通过时，应使洞身埋置在错落体或滑动面以下一定厚度的稳固地层中。

5) 松散堆积层

堆积层常处在暂时稳定状态，一旦扰动，稳定即会丧失而造成崩坍。在这种地质条件下，隧道应避开不稳定、松散的堆积层，而应使洞身处于基岩中，并具有足够的安全厚度。

6) 泥石流

隧道通过泥石流地段时，应结合地质情况考虑泥石流沟的改道和最大下切深度，确保洞口和洞身的安全。隧道洞顶距离基岩面或最大下切面要有一定的覆盖厚度。隧道洞口应避开泥石流沟及泥石流可能扩展的范围。有困难时，可修建一段明洞，使泥石流在明洞顶通过。如采用明洞方案时，明洞基础置于基岩或牢固可靠的地基上，明洞洞顶回填应考虑河床下切和上涨以及相互转化的不利情况，并保证不小于 0.5 m 的安全覆盖厚度。

7) 崩塌

当陡岸斜坡严重张裂不稳或者山坡有严重崩塌时，隧道位置宜往里靠，将隧道洞身置于稳固地层中。隧道往里靠较困难时，应选择其范围最小且相对稳定的地段通过，并提出保证施工和洞身安全的有效措施。当崩塌地段短、崩落石块小、情况不严重时，可考虑采用明洞方案或路堑开挖方案，并将明洞方案与路堑开挖方案路基防护工程进行综合比较。

8) 岩溶

通过岩溶地区时，隧道宜选择设置在难溶岩地段和地下水不发育地带，力求避免穿越岩溶严重发育的地下溶蚀大厅、溶洞群及地质构造破碎带等地段。不能避开时，隧道宜选择设置在较狭窄、影响范围最小处，以垂直或大角度穿过。

9) 地下水发育地段

在地下水发育地段，隧道宜选择在地形有利、地下水少、岩性较好、透水性弱的地层中通过。隧道应避免通过严重不良地质、地下水极为发育的低洼垭口处。

2. 特殊地质条件下隧道位置的选择

(1)第四纪堆积层一般松软易坍,对施工极为不利,一般应避开。当隧道部分洞身无法避开时,应选择影响范围最小的地段,以短距离通过,并按其性质和地下水情况,采取合理的工程措施。

(2)隧道应尽量避开结构松散的冰碛层。必须通过冰碛层时,宜选择结构相对紧密的、影响范围最小的地段通过。

(3)隧道宜避免穿越富煤区和瓦斯含量较高的地带。当必须通过煤系地层时,力求隧道有一定厚度的隔层,或以大角度横穿,尽量减小其影响长度。

(4)黄土地区隧道,应尽量避开有地下水活动、陷穴密集、冲沟发育、地层不稳和滑坡、泥石流等地段,宜选择在无地下水活动、密实稳定、远离陷穴群体的地段通过。

(5)多年冻土地区,由于受冻胀、融沉、热融滑坍等多种特殊物理地质现象影响,隧道洞身应避免穿过地下冰及地下水发育的地带,不能避开时,应采取措施综合治理。

(6)水库地区隧道位置,应避开受水库充水及消水影响易于发生滑塌病害的松散、破碎地带,选择在稳定的基岩或坍岸范围以外的稳固地层内。隧道设置高程一般均应设于水库设计正常高水位以上规定高度,如因特殊原因需要设于正常高水位以下时,应根据工程地质、水文等情况采取有效的防护工程措施,并进行必要的经济技术比较。

(7)隧道一般应避开流砂地段,无法避开时,应选择其范围最小且相对稳定地段以短距离通过,并提出合理可行的工程处理措施,以确保隧道施工和洞身安全。

(8)隧道通过基本烈度在Ⅵ度以上的地震区时,必须避开地震断层带,选择对抗震有利的地段修筑。

3. 隧道洞口位置的选择

洞口是隧道进出的咽喉,又是隧道施工中的主要通道。合理选择洞口位置,是保护环境和保证顺利施工、安全运营及节省工程造价的重要环节。

隧道的长度由洞口的位置决定,对公路隧道来说,隧道长度系指两端洞口衬砌端面与隧道轴线在路面顶交点间的距离。隧道长度是隧道工程的重要参数。

1)"早进晚出"的理念

山区隧道进洞以前大多有一段引线路堑,当路堑深度达到一定程度时开始进洞。过去,从单纯的经济角度出发,把隧道洞口位置选定在所谓隧道与明挖的等价点上,即开挖每米路堑的造价和每米隧道的造价相等时的"经济洞口"位置上。此时,往往隧道定得偏短,洞口缩在山体以内很深,路堑挖得过深,边仰坡很高。这样,不仅施工时容易发生坍方,通车后边坡也常滚石掉块、失稳,危及行车安全,最后不得不再修建明洞接长隧道。

根据多年实践经验,我国隧道工作者总结出"早进晚出"的原则,即在决定隧道洞口位置时,为了施工和运营的安全,宁可早一点进洞,晚一点出洞,这样做,虽然隧道修长了一些,却较安全可靠。当然,所谓"早"和"晚"都是相对的,不应当盲目地加长隧道,而是应当从安全方面来考虑问题,隧道洞口不应大面积开挖边仰坡,有条件时尽量采用不刷仰坡的进洞方案。

2)隧道洞口位置的选择原则

理想的洞口位置应选择地质条件良好,地势开阔,施工方便,技术、经济合理之处。选择隧道洞口位置时,应根据地形、地质条件,考虑边坡、仰坡的稳定,结合洞外有关工程及施工难易程度,本着"早进晚出"的指导思想,注意以下原则,全面综合地分析确定:

(1)洞口应尽可能设在山体稳定、地质较好、地下水不太丰富的地方,尽量避开不良地质地段,如断层、滑坡、岩堆、岩溶、流砂、泥石流、盐岩、多年冻土、雪崩、冰川等。当无法避免时,可采取接长明洞或设置棚洞,或设置渡槽、多重防护等措施,综合治理,保证隧道安全运营。

(2)洞口不宜设在垭口沟谷的中心或沟底低洼处,不要与水争路。在一般情况下,垭口沟谷在地质构造上是最薄弱的环节,常会遇到断层带、古坍方、冲积土等不良地质。此外,地表流水都汇集在沟底,再加上洞口路堑开挖,破坏了山体原有的平衡,更容易引起坍方,甚至不能进洞。所以,洞口最好选在沟谷一侧。

(3)洞口线路宜与等高线正交,使隧道正面进入山体,这样洞口的边仰坡开挖较小,洞口结构物不致受到偏侧压力。对于傍山隧道,因限于地形,有时无法与等高线正交,只能斜交进洞时,其交角不应太小(不小于45°),并根据具体情况,采取斜交洞门、台阶式正交洞门或修建一段明洞。

(4)当隧道线路通过岩壁陡立、基岩裸露处时,最好不刷动或少刷动原生地表,以保持山体的天然平衡。此时,洞口位置应根据具体情况考虑:如果岩壁稳定,无崩塌或落石可能,则可以考虑贴壁进洞;否则应接长明洞,将洞口延长至危险范围以外3~5 m。也可修建特殊结构洞门,如悬臂式洞门、钢筋混凝土锚杆洞门、洞门桥台联合结构、悬臂式托盘基础洞门或长腿式洞门等。对处于漫坡地形的隧道,其洞口位置变动范围较大,应考虑洞外路基填挖方情况、排水条件和有利于快速施工等因素,结合少占农田、填方利用等要求,综合分析确定,一般应减小洞口路堑段长度,延长隧道,提前进洞。

(5)隧道洞口应考虑防洪、防淹。当线路位于有可能被水淹没的河滩或水库回水影响范围以内时,隧道洞口标高应高出洪水位加波浪高度,隧道洞口路肩设计标高应高出水库设计水位加浪高和壅水高不小于0.5 m,以防洪水灌入隧道。位于城市地区的隧道,采用V形坡时,洞门及敞开段边墙顶高程应高出内涝水位0.5 m。公路隧道设计水位洪水频率标准如表6.19所示,当观测洪水高于标准时,应按观测洪水设计;当观测洪水的频率在高速公路、一级公路超过1/300,二级公路超过1/100,三、四级公路超过1/50时,应分别采用1/300、1/100和1/50的频率设计。

表6.19 公路隧道设计水位的洪水频率标准

隧道类别	公路等级			
	高速公路、一级公路	二级公路	三级公路	四级公路
特长隧道	1/100	1/100	1/50	1/50
长隧道	1/100	1/50	1/50	1/25
中、短隧道	1/100	1/50	1/25	1/25

(6)为了确保洞口的稳定和安全,边坡及仰坡均不宜开挖过高。表6.20所示为公路隧道各级围岩洞口边仰坡的控制高度。洞口边仰坡应根据岩土性质、气候、水文条件及边仰坡高度,采取工程加固和植被防护相结合的措施,有条件时可接长明洞,地震区边仰坡宜采用钢丝网等柔性防护措施。

表6.20 隧道洞口边仰坡控制高度

围岩分级	边仰坡坡率	高度/m
I~II	贴壁	15
	1:0.3	20
	1:0.5	25

续表

围岩分级	边仰坡坡率	高度/m
Ⅲ	1:0.5	20
	1:0.75	25
Ⅳ	1:0.75	15
	1:1	18
	1:1.25	20
Ⅴ～Ⅵ	1:1.25	15
	1:1.5	18

注：设计开挖高度系从路基边缘算起。

（7）当洞口附近遇有水沟或水渠横跨线路时，需慎重处理，可设置拉槽开沟的桥梁或涵洞，以排泄水流。当线路横跨水沟进洞时，设置的桥涵净空不能过小，以防未来出现安全隐患。当地形条件不适于设置桥涵时，应结合地形、地质情况、水流大小，经过技术经济比较，采取以下工程措施：扩大洞门墙顶水沟，将水引离隧道；利用明洞洞顶作为渡槽引接；洞顶水沟流量大，对隧道施工、运营不利时，结合地形、地质条件，改沟排出。

（8）隧道洞口上方有公路跨越或邻近洞口的路堑顶有公路并行时，应考虑延长洞口、接长明洞并在靠近公路一侧设置防撞护栏，护栏等级应符合有关规定。

（9）当洞口地势开阔，有利于施工场地布置时，可利用弃碴有计划、有目的地改造洞口场地，以便布置运输便道、材料堆放场、生产设施用地及生产、生活用房等。另外，在桥隧相连时应注意防止因弃碴乱堆造成桥孔堵塞或损坏桥梁墩台建筑物。

（10）环境保护是隧道洞口选择时应着重考虑的因素，过去有所忽视，随着对环境保护的要求越来越高，在确定洞口位置时，应认真考虑如何尽量少破坏天然植被，以便最大限度地保护自然景观。在村镇附近或在自然保护区及其附近，还需要研究施工爆破、噪声、水质污染和空气污染的影响，以及平交路口的交通影响，切实做好相应的工程措施。

在高寒地区修建隧道，还要研究雪崩、阵风、风吹雪等，考虑设置防雪工程、防风工程和防路面冻害工程的必要性。当洞口位于林区时，应考虑树木倒伏的影响。

总之，选定隧道洞口位置时，首先要按照地质条件控制边坡和仰坡的高度和坡面长度，其次是避开不良地质区域和排水影响，最后才谈得上从经济方面进行比较。

隧道洞口位置还应与隧道前后构造物相协调，在桥隧紧接的情况下，应综合考虑洞口与桥跨布局、结构处理的整体性，避免桥隧工程施工相互干扰。同时隧道工程设计应对隧道洞口附近的居民房屋及其他建筑物的分布和用途进行调查，隧道洞口设计应与隧道洞口缓冲结构综合考虑。

6.2.2 隧道平、纵断面设计

隧道内线路设计时，首先应满足整体线路规定的各种技术指标。而隧道内的环境条件比较差，无论是车辆运行，还是维修养护，都处于不利的条件下。所以，在设计隧道内线路时，还要附加一些技术要求，这些技术要求包括平面设计、纵断面设计两个方面的内容。隧道平面是隧道中心线在水平面上的投影，隧道纵断面是隧道中心线展开后在垂直面上的投影，隧道平、纵断面设计决定了隧道的空间位置。

1. 隧道平面设计

1) 隧道平面线形设计

公路隧道路线平面线形的确定，应综合考虑地形地质条件、洞口接线、隧道通风、车辆运行安全和施工条件等因素的影响，并与隧道自身的建设条件及相邻连接区间的公路路线的线形整体协调一致。相比于铁路隧道，公路隧道，特别是高等级道路隧道，设置曲线隧道的情况比较常见，这是由于隧道内外光线的差异，如果在洞口设置大半径曲线，有利于驾驶者的"亮适应"。

当隧道采用曲线时，最好采用不设超高并能满足视距要求的平曲线半径，并不应采用需要加宽断面的平曲线。隧道不设超高的圆曲线最小半径应符合表6.21的规定。当由于特殊条件限制，隧道平面线形设计为需设超高的圆曲线时，其超高值不得大于4%，技术指标应符合《公路路线设计规范》(JTG D20—2017)的有关规定。隧道的行车视距与会车视距应符合表6.22的规定。

表6.21 不设超高的圆曲线最小半径(单位:m)

路拱	设计速度/(km/h)					
	120	100	80	60	40	30
≤2.0%	5500	4000	2500	1500	600	350
>2.0%	7500	5250	3350	1900	800	450

表6.22 公路停车视距与会车视距

公路等级	高速公路、一级公路				二、三、四级公路				
设计速度/(km/h)	120	100	80	60	80	60	40	30	20
停车视距/m	210	160	110	75	110	75	40	30	20
会车视距/m	—	—	—	—	220	150	80	60	40

隧道内不宜采用S形曲线，为满足隧道内行车视距要求、保证行车安全，中短隧道内禁止设置S形反向曲线；特长及超长隧道内必须设置S形曲线时，应尽量采用由不需设置超高的平曲线组成的S形曲线，或在反向曲线间设置一段缓和曲线或直线段。

2）高等级公路隧道设计要求

为保证高等级公路隧道内车辆行驶的安全性和行车的舒适性，当隧道设计速度 $v \geqslant 80$ km/h时，隧道内平曲线的最小半径不宜小于 $8v$；当隧道内的设计速度 $v < 80$ km/h时，隧道内平曲线最小半径不宜小于 $10v$。

高速公路、一级公路隧道应设计为上、下行分向行驶的双洞隧道，双洞隧道宜按分离式隧道布置。分离隧道间的净距是指两隧道间未开挖岩体的厚度，宜按两洞结构彼此不产生有害影响的原则，并结合隧道洞口接线、围岩地质条件、断面形状和尺寸、结构设计、施工方法、工期要求等因素综合确定。

分离式隧道间距过大，会造成洞外路线占地增加；洞外地形狭窄地段将会产生大量人工边坡；对设有横通道的隧道也将增加横通道长度，投资增加，管理不便。相邻两洞间的净距过小，形成小净距隧道，两洞间的结构和施工将产生一定影响，施工进度减缓，也会增加一些投资。分离式独立双洞间的最小净距如表6.23所示。

表6.23 分离式独立双洞间的最小净距

围岩级别	净距/m
Ⅰ	1.0 B
Ⅱ	1.5 B
Ⅲ	2.0 B
Ⅳ	2.5 B
Ⅴ	3.5 B
Ⅵ	4.0 B

注：B——隧道开挖断面的宽度。

由于隧道是线状结构物,往往穿越几种不同级别的围岩,单纯依据表中要求布置双洞间的距离,常出现线位布置困难,造成较大浪费。事实上,进入21世纪以来,我国高速公路两平行隧道间的距离越来越靠近,两车道隧道两洞之间的距离在8～20 m的也经常出现,围岩条件也多有Ⅳ、Ⅴ级的情况。虽然两洞之间围岩应力影响区域有交叉,相互存在一定影响,但这种影响是有限的,也是可控的,只是在施工开挖和支护顺序上加以适当限制。尽管两平行隧道间的净距小于表6.23所列值,实际也多按分离式隧道考虑。

考虑到这些情况,《公路隧道设计规范 第一册 土建工程》(JTG 3370.1—2018)规定:两洞间净距宜取0.8～2.0倍开挖宽度,围岩条件总体较好时取较小值,围岩条件总体较差时取较大值。两洞跨度不同时,以较大跨度控制。下列情况可按其他形式布置:

(1)洞口地形狭窄、桥隧相连、连续隧道群、周边建筑物限制或为减少洞外占地的短隧道、中隧道,可按小净距隧道布置。所谓小净距隧道,是指两座隧道之间净距小于最小净距,使两洞结构彼此产生了有害影响。

(2)洞口地形狭窄、周边建筑物限制,展线特别困难的短隧道,可按连拱隧道布置。

(3)桥隧相连、洞口地形狭窄或有特殊要求的长隧道、特长隧道的洞口局部地段,可按分岔隧道布置。分岔隧道大拱衬砌断面跨度较大,各类型断面过渡施工复杂,因此分岔隧道分岔段宜布置在围岩等级高于Ⅳ级的地段。

2. 隧道纵断面设计

公路隧道纵断面的线形,应考虑行车安全、运营通风规模、施工作业和排水要求确定。

隧道内的纵坡形式,一般宜采用单向坡,其行驶舒适性和运营通风效率较好,只是在施工时可能会出现逆坡排水,但近年来抽水泵性能和抽排水技术水平有较大提高,逆坡排水不存在大的技术难题。地下水发育的长隧道、特长隧道可采用双向人字坡,以减少施工期间排水困难,在运营期间地下水向两边洞口排出也可减小洞内排水压力。但需注意,双向坡变坡点附近的局部地段排水不便,因此双向坡变坡点的设置要尽可能避开地下水较多的地段。采取双向坡时,其竖曲线半径尽量采用较大值,以提高行驶安全性、舒适性,保证通视条件。在跨越江河海湾的水下隧道中可能会采用中间低两端洞口高的倒人字(V)坡形式或W坡形。

隧道内纵坡最小值以隧道建成后洞内水(包括渗漏水、涌水、隧道清洗水、消防用水等)能自然排泄为原则,要求不小于0.3%;对长隧道、特长隧道,隧道内排水距离长、排水量相对较大,不小于0.5%较好。隧道纵坡的最大值,要充分考虑运营期车辆行驶的安全和舒适性、运营通风的要求等因素,一般把纵坡控制在2%以下为好。超过2%时,汽车排出的有害物质迅速增加。所以,从通过车辆尽量减少排出有害气体的角度出发,要求隧道最大纵坡不应大于3%;高速公路、一级公路的中、短隧道或独立明洞(包括棚洞),受地形等条件限制时,经技术经济论证、交通安全评价后,隧道最大纵坡可适当加大,但不宜大于4%,并需增加运营安全措施,包括设置警示标志、限速标志、减速带,改善路面防滑条件,上坡隧道增加车道数等。短于100 m的隧道纵坡可以与该公路隧道外的路线指标相同。

隧道内纵坡的变换幅度不宜过大、频率不宜过高,一般变坡点数不宜多于3个,以保证行车安全视距和舒适性。隧道内的纵坡变更处均应设置竖曲线,竖曲线半径应尽量选用较大值,以利于行车平顺、通视和通风。纵坡变更的凸形竖曲线和凹形竖曲线的最小半径和最小长度应符合表6.24规定。

表6.24 竖曲线最小半径和最小长度(单位:m)

设计速度/ (km/h)	凸形竖曲线最小 半径	凹形竖曲线最小半径	竖曲线最小长度
120	17000	6000	100
100	10000	4500	85
80	4500	3000	70
60	2000	1500	50
40	700	700	35
30	400	400	25
20	200	200	20

6.2.3 隧道横断面设计

在地层中修建的隧道,需要有足够的空间满足车辆安全运行的要求,不同用途的隧道,需要的净空形状、大小也不同。隧道横断面的设计,主要根据隧道安全运营功能的要求,并考虑地质条件、施工方法等,确定隧道结构的断面形式及尺寸,达到安全、经济、合理可行。

1. 公路隧道建筑限界和净空

公路隧道净空包括公路建筑限界、通风及其他功能所需的断面积。断面形状和尺寸应根据围岩压力求得最经济值。

1)公路隧道的建筑限界

公路隧道的建筑限界是指为保证隧道内各种交通的正常运行与安全,而规定在一定宽度和高度范围内不得有任何土建工程部件侵入的限界。隧道建筑限界由行车道宽度 W、侧向宽度 L、人行道宽度 R 或检修道宽度 J 等组成,设置紧急停车带的断面还应包括紧急停车带的宽度。

(1)公路隧道建筑限界基本规定。

各级公路隧道建筑限界基本宽度应按表6.25执行,表中各栏数值,都采用《公路隧道设计规范 第一册 土建工程》(JTG 3370.1—2018)有关条文规定。

表6.25 两车道公路隧道建筑限界横断面组成及基本宽度(单位:m)

公路等级	设计速度/(km/h)	车道宽度 W	侧向宽度		余宽 C	检修道宽度 J 或人行道宽度 R		建筑限界基本宽度
			左侧 L_L	右侧 L_R		左侧	右侧	
高速公路、一级公路	120	3.75×2	0.75	1.25	0.50	1.00	1.00	11.50
	100	3.75×2	0.75	1.00	0.25	0.75	0.75	10.75
	80	3.75×2	0.50	0.75	0.25	0.75	0.75	10.25
	60	3.50×2	0.50	0.75	0.25	0.75	0.75	9.75
二级公路	80	3.75×2	0.75	0.75	0.25	1.00	1.00	11.00
	60	3.50×2	0.50	0.50	0.25	1.00	1.00	10.00
三级公路	40	3.50×2	0.25	0.25	0.25	0.75	0.75	9.00
	30	3.25×2	0.25	0.25	0.25	0.75	0.75	8.50
四级公路	20	3.00×2	0.50	0.50	0.25			7.50

注:三车道、四车道隧道除增加车道数外,其他宽度同表中数值;增加车道的宽度不应小于3.5 m。

①对于建筑限界高度,高速公路、一级公路、二级公路取5.0 m;三、四级公路取4.5 m。

②隧道建筑限界设计时,应依据现行《公路工程技术标准》,综合考虑技术经济因素确定余宽。当隧道内设置检修道或人行道时,余宽包含于检修道或人行道的宽度当中,不设余宽;当不设置检修道或人行道时,应设不小于25 cm的余宽。

③隧道路面横坡,当隧道为单向交通时,应取单面坡;当隧道为双向交通时,可取双面坡。横坡坡率宜与洞外路面横坡坡率一致,一般可采用1.5%~2.0%。

④当路面采用单面坡时,建筑限界底边与路面重合;当采用双面坡时,建筑限界底边应水平置于路面最高处。

⑤单车道四级公路的隧道应按双车道四级公路标准修建。

四车道高速公路上的短隧道,独立设置的明洞或棚洞,城市出入口的中、短隧道,宜与路基同宽。

(2)检修道、人行道、余宽的宽度。

检修道的主要功能是供养护人员在隧道正常运营情况下,在检修道区域通行,对隧道进行巡查和一般性检修。高速公路、一级公路隧道应在两侧设置检修道,二级、三级公路隧道应在两侧设置人行道并兼作检修道;连拱隧道行车方向左侧,四级公路隧道可不设检修道或人行道,但为了消除或减少隧道边墙给驾驶员带来的恐惧心理影响(侧墙效应),保证一定车速的安全通行,应保留不小于0.25 m的余宽,设计速度大于100 km/h时,余宽应不小于0.5 m。检修道或人行道的路缘石比较突出,检修道或人行道高出路面一定高度,可以阻止车辆爬上检修道或人行道,是养护人员或行人的安全界线。检修道或人行道的高度可按250~800 mm取值,并应综合考虑下列因素:

①检修人员或行人步行时的安全。

②满足其下放置电缆、给水管等的空间尺寸要求,以及电缆沟排水空间要求。

③紧急情况时,驾乘人员拿取消防设备方便。

不设检修道、人行道的隧道,应在隧道两侧交错布置行人避车洞。行人避车洞同一侧间距不宜大于500 m,宽不应小于1.5 m、高不应小于2.2 m、深不应小于0.75 m。

隧道内路侧边沟应结合检修道、侧向宽度、余宽等,布置于车道两侧。

(3)紧急停车带。

紧急停车带的主要功能是停放故障车辆、检修工程车,紧急情况下救援车辆和救援人员用以进行紧急救援活动等。特长隧道、长隧道内不设硬路肩或硬路肩宽度小于2.5 m时,单洞两车道隧道应设紧急停车带,单洞三车道隧道宜设紧急停车带,单洞四车道隧道可不设紧急停车带。

紧急停车带建筑限界构成如图6.1所示,紧急停车带宽度为向行车方向右侧加宽不小于3.0 m,且紧急停车带宽度与右侧侧向宽度之和不应小于3.5 m。紧急停车带长度不宜小于50 m,其中有效长度不应小于40 m。紧急停车带横坡可取0~1.0%。单向行车隧道紧急停车带设置间距不宜大于750 m,并不应大于1000 m。双向行车隧道紧急停车带应两侧交错设置,同一侧间距宜采用800~1200 m,并不应大于1500 m。

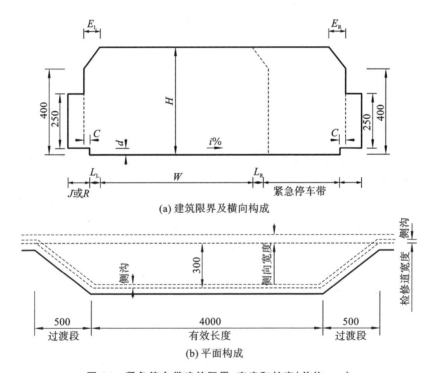

图6.1 紧急停车带建筑限界、宽度和长度(单位:cm)

C—余宽;E_L—建筑限界左顶角宽度,包含余宽C;H—建筑限界高度;d—检修道或人行道的宽度;J—检修道宽度;R—人行道宽度;L_L—左侧侧向宽度;W—车道宽度;L_R—右侧侧向宽度;E_R—建筑限界右顶角宽度,包含余宽C;$i\%$—横坡取值范围

(4)横向通道。

为了紧急情况下驾乘人员逃生、救援人员能快速到达事故地点及方便隧道

养护人员检测和维修,上下行分离的双洞公路隧道之间应设置横向通道,其建筑限界如图 6.2 所示。人行横通道限界宽度不得小于 2.0 m,限界高度不得小于 2.5 m;车行横通道限界宽度不得小于 4.5 m,限界高度应与主洞限界高度一致。车行横通道路缘高度 d 宜与隧道行车方向左侧检修道高度一致。人行横通道设置间距宜为 250 m,并不应大于 350 m。车行横通道设置间距宜为 750 m,并不应大于 1000 m;中、短隧道可不设。

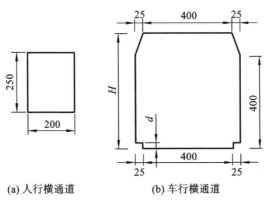

图 6.2　横通道建筑限界(单位:cm)

注:符号意义同前。

地形条件允许时,可增设连接地面的横通道以减小逃生距离,平时可作为通风道。

2)公路隧道的净空

公路隧道的净空是指隧道衬砌的内轮廓线所包围的空间,除包括公路建筑限界的要求以外,还应满足洞内设置路面、排水设施和装饰的需要,并应为通风、照明、消防、监控、运行管理等交通工程及附属设施的设置提供安装所需要的空间,以及为衬砌变形和施工误差预留适当的富余量,使确定的断面形式及尺寸符合安全、经济、合理的原则。当隧道位于平面曲线半径等于或小于 250 m 的地段时,应在曲线内侧加宽,加宽值和加宽方法与明线相同。

以前公路隧道横断面的设计标准不统一,内轮廓有单心圆的,有三心圆的,既有坦三心圆拱又有尖三心圆拱等多种形式。2004 版《公路隧道设计规范》中提出隧道断面宜采用统一标准,推荐隧道内轮廓采用拱部为单心半圆,侧墙为大半径圆弧,仰拱与侧墙间用小半径圆弧连接的形式,而后公路隧道净空设计趋于

标准化。根据大量隧道建设经验积累,《公路隧道设计规范 第一册 土建工程》(JTG 3370.1—2018)给出了各等级不同行车速度公路隧道的建筑限界和内轮廓图,包括高速公路、一级公路、二级公路、三级公路、四级公路两车道隧道建筑限界与内轮廓图,以及高速公路和一级公路三车道隧道建筑限界与内轮廓图,可供设计参考。

隧道断面内轮廓在推行标准化的同时,还应考虑个别情况,如对内空断面有特殊要求的情况,或在受力条件方面极为复杂的情况,应对此做特殊设计。

2. 隧道衬砌断面的初步拟定

1)隧道横断面形式的选择

隧道截面形式多样,有圆形截面、椭圆形截面、马蹄形截面、矩形截面、双孔隧道、孪生隧道及多跨隧道、双层隧道及多层隧道以及分岔式隧道、偏压隧道等形式。在选择隧道横断面形状时,采用单孔还是双孔或多跨、分岔隧道,如前所述,与隧道平纵断面设计相关。就单孔隧道横断面设计来说,除满足运营功能要求外,还应考虑地质条件及建造方式的影响。

(1)地质条件的影响。影响隧道横断面选择的地质条件主要包括岩体的受力状态和围岩的强度。当覆盖层很薄,岩体作用在隧道上的水平力及垂直外力都较小时,隧道截面可取矩形或带顶拱的矩形;当岩体的垂直压力较大、水平压力较小时,可取无仰拱的不封闭的半椭圆、抛物线或半圆形截面;随着岩体垂直压力及水平压力的增大,隧道承重结构中的弯矩和轴力也增大,隧道横断面形式需逐渐接近圆形或采用圆形,必要时采用仰拱,形成封闭截面。洞周围岩强度越大,一般自承能力也越大,则在隧道结构上引起的内力越小,可供选择的隧道截面形状也越多。当围岩为稳固岩石且裂缝少时,截面形状可选为不封闭的马蹄形或带平坦顶拱的矩形截面;当围岩为松软的可塑性岩石时,隧道截面须趋于圆形,并设置仰拱,仰拱的曲率随着围岩强度的降低而增大;在复杂地质条件下,隧道截面须接近圆形或做成圆形。

在特殊地质条件下,隧道横断面的选择要尽可能适应地质情况,使隧道处于较为有利的受力状态。如在不对称受力情况下,可选择不对称的横断面形式;又如在膨胀性的岩体中,需设置很深的仰拱,并由刚度很大的钢筋混凝土构成,以抵抗仰拱上的膨胀应力。

(2)建造方式的影响。建造方式对选择横断面的影响主要和施工方法以及使用的机械设备有关。如采用全断面掘进机和盾构机开挖隧道时,隧道断面最好为圆形或接近圆形。就截面的大小而言,要与所采用的机械设备相适应,既要有足够作业空间,不影响机械作业,又要减少不必要的多余开挖,提高效益。

(3)各类隧道的横断面形状。公路隧道横断面的形式比较多样化,典型的横断面有马蹄形、扁椭圆形及带平坦仰拱的扁椭圆形。地铁隧道,当覆盖层较薄时,一般用矩形或带顶拱的矩形截面;当覆盖层较厚时,则选择圆形或偏圆形截面。

2)隧道横断面设计的基本内容

隧道衬砌是一个超静定结构,不能直接地用力学方法计算出应有的截面尺寸,其横断面设计,需依据隧道类型,确定隧道的净空限界,在此基础上考虑围岩条件进行隧道衬砌断面的初步拟定,再经过力学检算和优化设计进行调整,最终确定隧道横断面,使之满足运营功能要求,并安全、经济、合理可行。

初步拟定结构形状和尺寸可以采取工程类比的方法,主要解决隧道内轮廓线(净空)、隧道衬砌断面形状(结构轴线)和衬砌厚度三个问题。

(1)隧道内轮廓线(净空)。

隧道设计断面基本轮廓线主要包括衬砌内轮廓线、衬砌外轮廓线与实际开挖线。衬砌内轮廓线是衬砌的完成线,在内轮廓线之内的空间,即为隧道的净空断面。隧道内轮廓线的设计原则为:衬砌的内轮廓线应满足隧道功能要求,并尽可能接近建筑限界,以保证车辆安全通过并力求开挖和衬砌的数量最小。衬砌内表面力求圆顺以减少应力集中,还应考虑衬砌施工的简便。

(2)隧道衬砌断面形状(结构轴线)。

衬砌横断面的形状是用结构轴线来代表的。结构轴线的形状决定着衬砌横断面的形状及衬砌结构受力的合理性,也影响着坑道横断面的形状及围岩的二次应力状态和稳定状态。

隧道衬砌断面的轴线设计原则为:结构轴线应当尽量与断面压力线重合,使各截面主要承受压应力。当衬砌承受径向分布的静水压力时,结构轴线以圆形最合适。当衬砌主要承受竖向荷载和不大的水平荷载时,结构轴线上部宜采用圆弧形或尖拱形,下部可以做成直线形(即直墙式)。当衬砌在承受竖向荷载的同时,又承受较大的水平荷载时,衬砌结构的轴线上部宜采用圆弧形或平拱形,下部可采用凸向外方的圆弧形(即曲墙式)。如果还有底鼓压力,或衬砌有沉陷的可能,则结构底部还应有凸向下方的仰拱为宜。

为了保证仰拱的作用,仰拱的矢跨比,一般单线隧道取 1/6～1/8,双线隧道取 1/10～1/12。另外尚需考虑各种设备沟槽及排水设施等的需要。

(3)衬砌厚度。

隧道衬砌厚度随工程地质及水文地质条件的不同而变化。隧道衬砌厚度的设计原则是要求设计的截面具有足够的强度,并满足施工构造要求,保证施工质量。衬砌拱圈可设计为等截面或变截面形式。仰拱应具有与其使用目的相适应的强度、刚度和耐久性,仰拱厚度宜与拱、墙厚度相同。所确定的各截面厚度尺寸最后应通过内力分析检算决定。

6.3 隧道结构构造

6.3.1 隧道支护结构构造

在隧道及地下工程中,支护结构通常分为初期支护(一次支护)和永久支护(二次支护、二次衬砌)。一次支护是为了保证施工的安全、加固岩体和阻止围岩的变形、坍塌而设置的临时支护措施,常用支护形式有木支撑、型钢支撑、格栅支撑、喷锚支护等,其中型钢支撑、格栅支撑、喷锚支护一般作为永久支护的一部分,与永久支护共同工作。二次支护是为了保证隧道使用的净空和结构的安全而设置的永久性衬砌结构。常用的永久衬砌形式有整体式衬砌、复合式衬砌、喷锚衬砌等。高速公路、一级公路、二级公路的隧道应采用复合式衬砌;三级及三级以下公路的隧道洞口段、Ⅳ～Ⅵ级围岩洞身段应采用复合式衬砌或整体式衬砌,Ⅰ～Ⅲ级围岩洞身段可采用喷锚衬砌。

隧道衬砌设计应综合考虑围岩地质条件、断面形状、支护结构、施工条件等,充分利用围岩的自承能力。衬砌应有足够的强度、稳定性和耐久性,保证隧道长期使用安全。

衬砌结构类型、支护参数,应根据使用要求、围岩级别、工程地质和水文地质条件、隧道埋置深度、结构受力特点,并结合周边工程环境、支护手段、施工方法,通过工程类比和结构计算综合分析确定。在施工阶段,尚应根据现场监控量测结果调整支护参数,实行动态设计,必要时可通过试验分析确定。

1. 整体式衬砌

整体式衬砌是传统衬砌结构形式,在新奥法(new Austrian tunnelling method,NATM)问世前,广泛地应用于隧道工程中,目前在山岭隧道中还有不少工程实例。该方法不考虑围岩的承载作用,主要通过衬砌的结构刚度抵御地层的变形,承受围岩的压力。

整体式衬砌采用就地整体模筑混凝土衬砌,其方法是在隧道内树立模板、拱架,然后浇灌混凝土而成。它作为一种支护结构,从外部支撑隧道围岩,适用于不同的地质条件,易于按需成形,且适合多种施工方法,因此,在我国隧道工程中广泛使用。

整体式衬砌截面可设计为等截面或变截面。设置仰拱时,仰拱厚度不应小于边墙厚度。采用整体式衬砌出现下列情况时,宜采用钢筋混凝土结构:存在明显偏压的地段;净宽大于 3 m 的横通道、通风道、避难洞室等与主隧道交叉的地段;Ⅴ级围岩地段;单洞四车道隧道;地震动峰值加速度大于 $0.20g$ 的地区洞口段。

整体式衬砌采用钢筋混凝土结构时,混凝土强度等级不应低于 C30,结构厚度不宜小于 300 mm,受力主筋的间距不宜小于 100 mm。

整体式衬砌应设置变形缝,并应符合下列规定:明洞衬砌与洞内衬砌交界处、不设明洞的洞口段衬砌,在距洞口 5~12 m 的隧道内应设沉降缝;地质条件明显变化处、不同衬砌类型交界处,宜设置沉降缝;在连续软弱围岩中,每 30~100 m 宜设一道沉降缝;严寒与酷热温差变化大的地区,特别是最冷月平均气温低于 -15 ℃ 的寒冷地区,距洞口 100~200 m 范围的衬砌段应根据情况设置伸缩缝。沉降缝、伸缩缝缝宽不应小于 20 mm,缝内可填塞沥青木板或沥青麻丝。伸缩缝、沉降缝宜垂直于隧道轴线竖向设置,拱、墙、仰拱的沉降缝、伸缩缝应设在同一断面位置。沉降缝、伸缩缝可兼作施工缝,在需设沉降缝或伸缩缝地段,应结合施工缝进行设置。

不设仰拱的整体式衬砌,衬砌边墙基础应置于稳固的地基之上,基底承载力满足设计要求;基础底面不应高于电缆沟的设计开挖底面;路侧边沟开挖底面低于基础底面时,边沟开挖边界距边墙基础的距离应大于 500 mm;在洞门墙厚度范围内,边墙基础应加深到与洞门墙基础底相同的高程;边墙底截面宜适当扩大。

2. 复合式衬砌

复合式衬砌是隧道工程常采用的衬砌形式。其设计、施工工艺过程与其相应的衬砌及围岩受力状态均较合理;其质量可靠,能够达到较高的防水要求;也便于采用锚喷、钢支撑等工艺。它既能够充分发挥锚喷支护的优点,又能发挥二次衬砌永久支护的可靠作用。复合式衬砌是由初期支护和二次支护组成的。初期支护是限制围岩在施工期间的变形,达到围岩的暂时稳定;二次支护则是提供结构的安全储备或承受后期围岩压力。初期支护应按永久支护结构设计,宜采用喷射混凝土、锚杆、钢筋网和钢架等支护单独或组合使用,二次衬砌应采用模筑混凝土或模筑钢筋混凝土衬砌结构。

在确定开挖断面时,除应满足隧道净空和结构尺寸外,尚应考虑围岩及初期支护的变形,预留适当的变形量。预留变形量大小应根据围岩级别、断面大小、埋置深度、施工方法和支护情况等,通过计算分析确定或采用工程类比法预测,预测值可参照表6.26的规定选用。预留变形量还应根据现场监控量测结果进行调整。

表6.26 预留变形量(单位:mm)

围岩级别	两车道隧道	三车道隧道
Ⅰ	—	—
Ⅱ	—	10～30
Ⅲ	20～50	30～80
Ⅳ	50～80	60～120
Ⅴ	80～120	100～150
Ⅵ	现场量测确定	

复合式衬砌,可采用工程类比法进行设计,必要时,可通过理论分析进行验算。两车道隧道、三车道隧道支护参数可按表6.27、表6.28选用。四车道隧道应通过工程类比和计算分析确定。在施工过程中应根据超前地质预报及现场围岩监控量测信息对设计支护参数进行必要的调整。

表6.27 两车道隧道复合式衬砌设计参数

围岩级别	初期支护 喷射混凝土厚度/cm		锚杆/m			钢筋网间距/cm	钢架		二次衬砌厚度/cm	
	拱、墙	仰拱	位置	长度	间距		间距/m	截面高/cm	拱、墙混凝土	仰拱混凝土
Ⅰ	5	—	局部	2.0~3.0	—	—	—	—	30~35	—
Ⅱ	5~8	—	局部	2.0~3.0	—	—	—	—	30~35	—
Ⅲ	8~12	—	拱、墙	2.0~3.0	1.0~1.2	局部@25×25	—	—	30~35	—
Ⅳ	12~20	—	拱、墙	2.5~3.0	0.8~1.2	拱、墙@25×25	拱、墙0.8~1.2	0或14~16	35~40	0或35~40
Ⅴ	18~28	—	拱、墙	3.0~3.5	0.6~1.0	拱、墙@20×20	拱、墙、仰拱0.6~1.0	14~22	35~50钢筋混凝土	0或35~50钢筋混凝土
Ⅵ	通过试验或计算确定									

注:①有地下水时可取大值,无地下水时可取小值。
②采用钢架时,宜选用格栅钢架。
③喷射混凝土厚度小于18 cm时,可不设钢架。
④"0或……"表示可以不设;要设时,应满足最小厚度要求。

表6.28 三车道隧道复合式衬砌设计参数

围岩级别	初期支护 喷射混凝土厚度/cm		锚杆/m			钢筋网间距/cm	钢架		二次衬砌厚度/cm	
	拱、墙	仰拱	位置	长度	间距		间距/m	截面高/cm	拱、墙混凝土	仰拱混凝土
Ⅰ	5~8	—	局部	2.5~3.5	—	—	—	—	35~40	—

续表

围岩级别	初期支护								二次衬砌厚度/cm	
	喷射混凝土厚度/cm		锚杆/m			钢筋网间距/cm	钢架		拱、墙混凝土	仰拱混凝土
	拱、墙	仰拱	位置	长度	间距		间距/m	截面高/cm		
Ⅱ	8～12	—	局部	2.5～3.5	—	—	—	—	35～40	—
Ⅲ	12～20	—	拱、墙	2.5～3.5	1.0～1.2	拱、墙@25×25	拱、墙1.0～1.2	0 或 14～16	35～45	—
Ⅳ	16～24	—	拱、墙	3.0～3.5	0.8～1.2	拱、墙@20×20	拱、墙0.8～1.2	16～20	40～50 ■	0 或 40～50
Ⅴ	20～30	—	拱、墙	3.5～4.0	0.5～1.0	拱、墙@20×20	拱、墙、仰拱0.5～1.0	18～22	50～60 钢筋混凝土	0 或 50～60 钢筋混凝土
Ⅵ	通过试验或计算确定									

注：①有地下水时可取大值，无地下水时可取小值。
②采用钢架时，宜选用格栅钢架。
③喷射混凝土厚度小于18 cm时，可不设钢架。
④"0或……"表示可以不设；要设时，应满足最小厚度要求。
⑤"■"表示可采用钢筋混凝土。

围岩地质条件较差或隧道跨度较大、需要采用分部开挖施工时，应进行开挖方法设计，明确各部开挖顺序、临时支护措施和临时支护参数。

对于软弱流变围岩、膨胀性围岩、高地应力条件下的特殊围岩，隧道支护参数可通过现场试验确定，应考虑围岩变形压力继续增长的作用。

3. 喷锚衬砌

喷锚衬砌作为隧道的永久衬砌，一般考虑在Ⅲ级及以上围岩中采用。在Ⅳ级及以下围岩中，采用锚喷衬砌经验不足，可靠性差。在围岩良好、完整、稳定的地段，如Ⅱ级及以上，只需采用喷射混凝土衬砌即可，此时喷射混凝土的作用为：

局部稳定围岩表层少数已松动的岩块;保护和加固围岩表面,防止风化;与围岩形成表面较平整的整体支承结构,确保营运安全。

喷射混凝土的强度等级不应低于C20,厚度不应小于50 mm。钢筋网钢筋直径不应小于6 mm,不宜大于12 mm;钢筋网网格应按矩形布置,钢筋间距宜为150～300 mm;钢筋网钢筋的搭接长度不应小于$30d$(d为钢筋直径);钢筋网喷射混凝土保护层厚度不应小于20 mm;当采用双层钢筋网时,两层钢筋网之间的间隔距离不宜小于80 mm;单层钢筋网喷射混凝土厚度不应小于80 mm,双层钢筋网喷射混凝土厚度不应小于150 mm;钢筋网可配合锚杆或临时短锚杆使用,钢筋网宜与锚杆或其他固定装置连接牢固。

在围岩变形大、自稳性差的软弱围岩、膨胀性围岩地段,可采用纤维喷射混凝土支护,纤维喷射混凝土强度等级不应低于C25;钢纤维喷射混凝土中钢纤维掺量宜为干混合料质量的1.5%～4%;合成纤维喷射混凝土中纤维掺量应根据试验确定;防水要求较高时,可采用强度等级高于C30的高性能喷射混凝土。

锚杆支护设计应根据隧道围岩条件、断面尺寸、作用、施工条件等选择锚杆种类和参数。用作永久支护的锚杆应为全长黏结型锚杆,端头锚固型锚杆作为永久支护时必须在孔内注满砂浆或树脂,砂浆或树脂的强度等级不应小于M20;自稳时间短的围岩,宜选用全黏结树脂锚杆或早强水泥砂浆锚杆;软岩、变形较大的围岩地段,可采用预应力锚杆,预应力锚杆的预加力不应小于100 kPa,预应力锚杆的锚固端必须锚固在稳定岩层内;岩体破碎、成孔困难的围岩,宜采用自进式锚杆;锚杆直径宜采用20～28 mm;锚杆露头应设垫板,垫板尺寸不应小于150 mm(长)×150 mm(宽)×8 mm(厚)。

设置系统锚杆时,锚杆宜沿隧道周边径向布置。当结构面或岩层层面明显时,锚杆宜与岩体主结构面或岩层层面成大角度布置,系统锚杆长度和间距应根据围岩条件、隧道宽度,通过计算或工程类比确定,锚杆间距不宜大于锚杆长度的1/2且不宜大于1.5 m,锚杆间距较小时,可采用长短锚杆交错布置。两车道隧道系统锚杆长度不宜小于2.0 m,三车道隧道系统锚杆长度不宜小于2.5 m。土质围岩不设系统锚杆时,应采用其他支护方式加强。

局部不稳定的岩块宜设置局部锚杆,可采用全长黏结型锚杆、端头锚固型锚杆、预应力锚杆,锚固端应置于稳定岩体内,锚杆参数可通过工程类比或计算确定。

在围岩条件较差地段、洞口段、浅埋段或地面沉降有严格限制地段,可在喷射混凝土层内增设钢架,钢架支护应有足够的刚度和强度,能够承受隧道施工期间可能出现的荷载。宜选用格栅钢架支护,钢架间距宜为0.5~1.2 m。连续使用钢架的数量不应少于3榀。相邻钢架之间应设横向连接,采用钢筋作横向连接时,钢筋直径不宜小于20 mm,间距不应大于1 m,并在钢架内缘、外缘交错布置。钢架应分节段制作,节段之间应采用钢板连接。钢架与围岩之间的混凝土保护层厚度不应小于40 mm;临空一侧的混凝土保护层厚度不应小于20 mm。当采用喷锚单层衬砌时,临空一侧的混凝土保护层厚度不应小于40 mm。钢架形状和尺寸应根据开挖断面确定,受力变形后不得侵入设计净空或二次衬砌。

此外,格栅钢架主筋应采用HRB400钢筋,腹筋可采用HRB400或HPB300钢筋。主钢筋直径宜选用18~25 mm,腹筋直径宜选用10~20 mm。截面尺寸通过工程类比或计算确定,截面高度可采用120~220 mm。连接钢板平面宜与钢架轴线垂直,格栅钢架主钢筋与连接钢板焊接应增加U形钢筋帮焊。

在设置超前支护的地段,应设钢架作为超前支护的尾端支点,钢架截面高度不宜小于160 mm。

喷锚支护参数可通过工程类比或数值计算确定,并结合现场监控量测调整。

6.3.2　隧道洞门与明洞

洞门位于隧道的洞口部位,为挡土、坡面防护等而设置的隧道结构物。明洞是以明挖法修建或在露天修建(可有回填土覆盖,也可没有回填土覆盖)的隧道,与隧道洞身段相连。

1. 洞门

洞门是隧道两端的外露部分,也是联系洞内衬砌与洞口外路堑的支护结构,其作用是保证洞口边坡的安全和仰坡的稳定,引离地表流水,减少洞口土石方开挖量。洞门也是隧道的重要标志,因此,洞门应与隧道规模、使用特性以及周围建筑物、地形条件等相协调。

1)洞门与洞口段

对于隧道洞口设计和施工,必须掌握隧道洞口附近的地形、地下水、气象等自然条件以及房屋、结构物等社会条件,分析其对坡面稳定、气象灾害、景观调和、车辆运行的影响,从而得到经济、安全、合理的隧道洞门结构、施工方法和洞口养护管理措施等。

隧道洞口,包括隧道的洞口段、洞门及其前后一部分线路区间的总体设计。

对于每一个特定的隧道,由于其所处的地质及线路位置等设计条件不同,所以很难明确表示隧道洞口的范围。一般将隧道洞口段定义为洞门向洞内延伸到可能形成承载拱的 $1\sim2D$(D 为隧道开挖宽度)埋深的范围,而且洞口处至少应保证 $2\sim3\,\mathrm{m}$ 的覆盖土。

隧道洞口段不仅受围岩内部条件支配,而且受地形、地质、周边环境及气象等外部条件支配,因此,它是隧道洞门设计和施工的难点。

(1)端墙式洞门。

端墙式洞门适用于岩质稳定的Ⅲ级以上围岩和地形开阔的地区,是最常使用的洞门形式。

(2)翼墙式洞门。

翼墙式洞门适用于地质较差的Ⅳ级以下围岩,以及需要开挖路堑的地方。翼墙式洞门由端墙及翼墙组成。翼墙是为了增加端墙的稳定性而设置的,同时对路堑边坡也起支撑作用。其顶面通常与仰坡坡面一致,顶面上一般均设置水沟,将端墙背面排水沟汇集的地表水排至路堑边沟内。

(3)环框式洞门。

环框式洞门在洞口岩层坚硬、整体性好、节理不发育,且不易风化,路堑开挖后仰坡极为稳定,并且没有较高的排水要求时采用。环框与洞口衬砌用混凝土整体灌注。

当洞口为松软的堆积层时,通常应避免大刷仰、边坡,一般宜采用接长明洞,恢复原地形地貌的办法。此时,仍可采用洞口环框,但环框坡面较平缓,一般与自然地形坡度相一致。环框两翼与翼墙一样能起到保护路堑边坡的作用。环框四周恢复自然植被原状,或重新栽植根系发达的树木等,以使仰、边坡稳定。在引道两侧,如果具备条件可以栽植高大乔木,形成林荫大道,这样的总体绿化,对洞外减光十分有益,也是一个值得推荐的好方法。不过,环框上方及两侧仍应设置排水沟渠,以排除地表水,防止漫流。倾斜的环框还有利于向洞内散射自然光,增加入口段的亮度。

(4)遮光棚式洞门。

当洞外需要设置遮光棚时,其入口通常外伸很远。遮光构造物有开放式和封闭式之分,前者遮光板之间是透空的,后者则用透光材料将前者透空部分封闭。由于透光材料上面容易沾染尘垢油污,养护困难,因此很少使用后者。形状上又有喇叭式与棚式之分。

除上述基本形式外,还有一些变化形式,如柱式洞门,在端墙上增加对称的两个立柱,不但雄伟壮观,而且对端墙局部加强,增加洞门的稳定性。此种形式一般适用于城镇、乡村、风景区附近的隧道。台阶式洞门,为适应山坡地形,在沿线傍山隧道半路堑情况下常采用这种形式,将端墙做成台阶式。

2) 隧道洞门构造

洞口仰坡坡脚至洞门墙背应有不小于 1.5 m 的水平距离,以防仰坡土石掉落到路面上,危及安全。洞门端墙与仰坡之间水沟的沟底至衬砌拱顶外缘的高度不应小于 1.0 m,以免落石破坏拱圈。洞门墙顶应高出仰坡坡脚 0.5 m 以上,以防水流溢出墙顶,也可防止掉落土石弹出。水沟底下填土应夯实,否则会使水沟变形,产生漏水,影响衬砌强度。

洞门墙应根据情况设置伸缩缝、沉降缝和泄水孔,以防止洞门变形。洞门墙的厚度可按计算或结合其他工程类比确定,但墙身厚度最小不得小于 0.5 m。

洞门墙基础必须置于稳固地基上,这是因为通常洞口位置的地形、地质条件比较复杂,有的全为松散堆积覆盖层,有的半软半硬,有的地面倾斜陡峻,为了保证建筑物稳固,应视地形及地质条件,洞门墙基础埋置足够的深度。基底埋入土质地基的深度不应小于 1 m,嵌入岩石地基的深度不应小于 0.5 m。

当基础设置在岩石上时,应清除表面强风化层。当风化层较厚,难于全部清除时,可根据地基的风化程度及其相应的容许承载力,将基底埋在风化层中。斜坡岩基应挖台阶,以防墙体滑动,岩基的废渣均应清除干净,这样才能确保洞门稳定。在松软地基上,地基强度偏小时,可根据情况采用扩大基础、换土、桩基、压浆加固地基等措施。

地基为冻胀土层时,冻结时土壤隆起、膨胀力大,而解冻时由于水融作用,土壤变软后沉陷,建筑物相应下沉,产生衬砌变形。根据公路工程一般设置基础的经验,要求基底设在冻结线以下不小于 0.25 m(所指的冻结线为当地最大的冻结深度)。如果冻结线较深,施工有困难,可采取非冻结性的砂石材料换填,也可采用设置桩基等办法。不冻胀土层中的地基,例如岩石、卵石、砾石、砂等,埋置深度可不受冻结深度的限制。

2. 明洞

当隧道埋深较浅,上覆岩(土)体较薄,难以采用暗挖法时,则应采用明挖法来开挖隧道。用明挖法修筑的隧道结构,通常称明洞。

明洞具有地面、地下建筑物的双重特点,既作为地面建筑物用以抵御边坡、仰坡的坍方、落石、滑坡、泥石流等病害,又作为地下建筑物用于在深路堑、浅埋地段不适宜暗挖隧道时,取代隧道的作用。另外,它还可以利用在与公路、灌溉渠立交处,以减少建筑物之间的干扰。

1)明洞结构形式

明洞的结构形式应根据地形、地质、经济、运营安全及施工难易等条件进行选择,采用最多的是拱形明洞和棚式明洞。

(1)拱形明洞。

隧道进出口两端的接长明洞或在路堑边坡不稳定地段修建的独立明洞等,多采用拱形明洞的形式。拱形明洞整体性好,能承受较大的垂直压力和侧压力。其形式有以下4种。

①路堑对称型。

这类形式适用于洞顶地面平缓,路堑两侧地质条件基本相同,原山坡有少量坍塌、落石以及隧道洞口岩层破碎,洞顶覆盖较薄,难以暗挖法修建隧道的地段。

②路堑偏压型。

路堑偏压型适用于两侧山坡高差较大的路堑,高侧边坡有坍塌、落石或泥石流,低侧边坡明洞墙顶以下部分为挖方,且能满足外侧边墙嵌入基岩要求的地段。

③半路堑偏压型。

半路堑偏压型适用于半路堑靠山侧边坡较高,有坍塌、落石或泥石流等不良地质现象,而外侧地面较为宽敞和稳定,上部填土坡面线能与地面相交以平衡山侧压力的地段。

④半路堑单压型。

半路堑单压型适用于靠山侧边坡或原山坡有坍塌、落石等情况,外侧地形陡峻无法填土的地段。

拱形明洞的边墙,一般采用直墙。当半路堑型单压明洞外墙尺寸较厚(可达3～5 m),为节省圬工量,通常在浆砌片石的外墙上每隔3～4 m开设孔洞一个。

采用偏压拱形明洞时,要特别注意处理好外墙基础,以防止因外墙下沉而引起拱圈开裂。故外墙必须设置于稳固地基上,如有困难,则可用桩基(或加深基础)及加固地基等方法进行处理。

(2)棚式明洞。

当山坡坍方、落石数量较少,山体侧压力不大,或因受地质、地形条件的限制,难以修建拱形明洞时,可采用棚式明洞。

棚式明洞顶板为梁式结构。内侧边墙一般采用重力式挡墙,当岩层完整、山体坡面较陡,采用重力式挡墙开挖量较大时,也可采用钢筋混凝土锚杆挡墙,但在地下水发育地段不宜采用。

棚式明洞的类型主要取决于外侧边墙的结构形式,通常有墙式、刚架式、柱式和悬臂式(不修建外墙时)等棚式明洞之分。

①墙式棚洞(墙式棚式明洞)。

墙式棚洞适用于边坡存在坍塌、落石的地段,横向断面类似桥跨结构,内墙除起挡墙作用外,还承受顶板下传垂直荷载,外墙只承受顶板下传垂直荷载。

②刚架式棚洞。

刚架式棚洞适合在边坡少量落石,或在两座隧道间需建明洞时,为改善隧道通风条件下而被采用。外墙结构为连续框架,因此对地基承载力要求较高。

③柱式棚洞。

柱式棚洞适用于少量落石,地基承载力高或基岩埋藏浅的地段。外墙采用独立柱和纵梁方式,结构简单,预制吊装方便,但整体稳定性较差。

④悬臂式棚洞。

当山坡较陡,坡面有少量落石,且外侧地基不良或不宜设基础时,可采用悬臂式棚洞。

根据山侧岩层的具体条件,内侧可选用重力式边墙或锚杆挡墙等形式。悬臂式棚洞由于结构不对称,抗震性能差,施工要求较高,选用时应慎重。

2)明洞基础

明洞基础应置于稳固的地基上。当基岩裸露或埋置较浅时,基础可设置于基岩上;当基础位于软弱地基上时,可采用仰拱、整体式钢筋混凝土底板,也可采用桩基、扩大基础、基础加深和地基加固处理等措施。

明洞基础应有一定的嵌岩深度和护基宽度。当地基为斜坡地形时,地基可开挖成台阶。在有冻害地区,基底埋置深度应不小于最大冻结深度以下250 mm。当地基外侧受水流冲刷影响时,应采取加固和防护措施。在横向斜坡地形,明洞外侧基础埋置深度超过路面以下3 m时,宜在路面以下设置钢筋混凝土横向水平拉杆,并锚固于内侧基础或岩体中。

不设仰拱的明洞基础应符合以下规定:

(1)基底承载力满足设计要求。

(2) 基础底面不应高于电缆沟的设计开挖底面。路侧边沟开挖底面低于基础底面时,边沟开挖边界距边墙基础的距离应大于500 mm。

(3) 在洞门墙厚度范围内,边墙基础应加深到与洞门墙基础底相同的高程。

(4) 边墙底截面宜适当扩大。

3) 明洞填土

明洞洞顶回填、拱背处理应根据明洞设置目的、作用,以及地形条件、边仰坡病害确定。边仰坡有严重的危石、崩坍威胁时,应予清除或进行加固处理。为防护一般的落石、崩坍危害,明洞拱背回填土厚度不宜小于1.2 m,填土表面应设置一定的排水坡度。

采用明洞式洞门时,明洞拱背可部分裸露,裸露部分宜设厚度不小于20 mm的砂浆层或装饰层。

立交明洞上的填土厚度应结合公路、沟渠及其他人工构造物的高程、自然环境、美化要求和结构设计等综合研究确定;对拱形明洞,必要时可设护拱。

明洞顶设置过水渠、过泥石流渡槽及其他构造物时,设计应考虑其影响。一般过水沟渠或普通排水沟沟底距洞顶外缘不应小于1.0 m。当为排泄山沟洪水、泥石流等渡槽时,渡槽沟底距洞顶外缘不宜小于1.5 m。

明洞边墙背后回填应根据明洞类型、地质条件、设计要求和施工方法按下列要求确定:考虑边墙地层弹性抗力时,边墙背后应用混凝土、浆砌片石或干砌片石回填;明洞边墙按回填土计算土压力时,边墙背后回填料的内摩擦角不应低于原地层计算摩擦角或设计回填料的计算摩擦角。

6.3.3 隧道附属构筑物及辅助坑道

1. 隧道附属构筑物

公路隧道的附属设施较多,有通风设施、照明设施、安全设施、应急设施、电力及通信设施、防排水设施等,限于篇幅,下面仅对众多设施中的几个构筑物进行简要介绍。

1) 紧急停车带

隧道中行驶的车辆在发生故障时应及时离开干道进行避让,以免发生交通事故,紧急停车带就是专供紧急停车使用的停车位置。尤其在长大隧道中,故障车必须尽快离开干道,否则必然引起交通阻塞,甚至导致交通事故。因此,高速公路、一级公路的特长隧道和长隧道应根据需要设置紧急停车带。为使车辆能在发生火灾时避难和退避,对于10 km以上的特长隧道还宜考虑设置方向转换场地(或称回车道设施)。

紧急停车带的间隔主要根据故障车的可能滑行距离和人力可能推动的距离而定,一般很难断言其距离的大小。如小轿车较卡车滑行的距离长,人力推动也较省力;下坡较上坡滑行的距离长,推动也省力。依据经验,隧道内紧急停车带的间距一般为500~800 m。

我国目前参照国际道路会议常设协会的隧道委员会推荐值来确定紧急停车带的有关参数,即超过2 km的隧道必须考虑设置宽为2.5 m、长为25~40 m的紧急停车带,间隔为750 m。

2)行人、行车横洞和预留洞室

行车方向分离的双洞公路隧道长度超过400 m时,宜设置行人横洞;长度超过800 m时,宜设置行车横洞,以供巡查、维修、救援及车辆转换方向使用。其设置的间距和尺寸如表6.29所示。若隧道长度为400~600 m,可在隧道中间设一个行人横洞;若长度小于400 m,可不设行人横洞。当隧道长度为800~1000 m时,可在隧道中间设一行车横洞;长度小于800 m时,可不设行车横洞。

表6.29　横洞间距尺寸(单位:m)

名称	间距	尺寸	
		宽	高
行人横洞	200~300	2.0	2.2
行车横洞	400~500	4.0	4.5

横洞的衬砌类型一般应和隧道相应部位的衬砌类型相同,行人横洞的底面应与人行道或边沟盖板顶面平齐。行车横洞两端应与路缘平顺连接,并设半径不小于5 m的转弯喇叭口。另外,500 m以上的高速公路、一级公路隧道宜单独设置存放专用消防器材等的洞室,并设置明显标志。

3)电缆槽与其他设施预留槽

公路隧道的电缆槽与铁路隧道的电缆槽在构造上基本相同,但由于公路隧道的照明与通风比铁路隧道要求高,因此电缆槽所需空间通常要比铁路隧道大,并且动力电缆(又称"强电")和通信电缆(又称"弱电")应分别放置在隧道两侧。

此外,公路隧道还需留有设置消防水管的位置;城市地区的交通隧道,还需留有通过其他市政管道(如自来水管、排污管等)的位置。这类管道通常与通信电缆一起放置在隧道一侧,因此称之为其他设施预留槽更确切。

2. 辅助坑道

辅助坑道也称为辅助通道,通常包括竖井、斜井、横洞、平行导坑、横通道、风道、泄水洞等形式。隧道中设置辅助坑道的目的通常有两个:一是为了满足隧道运营通风、救援、排水或防冻保温的需要,此类辅助坑道属于永久性建筑物,称为运营辅助坑道;二是为了增加施工工作面,这类辅助坑道称为施工辅助坑道,属于临时工程,整个工程施工完成以后一般要求回填。

辅助坑道的类型、主要用途及适用条件见表6.30。

表6.30 辅助坑道的类型、主要用途及适用条件

辅助坑道类型	主要用途	适用条件
竖井	运营通风	特长隧道分段纵向式通风
	增加施工开挖面	长隧道、特长隧道,地质条件较好、无设置直通地面的横洞和斜井条件;洞顶局部地段覆盖层较薄
斜井	运营通风	特长隧道分段纵向式机械通风
	增加施工开挖面	长隧道、特长隧道,地质条件较好、埋置不深、隧道旁侧有低洼地形、傍山隧道
横洞	增加施工开挖面	傍山、沿河、隧道一侧地形低洼地带,隧道横向与地面连接
平行导坑	运营疏散、救援通道	单洞双向行驶的长、特长隧道;远期规划修建第二线隧道时
	增加施工开挖面	长、特长的深埋隧道;不宜采用其他辅助通道时
	超前探测地质情况	地质情况复杂
	排水通道	地下水量大,多用于岩溶富水地区
风道	运营通风	竖井或斜井与隧道通风连接;风机房与隧道的连接
地下风机房	放置风机及其机电设备	有设置地下风机需求的特长隧道;地质条件较好
横通道	运营疏散、救援通道	分离式隧道左右洞之间的连接

续表

辅助坑道类型	主要用途	适用条件
横通道	施工联络通道,增加施工工作面,便于出渣运输和施工通风	分离式隧道左右洞之间的连接
泄水洞	防冻、保温、排水	高寒地区、地下水特别大的地区

第7章 隧道工程施工

7.1 隧道施工准备

施工准备就是根据隧道的不同情况,做好现场调查研究、核对设计文件和具体编制施工组织设计等工作。隧道施工时如果遇到不良地质情况,轻则拖延工期,增加建设成本,重则威胁一线施工人员的生命安全,因此,在隧道施工前做好准备工作显得尤为重要。

7.1.1 技术准备

在隧道施工之前,施工的技术准备特别重要,它是开工后施工的指导,技术准备越充分,以后的施工就越顺利。

1. 深入工地调查

主要调查和预测隧道施工可能对地表和地下已设结构物的影响;对交通运输条件和施工运输便道进行方案比选;施工场地布置与洞口相邻工程弃碴利用、农田水利、征地的关系;建筑物、道路工程、水利工程和电力、电信线路等设施的拆迁情况和数量;调查和测试水源、水质并拟订供水方案;天然筑路和衬砌材料(石料、砂土)的产地、质量、数量和供应方案;可利用的电源、动力、通信、机具车辆维修、物资消防、劳动力、生活供应及医疗卫生条件;当地气象、水文资料及居民点的社会状况;施工中和营运后对自然环境、生活环境的影响及需要采取的保护措施。

2. 全面熟悉设计文件

要安排技术人员会同设计单位对现场进行核对,掌握工程的重点和难点,了解隧道方案的选定及设计经过;重点复查对隧道施工和环境保护影响较大的地形、地貌、工程地质及水文地质条件是否符合实际,保护措施是否恰当;核对隧道平面、纵断面设计,了解隧道与所在区段的总平面、纵断面设计的关系;核对洞口位置、式样、衬砌类型是否与洞口周围环境相适应;核对设计文件中确定的施工方法、技术措施与实际条件是否相符合;核对洞外排水系统和设施的布置是否与地形、地貌、水文气象等条件相适应;交接和复查测量控制点、施工的基准点及水准点,并定期进行复核。

3. 编制施工组织设计

施工组织设计是指在施工前,根据设计人员、业主和监理工程师的要求以及主客观条件,对工程项目施工的全过程所进行的一系列筹划和安排。公路施工组织设计是指导公路施工的基本技术经济文件,也是对施工实行科学管理的重要手段。编制施工组织设计的目的在于全面、合理、有计划地组织施工,从而具体实现设计意图,按质、按量、按期完成施工任务。实践证明,一个工程如果施工组织设计编制得好,并能得到认真执行,施工就可以有条不紊地进行,否则将会出现盲目施工的混乱局面,造成不必要的损失。

1)编制原则

(1)严格遵守合同签订的或上级下达的施工期限,保质保量按期完成施工任务。对工期较长的大型项目,可根据施工情况,分期分批进行安排。

(2)科学、合理地安排施工顺序。在保证质量的基础上,尽可能缩短工期,加快施工进度。

(3)采用先进的施工方法和施工技术,不断提高施工机械化、预制装配化程度,减轻劳动强度,提高劳动生产率。

(4)应用科学的计划方法确定最合理的施工组织方法,根据工程特点和工期要求,因地制宜地采用快速施工、平行作业的方法。对于复杂的工程应通过网络计划确定最佳的施工组织方案。

(5)落实季节性施工的措施,科学安排施工计划,组织连续、均衡施工。

(6)严格遵守施工规范、规程和制度,认真按照基本建设程序办事,根据批准的设计文件与工期要求安排进度。严格执行有关技术规范和规程,提出具体的质量、安全控制和管理措施,并在制度上加以保证,确保工程质量和作业安全。

2)主要程序和内容

(1)主要程序。

施工组织设计需要遵守一定的程序,根据合同要求和施工现场的具体条件,按照施工的客观规律,协调和处理好各个影响因素的关系,用科学的方法进行编制。

(2)主要内容。

①工程概述。工程概述包括:简要说明工程项目、施工单位、业主、监理机构、设计单位、质检单位名称,合同开工日期和竣工日期,合同价;简要介绍项目的地理位置、地形地貌、水文、气候、交通运输、水电供应等情况;介绍施工组织机构设置及职能部门之间的关系;说明工程的结构、规模、主要工程量;说明合同的特殊要求,等等。

②施工技术方案。施工技术方案包括施工方法(特别是冬季和雨季以及技术复杂的特殊施工方法),施工程序(重点是施工顺序及工序之间的衔接),决定采用的新技术、新工艺、新材料和新设备,技术安全措施、质量保证措施等。

③施工进度计划。施工进度计划主要是对施工顺序、开始和结束时间、搭接关系进行综合安排,包括以实物工程量和投资额表示的工程的总进度计划和分年度计划以及所需的工日数和机械台班数。

④施工总平面布置。施工总平面布置必须以平面布置图表示,并标明项目建设的位置以及生产区、生活区、预制场、材料场、爆破器材库等的位置。

⑤劳动力需要量和来源。劳动力需要量包括总需要量和分工种、分年度的需要量。

⑥施工现场平面布置。

⑦施工机械、建筑材料,施工用水、用电的分年度需要量及供应方案。

⑧便道、防洪、排水和生产、生活用房屋等设施的建设及时间要求。

⑨施工准备工作进度表。施工准备工作进度表包括各项准备工作的负责单位、完成时间及要求等。

施工组织设计用文、图、表三种形式表示,互相结合,互相补充。凡能用图表来表示的,应尽量采用图表,因为图表便于"上墙",能形象、准确、直观地说明问题,有利于指导现场施工。

7.1.2 设备准备

在施工的技术准备完成之后,可以按照施工组织设计的要求,根据不同的施工方法,对施工的设备进行准备。

1. 一般钻眼机具

隧道工程中常使用的凿岩机有风动凿岩机和液压凿岩机,另有电动凿岩机和内燃凿岩机,但较少采用。其工作原理都是利用镶嵌在钻头体前端的凿刃反复冲击并转动破碎岩石而成孔。有的凿岩机可通过调节冲击功大小和转动速度来适应不同硬度的石质,达到最佳成孔效果。

1)钻头和钻杆

钻头直接连接在钻杆前端(整体式)或套装在钻杆前端(组合式),钻杆尾则套装在凿岩机的机头上,钻头前端则镶入硬质高强耐磨合金钢凿刃。

凿刃起着直接破碎岩石的作用,它的形状、结构、材质、加工工艺是否合理都直接影响凿岩效率。

凿刃的种类按其形状可分为片状连续刃及柱齿刃(不连续)两类。片状连续刃又有一字形、十字形等几种布置形式;柱齿刃又有球齿、锥形齿、楔形齿等形状之分。

2)风动凿岩机

风动凿岩机俗称风钻,它以压缩空气为驱动力,具有结构简单、制造维修简便、操作方便、使用安全的优点。但压缩空气的供应设备比较复杂,能耗大,凿岩速度比液压凿岩机低。

3)液压凿岩机

液压凿岩机以电力带动高压油泵,通过改变油路,使活塞往复运动,实现冲击作用。液压凿岩机与风动凿岩机比较,具有以下主要特点。

(1)动力消耗少,能量利用率高。液压凿岩机动力消耗仅为风动凿岩机的 $1/3 \sim 1/2$;能量利用率,液压凿岩机可达 $30\% \sim 40\%$,风动凿岩机仅有 15%。

(2)凿岩速度快。液压凿岩机比风动凿岩机的凿岩速度快 $50\% \sim 150\%$。在花岗岩中,液压凿岩机纯钻进速度为 $170 \sim 200\ \text{cm/min}$。

4)凿岩台车

将多台凿岩机安装在一个专门的移动设备上,实现多机同时作业,集中控制,称为凿岩台车。

凿岩台车按其走行方式可分为轨道走行式、轮胎走行式和履带走行式三种,按其结构形式可分为实腹式和门架式两种。

实腹式凿岩台车通常为轮胎走行,可以安装1~4台凿岩机及一支工作平台臂。其立定工作范围为宽10~15 m、高7~12 m,适用于不同断面的隧道中。但实腹式凿岩台车占用坑道空间较大,需与出碴运输车辆交会避让,占用循环时间,尤其是在隧道断面不大时,机械避让占用的非工作时间就更长,故实腹式凿岩台车多应用于断面较大的隧道中。

2. 喷射混凝土机械设备

在新奥法施工中,喷射混凝土的机械设备是必不可少的,因为使用混凝土喷射机可按一定的混合程序将掺速凝剂的细石混凝土喷射到岩壁表面上,并迅速固结成一层支护结构,从而对围岩起到支护作用。

1) 喷射机

喷射机是喷射混凝土的主要设备,国内已有多种鉴定定型产品,且各有特点,可以视施工的具体情况选用,但要以保证喷射混凝土的质量,减少回弹和粉尘,控制施工成本,提高工作效率为前提。常用的干式喷射机有双罐式喷射机、转体式喷射机和转盘式喷射机。

新研制的湿式喷射机有挤压泵式、转体活塞泵式、螺杆泵式喷射机,这些泵式喷射机均要求混凝土具有较大的流动性(水灰比大于0.5,砂率大于20%),其机械构造较为复杂,易损件使用寿命短,机械使用费高,机械清洗和故障处理较麻烦,目前现场使用较少,有待进一步改进推广。

2) 机械手

喷头的移动和喷射方向、距离,可采用人力直接控制或机械手控制。人力直接控制一般只用于解决少量喷敷和局部喷敷;机械手控制方便灵活,工作范围大,可覆盖140 m^2。

7.1.3 组织准备

施工企业通过投标方式获得工程施工任务后,应根据签订的施工合同的要求,迅速组建符合本工程实际的施工管理机构,组织施工队伍进场施工。同时,为保证工程按设计要求的质量、计划规定的进度和低于合同价的成本,安全、顺利地完成施工任务,还应针对施工管理工作复杂、困难多的特点,建立一整套完善的施工管理制度,采用科学的管理方法,切实有效地开展工作。

施工组织准备工作的主要任务是:组建施工项目经理部;选配强有力的施工领导班子和施工力量;强化施工队伍的技术培训。

1. 机构组建和人员配备

这里的施工机构是指为完成公路施工任务负责现场指挥、管理工作的组织机构。根据我国具体情况及以往的公路施工经验,施工机构一般由生产系统、职能部门和行政系统等组成。

人员配备方面主要有以下几点要求:

(1)根据工程规模、工期和技术难度等条件配备相应的管理、技术、测量、试验、环保、专职安全检查和质量监督人员,复杂地质条件下的隧道、长隧道及特长隧道必须配备地质工程师。

(2)隧道施工的钻孔爆破、弃碴外运、初期支护、模筑衬砌等作业均应安排专业队伍进行施工,施工前应根据进度计划、技术水平等制订详细的班组调配计划,及时组织人员,安排施工,满足流水需要。

(3)从事隧道施工的各类特殊岗位人员均应持证上岗,并定期对劳务人员进行培训、安全教育和技术交底,经相关单位考核合格后,方能上岗。

(4)施工单位应向作业人员提供必需的安全防护用具,包括安全帽、安全带、口罩、耳塞、防护服、定位卡等,应在洞口安装安全镜,并应经专职安全员检查,满足进洞要求后,方能进洞作业。

2. 建立健全各项管理制度

1)施工计划管理制度

施工计划管理工作是施工管理工作的中心环节,其他管理工作都要围绕施工计划来开展。施工计划管理包括编制计划、实施计划、检查和调整计划等环节。由于公路施工受自然条件的影响大,其他客观情况的变化也难以准确预测,这就要求施工计划必须经过充分调查研究后才能制订,同时在执行过程中应随时检查,发现问题要及时采取措施解决,必要时还应对计划进行调整修改,使之符合新的客观情况,保证计划的实现。

2)施工技术管理制度

施工技术管理是对施工技术进行的一系列组织指挥、调节和控制等活动的总称。其主要内容包括施工工艺管理、工程质量管理、施工技术措施计划、技术革新和技术改造、安全生产技术措施、技术文件管理等。要搞好各项施工技术管理工作,关键是建立并严格执行各种施工技术管理制度,只有执行施工技术管理制度,才能很好地发挥施工技术管理作用,圆满地完成施工技术管理的任务。

3)施工成本管理制度

施工成本管理是施工企业为降低施工成本而进行的各项管理工作的总称。施工成本管理与其他管理工作有着密切的联系,施工企业总的技术水平和经营管理水平的高低,均能直接或间接地反映在成本这个指标上。施工成本的降低,表明施工企业在施工过程中活劳动(支付给劳动者的报酬)和物化劳动(生产资料)的节约。活劳动的节约说明劳动生产率的提高,物化劳动的节约说明机械设备利用率的提高和建筑材料消耗率的降低。因此,建立施工成本管理制度,加强对施工成本的管理,不断降低工程造价,具有十分重要的意义。

4)施工安全管理制度

安全生产关系到人民群众的生命和财产安全,关系到改革发展和社会稳定的大局。加强施工安全、劳动保护对公路工程的质量、成本和工期有重要意义,也是企业管理的一项基本原则。其基本任务是:正确贯彻执行"以人为本"的思想和"安全第一、预防为主、综合治理"的方针,建立安全施工责任制,加强安全检查,开展安全教育,在保证安全施工的条件下,创建优质工程。

7.1.4 施工现场准备

1. 开展超前地质预报

在隧道施工前,为了更好地了解隧道施工前方的水文地质情况及工程地质情况,确保工程施工的顺利进行,减小地质灾害的发生概率,应在工程地质条件较差的隧道施工前开展超前地质预报工作,采用物探和钻探的方式,探测隧道开挖一定范围内围岩的工程地质水文情况,从而在施工前掌握开挖工作面前方的岩体性质、结构、状态以及地下水的发育情况、地应力情况等工程地质信息,为隧道的施工提供超前指导,以避免隧道施工及正常使用过程中发生危及施工人员及通行车辆人员生命财产安全的事故。

2. 开展隧道监控量测

隧道监控量测即在隧道施工的过程中,采用全站仪、水准仪、收敛计等量测工具对地表沉降、拱顶下沉、断面净空变化及支护体系受力情况进行采集与分析,实时监控围岩的变化情况及支护结构的受力情况,并对围岩位移变化进行预测,以监控量测数据分析结果作为调整施工进度与支护结构设计的重要依据,并给出复合式衬砌中二次衬砌的施作时间。

3. 建造临时设施

1)仓库

仓库是为存放施工所需要的各种物资器材而设的。按物资的性质和存放量要求,其形式可以是露天敞棚、房屋或库房。仓库物资储存量应根据施工条件通过计算确定:一方面应保证工程施工的需要,有足够的储量;另一方面又不宜储存过多,以免增加库房面积,造成积压浪费。

为了保证物料及时顺利地卸入库内和发放使用,仓库必须设计足够的卸装长度。在保证安全的条件下,应将仓库设在交通方便的地方,并利用天然地形组织装卸工作。对于材料使用量很大的仓库,应尽量靠近使用地点。

2)临时房屋设施

临时房屋设施包括行政办公用房、宿舍、文化福利用房及作业棚等。临时房屋设施的需要量根据职工与家属的总人数和房屋指标确定。临时房屋修建的一般要求是布置要紧凑,充分利用非耕地,尽量利用施工现场或附近已有的建筑物。必须修建的临时房屋,应以经济、实用为原则,合理选择形式(如装拆式、移动式建筑)以便重复使用。

3)临时交通便道

在正式施工前,必须解决好场内外的交通运输问题。在工地布设临时交通便道时应遵循下列原则:

(1)临时交通道路以最短距离通往主体工程施工场所,并连接主干道路,使内外交通便利。

(2)充分利用原有道路,对不满足使用要求的原有道路,应在充分利用的基础上进行改建,以节约投资和施工准备时间。

(3)在工程施工与现有道路、桥涵发生冲突和干扰之处,承包人都要在工程施工之前完成改道施工或修建临时道路。临时道路应满足现有交通量的要求,路面宽度应不小于现有道路的宽度,且应加铺沥青面层。

(4)在利用现有的乡村道路作为临时道路时,应将该乡村道路进行修整、加宽、加固及设置必要的交通标志,并经监理工程师验收合格后方可通行。

(5)在工程施工期间,应配备人员对临时道路进行养护,以保证临时道路和结构物的正常通行。

(6)应尽量避开洼地和河流,不建或少建临时桥梁。

4)工地临时用电

施工现场用电,包括生产用电和生活用电。其中,生活用电主要是照明用电;生产用电包括各种生产设施用电、主体工程施工用电、其他临时设施用电。具体的用电要求包括以下几点。

(1)施工供电要考虑永临结合,对于短隧道应采用高压至洞口,再低压进洞;特长隧道应考虑高、中压进洞,以满足施工需要。

(2)隧道施工供电应采用三相五线供电系统;动力设备应采用三相380 V;照明电压一般作业地段不宜大于36 V,成洞段和不作业地段可采用220 V,手提作业灯为12~24 V;选用的导线截面应使低压线路末端电压降不大于10%,36 V及24 V线不得大于5%;高压分线部位应设明显危险警告标志;所有配电箱必须全部安装漏电保护器,并明确责任人和标识用途。

(3)洞外变电站应设置防雷击和防风装置,且宜设在靠近负荷集中地点和电源来线一侧。当变电站电源线需跨越施工地区时,其最低点距人行道和运输线路的最小高度应满足相关要求。变压器容量应按电气设备总容量确定,当单台电动设备容量超过变压器容量的1/3时,宜适当增加启动附加容量。④洞内变电站应设置在干燥的紧急停车带或不使用的横通道内,变压器与周围及上下洞壁的最小距离,不得小于0.3 m,同时应按规定设置灯光、轮廓标等安全防护设施。洞内高压变电站之间的距离宜为1000 m,由变电站分别向相反两方向供电,每一方供电距离宜采用500 m。洞内高压变电站应采用井下高压配电装置或相同电压等级的油开关柜,不应使用跌落式熔断器,应有防尘措施。

(4)成洞地段固定的电线路,应采用绝缘良好的胶皮线架设;施工地段的临时电线路应采用橡套电缆;动力干线上每一分支线,必须装设开关及保险装置;严禁在动力线路上加挂照明设施。

(5)照明和动力线路安装在同一侧时,必须分层架设;隧道施工作业地段必须有充足的照明。

(6)电线悬挂高度应满足相关要求。供电线路架设一般要求高压在上、低压在下,干线在上、支线在下,动力线在上、照明线在下。

(7)每个隧道施工均要配备满足正常施工需要的发电机组,以作备用。

7.2 隧道施工的方法及选择

7.2.1 公路隧道施工常用方法

隧道施工是修建隧道及地下洞室的施工方法、施工技术和施工管理的总称。

隧道施工过程通常包括:在地层内挖出土石,形成符合设计断面要求的隧道,进行必要的支护和衬砌,控制隧道围岩变形,保证隧道施工安全和长期安全使用。

隧道施工方法的选择主要依据工程地质和水文地质条件,并结合隧道断面尺寸、长度、衬砌类型、隧道的使用功能和施工技术水平等因素综合考虑研究确定。所选择的施工方法要体现出技术先进、经济合理及安全适用的特点。根据隧道穿越地层的不同情况和目前隧道施工技术水平,隧道施工方法可按以下方式分类。①山岭隧道施工方法:矿山法(传统矿山法、新奥法)、掘进机法。②浅埋及软土隧道施工方法:明挖法、盖挖法、地下连续墙法。

1. 矿山法

山岭隧道的常规施工方法又称为矿山法,因最早应用于采矿坑道而得名,它包括传统矿山法和新奥法。

在矿山法中,多数情况下都需要采用钻眼爆破进行开挖,故又称为钻爆法。从隧道工程的发展趋势来看,矿山法仍将是今后山岭隧道最常用的开挖方法。

1)传统矿山法

传统矿山法是人们在长期施工实践中发展起来的。它是凿眼爆破、以木或钢构件作为临时支撑,待隧道开挖成形后,逐步将临时支撑撤换下来,而代之以整体式衬砌作为永久性支护的施工方法。

木构件支撑由于其耐久性差和对坑道形状的适应性差,支撑撤换工作既麻烦又不安全,且对围岩有所扰动,因此,目前已很少被采用。

钢构件支撑由于具有强度高、刚度大和对坑道形状适应性强等优点,目前采用较多,但其也存在撤换时不完全、若不撤换成本高以及与围岩非面接触支撑的缺点。

钢木构件支撑类似于地上的"荷载-结构"力学体系。它作为一种维持坑道稳定的措施,是很直观和奏效的,也容易被施工人员理解和掌握。因此这种方法常被应用于不便采用锚喷支护的现代隧道中。

2)新奥法

新奥法是应用岩体力学理论,以维护和利用围岩的自承能力为基点,以锚杆和喷射混凝土为主要支护手段,及时进行支护,控制围岩的变形和松弛,使围岩成为支护体系的组成部分,并通过对围岩和支护的量测、监控来指导隧道施工和地下工程设计施工的方法和原则。

新奥法的原理是,在利用围岩本身所具有的承载效能的前提下,采用毫秒爆破和光面爆破技术,进行全断面开挖施工,并采用初次柔性支护和二次衬砌的复合式衬砌来修建隧道的洞身,初次柔性支护是在洞身开挖之后必须立即进行的支护工作。因为蕴藏在山体中的地应力由于开挖成洞而产生再分配,隧道空间靠空洞效应而得以保持稳定,也就是说,承载地应力的主要是围岩体本身,而初次柔性支护的作用,是使围岩体自身的承载能力得到最大限度的发挥,二次衬砌主要是起安全储备和装饰美化作用。

2. 掘进机法

掘进机法是指利用隧道掘进机切削破岩,开凿岩石隧道的施工方法。它始于20世纪30年代,随着掘进机技术的迅速发展和机械性能的日益完善,掘进机施工得到了快速发展。掘进机施工,特别是对于长隧道的施工,较之钻爆法施工有其显著的特点:大大降低了工人的劳动强度,保证了施工人员的安全;掘进速度快,进一步发展将有达到自动化的可能,等等。在科技飞速发展的今天,掘进机有了更广阔的使用条件。虽然钻爆法仍是当前山岭隧道施工的最普遍的方法,而且掘进机也不能取代钻爆法施工,但用掘进机施工的隧道数量不断上升。据不完全统计,世界上采用掘进机施工的隧道已有1000余座,总长度在4000 km左右。特别是在欧美国家,由于劳动力昂贵,掘进机施工已成为进行施工方案比选时必须考虑的一种方案。

与钻爆法开挖隧道施工过程相比,使用掘进机开挖隧道的特点在于施工过程是连续的,具有隧道工程"工厂化"的特点。

3. 明挖法

所谓明挖法,是指地下结构工程施工时,从地面向下分层、分段依次开挖,直至达到结构要求的尺寸和高程,然后在基坑中进行主体结构施工以及防水作业,最后恢复地面的一种工法。明挖法施工简单、方便,地层表面附近(浅埋)的地下工程多采用明挖法进行修建,如房屋基础、地下商场、地下街、地下停车场、地铁车站、人防工程及地下工业建筑等。

明挖法通常分为无支护放坡开挖和基坑支护开挖两种形式。无支护放坡开挖的优点是不必设置支护结构,而且主体结构施工时场地较大,便于施工布置;缺点是开挖工程量相对较大,而且占用场地大,适用于在旷野采用明挖法修建的地下工程。在场地条件受限的情况下,如城市地下工程施工,常采用基坑支护开挖方法。

通常,为保证基坑侧壁稳定及邻近建筑物的安全,需采取基坑侧壁的支护加固措施,即设置基坑支护结构,包括支护桩墙、支撑系统、围檩、防渗帷幕、土钉及锚杆等。基坑支护结构安全与否,不仅直接关系到所建工程的成败,而且关系到邻近已建工程的安危。

施工时,是采用无支护放坡开挖还是基坑支护开挖,应根据工程地质条件、开挖工程规模、地面环境条件、交通状况等因素综合确定。

4. 盖挖法

盖挖法是由地面向下开挖至一定深度后,将顶部封闭,其余的下部工程在封闭的顶盖下进行施工,主体结构可以顺作,也可逆作。

盖挖法施工的优点:结构的刚度大、水平位移小;结构板作为基坑开挖的支撑,节省了临时支撑;缩短了占道时间,减少了对地面的干扰;受外界气候影响小。缺点:出土不方便;板墙柱施工接头,需进行防水处理;工效低,速度慢;结构框架形成之前,中间立柱能够支承的上部荷载有限。

5. 地下连续墙法

地下连续墙是基础工程在地面上采用一种挖槽机械,沿着深开挖工程的周边轴线,在泥浆护壁条件下,开挖出一条狭长的深槽,清槽后,在槽内吊放钢筋笼,然后用导管法灌注水下混凝土筑成一个单元槽段,如此逐段进行,在地下筑成的一道连续的钢筋混凝土墙壁。地下连续墙可作为截水、防渗、承重、挡水结构。

由于受到施工机械的限制,地下连续墙的厚度具有固定的模数,不能像灌注桩一样根据桩径和刚度灵活调整。因此,地下连续墙只有在一定深度的基坑工程或其他特殊条件下才能显示出其经济性和特有优势。

7.2.2 地层加固措施

无论新奥法或传统的矿山法施工,都可能会遇到开挖工作面不能自稳,或地面沉陷过大的情况,为了确保工程顺利进行和施工安全,必须采取一定的措施对地层进行预支护或预加固。在公路隧道施工中,经常采用的加固地层的措施有超前锚杆、超前管棚、预注浆加固地层等。

这些措施的选用,应视围岩条件、涌水状况、施工方法、环境要求而定。

1. 超前锚杆

超前锚杆的要点是在开挖掘进前,在开挖面顶部一定范围内(必要时也可在边墙局部范围内),沿隧道断面的周边向地层内打入一排(或二排)纵向锚杆(或小钢管),以形成一道顶部加固棚,在此棚的保护下进行开挖(纵向两排的水平投影应有不小于1 m的搭接长度)。挖至一定距离后,重复上述步骤,如此循环前进。此法主要适用于土砂质地层、膨胀性地层裂隙发育的岩体以及断层破碎带等。

超前锚杆宜采用早强砂浆锚杆,小钢管应平直,尾部焊箍,头部做成尖锥状。它们的施工过程都是先钻孔,然后用锤击或风钻顶入。小钢管顶入时孔位偏差不应超过100 mm,顶入长度不应小于管长的90%。

2. 超前管棚

处于松软地层中的浅埋隧道,当要求地表沉陷量较小时,可采用管棚进行预支护。管棚是开挖掘进前在隧道开挖工作面的上半断面部分(呈扇形)或全部沿隧道断面周边间隔一定距离,用大型水平钻机(如土星-880型液压钻机)钻孔,然后向钻孔内压入钢管而形成的钢管群体。为了增加钢管的刚度,可向钢管内灌入混凝土或插入钢筋笼并灌入水泥砂浆。在管棚的保护下可采用正台阶法或分部开挖法开挖。管棚长度应按地质情况选用,并应保证开挖后管棚仍有足够的超前长度(不小于1.5 m)。根据实践经验,以20 m一棚为好,钢管每节长度4~6 m,所以在压入管节过程中需要纵向接长,其方法可采用焊接或丝扣连接(丝扣长度不应小于15 cm)。

钢管直径可选用80~180 mm,钢管间的中心距离按其用途决定,一般为30~50 cm,也可采用密排形式构成一个连续的钢管棚。

钻孔前最好在开挖面上架设受力拱架,并精确定出钻孔位置,保证钻孔时不产生偏移和倾斜。钻孔时如出现卡钻或坍孔,应注浆后再钻,也可直接将钢管顶入。钻孔直径一般应比管径大20~30 mm,在钢管压入钻孔过程中,必须用测斜仪严格控制上仰角(一般为1°~2°)。

3. 预注浆加固地层

注浆法主要是通过注浆设备向地层中注入凝结剂(主剂加胶凝剂)固结地层,减小地层的渗透性,提高地层的稳定性和强度。

隧道中采用预注浆加固地层的方法大致有:在开挖工作面上打超前长导管或小导管注浆;对浅埋隧道从地面向隧道所在区域打辐射状或平行状钻孔并注浆;在所设置的平行导坑内向正洞所在区域钻孔注浆。目前较为常用的是超前小导管注浆。

小导管注浆属于渗入性注浆。在开挖掘进前,先用喷射混凝土将开挖面和5 m范围内的坑道封闭,然后沿坑道周边打入纵向带孔的小导管,使用注浆设备将浆液压入小导管内,并通过管壁的注浆孔注入地层微小孔隙中,排出其中的空气和水而胶凝成固结体,在坑道周围形成一个加固圈,在此圈的掩护下安全地进行开挖等作业。

7.2.3 隧道施工方案选择依据

施工方案的选择是施工组织设计最重要的环节,是决定工程全局的关键。因为施工方案一经确定,则整个工程施工的进度、人力与机械的需要量和布置、工程质量及施工安全、工程成本、现场的状况等也随之被确定。施工方案的优劣,在很大程度上决定了施工组织设计的质量和施工任务完成的好坏。

施工方案包括的内容很多,概括起来主要有四项:拟订施工过程中的施工方法,总的施工程序安排,选择施工中所使用的大型机械设备,保证质量和安全的主要技术措施。

选择施工方案的基本要求是:优质、安全、快速、经济以及均衡生产。隧道施工方案是根据工程所处地理位置、工程地质和水文地质资料、开挖断面大小、衬砌类型、隧道长度、工期要求、施工技术力量、施工机械设备情况、施工中劳动力和原材料供应情况、工程投资与营运后的社会效益和经济效益、施工安全状况、有关污染和地面沉降等环境方面的要求和限制等综合因素经研究确定的。

这里需强调的是,要重视一些辅助施工工序和措施,如施工过程中的运输出碴、风水电作业,为稳定开挖面或为防止地面沉陷过大而应对地层进行预支护或预加固等措施。施工措施也应根据地形条件、围岩条件、涌水状况、施工方法、环境要求等因素确定。

此外,对于地质条件变化较大的隧道,选用的施工方法应有较大的适应性,当需要变更施工方法时,一般选用安全度大的施工方法,并以较少影响施工进度为原则。总之,要做到因地制宜、安全、合理、有效。另外,重大施工方案如与原设计出入较大,则应提请建设、设计、监理三方共同研究确定。

概括起来,选择施工方案时,要考虑的因素有如下几方面:

(1)工程的重要性,一般由工程的规模、使用上的特殊要求,以及工期的缓急体现出来;

(2)隧道所处的工程地质和水文地质条件;

(3)施工技术条件和机械装备状况;

(4)施工中劳动力和原材料供应情况;

(5)工程投资与运营后的社会效益和经济效益;

(6)施工安全状况;

(7)有关污染、地面沉降等环境方面的要求和限制。

应该看到,隧道施工方法的选择,是一项"模糊"的决策过程,它依赖于有关人员的学识、经验、毅力和创新精神。对于重要工程则需汇集专家们的意见,广泛论证。必要时还应当开挖试验洞对理论方案进行实践验证。

从目前我国公路隧道发展趋势来看,在今后很长一段时间内,我国仍以采用新奥法为主,这也符合世界潮流。

7.3 隧道开挖与洞口洞身施工技术

7.3.1 隧道开挖方法

修筑隧道首先要在隧道所穿越的地层内开挖出一个符合设计要求的空间。开挖作业占整个隧道施工工程量的比重较大,造价占25%~40%,是隧道施工中较关键的基本作业。它对隧道的施工进度和工程造价都有很大影响。隧道施工的开挖方式是指对坑道范围内岩体的破碎挖除方式。常用的开挖方式有钻爆开挖法、机械开挖法、人工和机械混合开挖三种。限于篇幅,本节主要介绍钻爆开挖法。

钻爆开挖方法包括全断面法、台阶法、中隔壁法和双侧壁导坑法等。

1. 全断面法

全断面法是采用全断面一次开挖成形的施工方法,适用于Ⅰ～Ⅲ级围岩隧道施工,Ⅳ级围岩隧道在采用了有效的措施后,亦可采用全断面法开挖。

1) 优点

(1) 施工场地宽敞,工作面空间大,便于大型机械作业,可使用钻眼台车钻眼,槽式列车或梭式矿车出碴等机械化配套作业;

(2) 开挖面大,能发挥深眼钻爆的优点;

(3) 工序少、干扰少、工序集中、管理方便;

(4) 通风、排水、运输方便,提高掘进速度。

2) 缺点

(1) 要求机械化程度高;

(2) 各工序紧密配合,某一工序落后,即严重影响全面施工;

(3) 出碴是控制施工进度的重要因素,要注意合理组织运输工作。

3) 注意事项

(1) 施工时应配备钻孔台车或台架及高效率装运机械设备,以尽量缩短循环时间,各道工序应尽可能平行交叉作业,加快施工进度,并应注意经常检查维修机械设备,应备有足够的易损零部件,以保证各项施工工作顺利进行;

(2)加强各种辅助作业和设备的管理,如"三管两线"要保持技术良好状态;

(3)加强对工程地质和水文地质的调查,对不良地质情况要及时预报、量测、分析研究,以防影响施工安全、工程建设进度等;

(4)加强和重视施工操作人员的技术培训,使其能熟练掌握各种机械设备,推广新技术,不断提高工效,改进施工管理(包括隧道施工的计划管理、技术管理、质量管理、经济管理、安全管理等);

(5)使用钻孔台车宜采用深孔钻爆,以提高开挖进尺;

(6)初期支护应严格按照设计及时施作,为控制超欠挖,提高爆破效果,有条件时可采用超前导坑法进行全断面开挖。

2. 台阶法

台阶法是先开挖上半断面,待开挖至一定长度后同时开挖下半断面,上、下半断面同时并进的施工方法。

台阶开挖可以说是全断面开挖的变化方案,即将设计断面分上半部断面和下半部断面两次或多次开挖成形;或采用上弧形导坑开挖和中核开挖及下部开挖(即台阶分部开挖法)。台阶法开挖便于使用轻型凿岩机打眼,而不必使用大型凿岩台车。在装碴运输、衬砌修筑等方面,则与全断面法基本相同。

在上部断面以弧形导坑领先2～2.5 m,下部断面以一个正台阶垂直挖到底,一次爆破,利用碴堆钻眼,机械装碴运输。采用正台阶法开挖关键问题是台阶的划分形式。台阶划分要求尽量做到爆破后扒碴量少,钻眼和出碴干扰少。因此,一般将设计断面划分成1～2个台阶进行分部开挖。

1)优缺点

(1)台阶法具有较大的工作空间和较快的施工速度,但上下部作业有相互干扰;

(2)台阶法有利于开挖面的稳定,尤其是上部开挖支护后,下部断面作业就较为安全。但台阶开挖增加了对围岩的扰动次数,应注意下部作业对上部稳定性产生的不良影响。

2)注意事项

(1)根据围岩条件,合理确定台阶长度,一般应不超过1倍洞径,确保开挖、支护质量及施工安全。

(2)台阶高度根据地质情况、隧道断面大小和施工机械设备情况确定,其中上台阶高度以 2～2.5 m 为宜。

(3)上台阶施作钢架时,应采用扩大拱脚或施作锁脚锚杆等措施,控制围岩和初期支护变形。

(4)下台阶应在上台阶喷射混凝土达到设计强度 70% 以上时开挖。当岩体不稳定时,应缩短进尺,必要时上下台阶可分左、右两部错开开挖,并及时进行初期支护和施作仰拱。

(5)施工中应解决好上下台阶的施工干扰问题,下部施工应减少对上部围岩、支护的扰动。

(6)上台阶开挖超前一个循环后,上下台阶可同时开挖。

3. 中隔壁法

中隔壁法是在软弱围岩大跨隧道中,先开挖隧道的一侧,并施作中隔壁墙,然后再开挖另一侧的施工方法。

采用该法施工,在Ⅴ～Ⅵ级围岩的地段,平均月成洞可达 20～30 m,施工安全性大大提高。由于施作的中隔壁在施作二次衬砌时是需要全部拆除的,因此,使用该法时其施工成本费用相对较高。

施工时应注意:

(1)各部开挖时,周边轮廓应尽量圆顺,减小应力集中;

(2)各部的底部高程应与钢架接头处一致;

(3)每一部的开挖高度应根据地质情况及隧道断面大小而定,后一侧开挖形成全断面时,应及时完成全断面初期支护闭合;

(4)左、右两侧洞体施工时,纵向间距应拉开不大于 15 m 的距离,中隔壁宜设置为弧形;

(5)在灌注二次衬砌前,应逐段拆除中隔壁临时支护,拆除时应加强量测,一次拆除长度一般不宜超过 15 m。

4. 双侧壁导坑法

双侧壁导坑法(又称眼镜工法)是先开挖隧道两侧导坑,及时施工作业导坑四周初期支护及临时支护,必要时施工作业边墙衬砌,然后再根据地质条件、断面大小,对剩余部分采用二台阶或三台阶开挖的方法。

双侧壁导坑法适合在软弱围岩地段,由于跨度较大(一般开挖宽度达到

11 m左右),无法采用全断面法或台阶法开挖时采用,相当于先开挖2个小跨度的隧道,开挖后,围岩的自稳时间能够满足初期支护的需要,这样有利于施工的安全。侧壁导坑完成后,剩余断面一般采用上、下两部开挖,上部开挖后,立即进行初期支护,安装钢架支撑,并将钢架与侧壁导坑的钢架连接成一个整体,从而克服了大跨度带来的施工安全问题。

1)开挖面分部形式

一般将断面分成四块:左侧壁导坑、右侧壁导坑、上部核心土、下台阶。导坑宽度不宜超过断面最大跨度的1/3。左、右侧导坑错开的距离,应根据开挖一侧导坑所引起的围岩应力重分布的影响不致波及另一侧已成导坑的原则确定。

2)施工作业顺序

(1)开挖一侧导坑,并及时地将其初期支护闭合;

(2)相隔适当距离后开挖另一侧导坑,并进行初期支护;

(3)开挖上部核心土,进行拱部初期支护,拱脚支承在两侧壁导坑的初期支护上;

(4)开挖下台阶,进行底部的初期支护,使初期支护全断面闭合;

(5)拆除导坑临空部分的初期支护;

(6)进行内层衬砌。

3)注意事项

(1)侧壁导坑形状应近似椭圆形,导坑断面宽度宜为整个断面的1/3;

(2)侧壁导坑、上部核心土、下部台阶错开一定距离平行作业;

(3)导坑开挖后应及时进行初期支护及临时支护,并尽早封闭成环;

(4)侧壁导坑采用短台阶法开挖,左右侧壁导坑施工可同步进行;

(5)当全断面初期支护封闭成环后,量测显示支护体系稳定,变形很小时,方可拆除临时支护,同时应及时施作仰拱并进行二次衬砌;

(6)临时支护拆除时应加强量测,一次拆除长度一般不宜超过15 m。

7.3.2 隧道钻眼爆破施工

钻眼爆破是一般山岭隧道最常采用的方式。

1. 炮眼的种类与作用

钻爆法亦即用爆破进行隧道开挖。要提高爆破效果则需增加临空面,临空面是指需要爆破的岩体暴露于空间的平面。

隧道开挖的炮眼数目与隧道断面大小有关(多在几十至数百范围内),炮眼按其所在位置、爆破作用、布置方式和有关参数大体分为掏槽眼、辅助眼、周边眼。

1)掏槽眼

同样的炮眼和装药,开挖临空面数量不同时,爆破的效果大不相同,临空面越多,爆破效果越好。导坑开挖只有一个临空面,所以爆破时要人为地创造新临空面,即所谓"掏槽",炸出漏斗,于是,以后爆炸的炮眼,处于多临空面的有利条件,先爆炸的炮眼称为"掏槽眼"。

掏槽眼用以掏出开挖面的中央部分,增加临空面,改善后继炮眼的爆破条件。

掏槽眼在软硬一致的均质岩层中,应布置在导坑中部;在软硬不均的岩层中,可布置在软岩层中。掏槽眼必须比其他炮眼深15～25 cm,这样才能为辅助眼创造出足够深度的临空面。当岩层层理明显时,掏槽眼应尽量垂直于层理而不可与之平行。掏槽形式较多,应视地质情况而定。

为防止相邻炮眼或相对炮眼之间殉爆,炮眼之间的距离不能小于20 cm。

掏槽眼眼口间距误差和眼底间距误差均不得大于50 mm。

(1)斜眼掏槽。

斜眼掏槽的特点是掏槽眼与开挖面斜交,优点是可以按照岩层的实际情况选择合适的掏槽方式和掏槽角度,较易保证掏槽的效果,钻眼数量比较少。但在坑道内打斜眼时,炮眼深度受到坑道尺寸的限制。因此,要采用多层楔形掏槽的方式,逐步将掏槽漏斗加深,但这种方式要增加分组起爆的段数。由于斜眼掏槽不便于实行多机钻眼和深眼爆破,限制快速掘进,因此,现场多是采用直眼掏槽。

(2)直眼掏槽。

直眼掏槽由若干个彼此距离很近并垂直于开挖面、相互平行的炮眼组成。其中可有一个或几个不装药的空眼,空眼用大直径钻头(大于100 mm)钻眼,空眼的作用是为装药眼创造临空面,以保证掏槽范围内的岩石破碎。直眼掏槽适用于各种硬度的岩层,凿岩作业比较方便,打眼深度不受断面限制,可以多机作业,但在掏槽部位,炮眼集中,控制打眼时间。另外,炮眼间距近,容易发生殉爆和拒爆,同时要求雷管段数较多,因此,最好用毫秒雷管并按正确起爆顺序起爆。

掏槽形式的选定要根据坑道断面的形状和尺寸,岩层硬度和节理、层理情况,钻眼机具情况,参照既有的经验并通过实地试验决定。

2)辅助眼

辅助眼布置在掏槽眼周围,且离槽口边线较近的地方,使其抵抗线约等于或稍大于槽口宽度的一半。辅助眼交错均匀地布置在周边眼与掏槽眼之间,力求爆破出的石块块度适合作业的需要。辅助眼的布置主要是确定炮眼的间距和最小抵抗线,它们是根据岩石坚硬程度和炸药的威力而定,并由工地试验,选取合适的数据。眼口间距一般为 40~60 cm,应交错配置在掏槽眼与周边眼之间。当采用斜眼掏槽时,则辅助眼应向已掏出的槽子适当倾斜,使眼底与槽子底的距离不会太大,以保证爆破效果。

3)周边眼

周边眼布置在设计断面轮廓线上,允许沿轮廓线调整,其误差不得大于 5 cm,炮眼方向可按 3%~5% 的斜率外插,眼底不超出开挖断面轮廓线 10 cm,最大不超过 15 cm。周边眼的眼口距坑道壁 0.1~0.2 m,便于打眼。对于周边眼的末端,在软岩层及压顶眼时应落在设计轮廓线上,以防坍顶和超挖;在坚硬岩层和底板眼时,眼底则须略微加深,以防欠挖和底板眼过高。

2. 炮眼布置原则

(1)先布置掏槽眼,位置在开挖断面的中央稍靠下部,以使底部岩石破碎,减少飞石。

(2)周边眼与辅助眼的眼底应在同一垂直面上,周边眼按设计位置布置,外插斜率为 0.03~0.05,断面拐角处布置炮眼。

(3)辅助眼应交错均匀地布置在周边眼与掏槽眼之间,并垂直于开挖面打眼,力求爆下的石碴块体大小适合装碴的要求。

(4)开挖断面底面两隅处,应合理布置辅助眼,适当增加药量,消除爆破死角。断面顶部应控制药量,防止出现超挖。

(5)宜用直眼掏槽,眼深小于 2 m 时可用斜眼掏槽,两个掏槽眼间距不得小于 20 cm。

(6)斜眼掏槽的方向,在岩层层理或节理发育时,不得与其平行,应成一定角度并尽量与其垂直。

(7)周边眼与辅助眼眼底应在同一垂直面上,保证开挖面平整。但掏槽眼应比辅助眼眼底深10 cm。

(8)掏槽中空孔的孔数、布置形式及其与装药眼的间距,应根据中空孔和装药眼的直径、深度以及地质条件和装药眼起爆顺序等来确定。当中空孔孔径为10 cm时,深眼爆破可采用三中空孔形式或双中空孔形式;浅眼爆破可采取单中空孔形式。

(9)装药形式应按掏槽眼孔径与药卷径的比值(不耦合系数)确定(一般可取2左右),也可按两者的体积之比确定(一般可取4～6)。选用小直径药卷时,应防止爆炸中断现象,岩石很软时可采用导爆管装药形式。眼深小于2 m时,可采用空气柱装药形式。硬岩炮眼较深时,眼底可装一节加强药包,以保证爆破效果。

(10)当采用全断面开挖或台阶开挖时,应采用导爆管、毫秒雷管起爆周边眼,不得采用火花起爆。开挖断面一次起爆时,如毫秒雷管的间隔时间短,周边眼的雷管应与内圈炮眼的雷管跳段起爆,段炮眼之间起爆时差可取50～100 ms。

(11)对内圈眼的爆破诸参数应加以严格控制,防止围岩过度龟裂。

(12)导坑或局部开挖,宜采用浅眼爆破,防止震动对支撑结构产生不良影响。

(13)当钻爆设计与围岩条件不相适应时,应及时调整使其合理。

3. 炮眼的布置方式

隧道开挖面的炮眼,在遵守上述原则的基础上,可以有以下几种布置方式。

1)直线形布眼

将炮眼按垂直方向或水平方向围绕掏槽开口呈直线逐层排列。这种布眼方式形式简单且易掌握,同排炮眼的最小抵抗线一致,间距一致,前排眼为后排眼创造临空面,爆破效果较好。

2)多边形布眼

这种布眼方式是围绕着掏槽部位由里向外将炮眼逐层布置成正方形、长方形、其他多边形等。

3)弧形布眼

弧形布眼是指顺着拱部轮廓线逐圈布置炮眼。此外,还可将开挖面上部布置成弧形,下部布置成直线形,以构成混合型布置。

4)圆形布眼

当开挖面为圆形时,炮孔围绕断面中心逐层布置成圆形。这种布眼方式多用在圆形隧道、泄水洞以及圆形竖井的开挖中。

4. 周边眼的控制爆破

在隧道爆破施工中,首要的要求是开挖轮廓与尺寸准确,对围岩扰动小。所以,周边眼的爆破效果反映了整个隧道爆破的成洞质量。实践表明,采用普通爆破方法不仅对围岩扰动大,而且难以爆出理想的开挖轮廓,故目前经常采用控制爆破技术进行爆破。隧道控制爆破是指光面爆破和预裂爆破。

1)光面爆破

光面爆破是先去除主体开挖部位的岩体,然后再起爆布置在设计轮廓线上的周边孔药包,将光爆层炸除,形成一个平整的开挖面,通过正确选择爆破参数和合理的施工方法,达到爆后壁面平整规则、轮廓线符合设计要求的一种控制爆破技术。

(1)作用原理。

实现光面爆破,就是要使周边炮眼起爆后优先沿各孔的中心连线形成贯通裂缝,然后借助爆炸气体的作用,使裂解的岩体向洞内抛撒。裂缝形成的机理,国内外进行过不少研究,但目前还缺乏统一的认识。有代表性的理论有三种:第一种认为成缝主要是由爆破应力波的动力作用引起的,提出了应力波理论;第二种则认为裂缝主要是由爆破高压气体准静应力的作用引起的,提出了静压力破坏理论;第三种是应力波与爆破气体压力共同作用理论,这是更多的人赞同的一种理论。即:光面爆破的起爆顺序是掏槽眼首先起爆,依次向外扩爆,最后为周边眼同时起爆,各炮眼的冲击波向其四周做径向传播,相邻炮眼的冲击波相遇,则产生应力波的叠加,并产生切向拉力,拉力的最大值发生在相邻炮眼中心连线的中点,当岩体的极限抗拉强度小于此拉力时,岩体便被拉裂,在炮眼中心连线上形成裂缝,随后,爆破气体的膨胀使裂缝进一步扩展,形成平整的爆裂面。

(2)效果要求。

①周围岩壁平整规则,轮廓线符合设计要求,超欠挖满足要求(每1 m²不大于0.1 m²、高度不大于5 cm)。爆破后的围岩要求硬岩无剥落;中硬岩基本无剥落;软弱围岩无大的剥落或坍塌。

②围岩扰动较小,完整稳定,肉眼几乎看不到爆破造成的裂缝,原有裂隙也不因爆破而明显扩展。

③在平整的轮廓线上保留着一定数量的清晰可见的半边炮眼痕迹,眼痕保存率硬岩可达80%以上,中硬岩可达60%以上,并应在开挖轮廓面上均匀分布。

(3)技术措施。

①周边眼间距与抵抗线的相对距离要合理,通常减小周边眼间距和抵抗线的相对距离,爆破后轮廓成形好。

②周边眼装药集中度太大易造成超挖,而太小易造成欠挖。装药结构应均匀分布,眼底可相对加强。软岩周边眼装药宜采用导爆索或导爆索束。

③周边轮廓线和炮眼的放样宜采用隧道激光断面仪或其他类似的仪器,尽量减少人工操作。周边轮廓线的放样误差应不大于±2 cm。

④减小周边眼开眼误差:硬岩开眼位置在轮廓线上;软岩可向内偏5~10 cm。

⑤应减小外插角的误差,一般小于3 m时外插角的斜率宜为0.05,大于3 m时外插角的斜率宜为0.05~0.03。外插角的方向应与该点轮廓线的法线方向相一致。

2)预裂爆破

预裂爆破是由于先起爆周边眼,在其他炮眼未爆破之前先沿着开挖轮廓线预裂爆破出一条用以反射爆破地震应力波的裂缝而得名的。预裂爆破的目的同光面爆破,只是在炮眼的爆破顺序上,光面爆破是先引爆掏槽眼,再引爆辅助眼,最后引爆周边眼,而预裂爆破则是首先引爆周边眼,使沿周边眼的连心线炸出平顺的预裂面。由于这个预裂面的存在,对后爆的掏槽眼、辅助眼的爆轰波能起反射和缓冲作用,可以减轻爆轰波对围岩的破坏影响,保持岩体的完整性,使爆破后的开挖面整齐规则。

由于成洞过程和破岩条件不同,在减轻对围岩的扰动程度上,预裂爆破较光面爆破的效果更好,所以,预裂爆破很适用于稳定性较差而又要求控制开挖轮廓的软弱围岩,但预裂爆破的周边眼距和最小抵抗线都要比光面爆破小,相应地要增加炮眼数量,钻眼工作量增大。

理想的预裂效果应保证在炮眼连线上产生贯通裂缝,形成光滑的岩壁。但预裂爆破受到只有一个临空面条件的制约,因此,其爆破技术较光面爆破更为复杂。影响预裂爆破效果的因素很多,如钻孔直径、孔距、装药量、岩石的物理力学性质、地质构造、炸药品种、装药结构及施工因素等,而这些因素又是相互影响的。目前,确定预裂爆破主要参数的方法有理论计算法、经验公式计算法和经验类比法三种。就目前的状况来说,对预裂爆破的理论研究还很欠缺,设计计算方法也很不完善,多半须通过经验类比初步确定爆破参数,再由现场试验调整,才能获得满意的结果。

7.3.3 隧道洞口施工

1. 施工准备

隧道进洞施工前,进行边仰坡防护和加固,平整洞顶地表,做好洞顶防排水工程。

2. 边坡开挖

隧道洞口进洞施工不但要满足安全性、经济性要求,更重要的是要保护好环境,尽量减少施工作业对原始山体和植被的破坏。开始施工前,先清理隧道洞口段上方及侧方有可能滑塌的地表土、灌木及山坡危石等。在进行洞口土石方开挖时,不能采用深眼大爆破或集中药包爆破,以免影响边坡的稳定。按设计要求进行边、仰坡放线,自上而下逐段开挖,如果发现地形地貌与设计不符时,及时通知设计代表现场办公,合理设置洞口边仰坡变坡点,尽量降低洞口边仰坡开挖的高度,减小刷坡面积和范围以及洞口段植被的破坏量。

3. 洞口段开挖

洞口段开挖方法取决于工程地质、水文地质和地形条件、隧道自身构造特点、施工机具设备情况、洞外相邻建筑的影响等诸多因素。施工中应根据实际情况,综合选定洞口段开挖进洞方案。

第一,洞口段地层条件良好,围岩为Ⅳ级及以上时,宜采用正台阶法进洞(台阶长度以1.5倍洞径为宜),其爆破进尺控制在1.5~2.5 m,并严格按照设计及时做好支护。

第二,洞口段围岩为Ⅴ级及以下时,可采用环形开挖预留核心土法、双侧壁导坑法、中隔壁法、交叉中隔壁法等分部开挖法进洞,开挖前对围岩进行预加固。

第三,对于浅埋或偏压隧道,采用地表预加固和围岩超前支护方法,做到"先护后挖"。

4. 地基基础处理

洞口段圬工基础必须置于稳固的地基上,对地基强度不够的部分需采取加强措施,如扩大基础、桩基、压浆加固地基等措施,及时施作仰拱,封闭基础围岩,及早形成一个封闭的圆形受力环,有利于隧道洞口安全。

5. 前置式洞口施工

目前隧道建设技术较为先进的国家已经摒弃了传统方法,常采用保护山坡自然进洞的方法进行隧道洞口施工,即不切坡进洞,而是在洞外不开挖山脚土体的情况下,采用开槽施工的方法先修建明洞,然后采用在明洞内暗洞施工,采用震动破碎或小型爆破进洞。

前置式洞口工法就是自洞外开槽施工架设钢拱架混凝土,逐榀推进去"亲吻"山体,接触山体进行微开挖即可进洞,真正地实现"早进晚出"。其基本思路是:在不开挖明洞段洞内山脚土体的情况下,两侧开槽在原设计明洞外轮廓以外施作工字钢拱架并浇筑混凝土,作为明洞临时衬砌,在进洞前成洞,回填反压后再进行临时衬砌内暗挖施工。

施工工序一般应为:洞顶及周边截水沟砌筑,完善排水系统→仰坡开挖、防护(因开挖工作量较小,主要采用人工进行,以免机械的扰动)→套拱施工槽开挖、防护→前置式洞口段套拱钢拱架就位→前置式洞口段套拱模板固定、混凝土浇筑并养护→洞顶反压回填并覆土绿化→开挖前置式洞口段洞内预留山脚土体→暗洞段施工→防水铺设、衬砌施工。

6. 套拱法进洞施工

所谓"套拱法"就是在洞口段隧道洞身上下衬砌轮廓线以外,立模架灌注30～50 cm厚的混凝土(或者钢筋混凝土),长度3～5 m,嵌进山体0.5～1.0 m,外露0.5～4.5 m,保证洞口段山体稳定,防止坍塌和洞顶危石伤人,确保施工安全。其次采用台阶法施工。施工时,配合超前支护(锚杆、小导管及大小管棚)和钢架支护。最后按设计要求进行洞身开挖支护。洞口浅埋地段避开雨季施工,施工中采用人工开挖(必要时放小炮),短开挖,强支护,衬砌紧跟,步步为营,稳扎稳打,确保施工安全。

7.边仰坡施工

截水沟施作完毕后进行边仰坡开挖,按设计坡度一次整修到位,并分层进行边仰坡防护,以防围岩因风化、雨水渗透而坍塌。围岩破碎部位增设网喷,以稳定边仰坡。刷坡防护到路基面标高。

8.洞门施工

洞门应及早修筑,并尽可能安排在冬季或雨季前施工。所有建筑材料和施工要求应符合图纸及规范规定。

(1)洞门施工放样位置准确。

(2)洞门基础必须置于稳固的地基上,做好防水排水工作,不得被水浸泡。基坑碴、杂物等必须清除干净。

(3)洞门拱墙应与洞内相邻的拱墙衬砌同时施工,连成整体。洞门端墙应与隧道衬砌紧密相连。

(4)洞门端墙的砌筑(或浇筑)与墙背回填,应两侧同时进行,防止对衬砌产生偏压。

(5)洞口装饰的隧道名牌,字样要求美观醒目。

(6)洞门建筑完成后,洞门以上仰坡坡脚如有损坏,应及时修补,并应检查与确保坡顶以上的截水沟和墙顶排水沟及路堑排水系统的完好与连通。

(7)端墙顶排水沟砌筑在填土上时,应将填土夯实紧密。

7.4 隧道支护与衬砌

7.4.1 超前支护

1.超前锚杆

超前锚杆是沿开挖轮廓线,以一定的外插角,向开挖面前方安装锚杆,形成对前方围岩的预锚固(预支护),在超前锚杆的保护下进行开挖、装碴、出碴和衬砌等作业。

锚杆超前支护的柔性较大,整体刚度较小。它主要适用于地下水较少的破碎、软弱围岩的隧道工程中,如裂隙发育的岩体、断层破碎带、浅埋无显著偏压的隧道。采用凿岩机或专用的锚杆台车钻孔,锚固剂或砂浆锚固,其工艺简单、工效高。

2. 管棚

管棚是指利用钢拱架沿开挖轮廓线以较小的外插角向开挖面前方打入钢管构成的棚架来形成对开挖面前方围岩的预支护。长度小于10 m的钢管,称为短管棚;长度为10~45 m且较粗的钢管,称为长管棚。

1)洞口大管棚施工

(1)先标出隧道中心线及拱顶标高,开挖预留核心土,作为施工套拱和管棚施钻的工作平台(工作平台宽度宜为2.5 m,高度宜为2.0 m,平台两侧宽度宜为1.5 m)。

(2)管棚应按设计位置施工,能成孔时,钻孔至设计深度,成孔困难地段采用套管跟进方式顶入。

(3)钻机立轴方向必须准确控制,以保证钻孔的方向准确。钻进中经常采用测斜仪量测钢管钻进的偏斜度,发现偏斜超过设计要求及时纠正。

(4)为改善管棚受力条件,接头应错开,隧道纵向同一截面内接头数小于50%,相邻钢管的接头至少错开1 m。

(5)钢管接头采用丝扣连接,丝扣一般长15 cm。

(6)钢管采用热轧无缝钢管,壁厚宜大于6 mm,直径按设计选用。

(7)钢管环向间距应满足设计要求,一般小于50 cm。

(8)管棚方向应与线路中线平行,外插角应考虑钻具下垂的影响。

(9)钢管开口间距误差小于5 cm。

(10)纵向两组管棚的搭接长度应大于3.0 m。注浆压力初压宜控制在0.5~1.0 MPa,终压宜控制在2.0 MPa。

2)洞内大管棚施工

为避免施工侵入隧道净空,洞内增设管棚工作室、安设导向架。

(1)工作室比设计断面大30~50 cm,工作室长度应满足钻机作业要求。

(2)施工导向架,安装导向管,导向管长度为2~2.5 m,管径比管棚直径大

20～30 mm。

(3)工作平台必须牢固可靠,并能承受钻机的活载能力。

(4)管棚在注浆以前要充分做好各项准备工作,特别是机具设备应进行试运转。如发现问题,及时排除、予以修复,使其处于良好状态。注浆结束后要尽快卸开孔口接头,冲洗管路,以免造成管路中的剩余浆液凝结、堵塞管路。

(5)管棚注浆作业要前后配合、统一指挥,保证注浆计划的实现,以达到预期的目的和效果。在操作过程中必须配备专业电工,以防电路、电气设备发生故障。

(6)洞内大管棚施工应选择体积小、效率高、带有自动纠偏功能的钻机,以减少工作室开挖量,提高施工效率和管棚施工精度。

3. 超前注浆小导管

超前注浆小导管是在开挖前,沿坑道周边,向前方围岩钻孔并安装带孔小导管,或直接打入带孔小导管,并通过小导管向围岩压注起胶结作用的浆液,待浆液硬化后,坑道周围岩体就形成了有一定厚度的加固圈。在此加固圈的保护下即可安全地进行开挖等作业。若小导管前端焊一个简易钻头,则钻孔、插管可一次完成,称为自进式注浆锚杆。

4. 超前深孔帷幕注浆

超前注浆小导管,对围岩加固的范围和止水的效果是有限的,作为软弱破碎围岩隧道施工的一项主要辅助措施,它占用的时间和循环次数较多。超前深孔帷幕注浆较好地解决了这些问题,注浆后即可形成较大范围的筒状封闭加固区,称为帷幕注浆。

1) 注浆方法

(1)渗入性注浆。

在注浆过程中,浆液充填地层中被排出的空气和水的空隙,胶凝成固结体,以提高地层的稳定性和强度。

(2)劈裂性注浆。

劈裂性注浆即在注浆过程中,在注浆压力的作用下,浆液作用的周围土体被劈裂并形成裂缝,通过土体中形成的浆液脉状固结作用来增强土体内的总压力,以提高其强度和稳定性。

(3)压密性注浆。

压密性注浆即用浓稠的浆液注入土层中,使土体形成浆泡,向周围土层加压使其得到加固。

(4)高压喷灌注浆。

高压喷灌注浆即通过灌浆管在高压作用下,从管底部的特殊喷嘴中喷射出高速浆液流及其外围的高速气流,促使土粒在冲击力、离心力及重力作用下,随注浆管的向上抽出与浆液混合形成柱状固结体,以达到加固的目的。

2)注浆设计参数

浆液注入量可根据扩散半径及岩层裂隙率参考式(7.1)计算确定。

$$Q = \pi R^2 H \eta \beta \tag{7.1}$$

式中:Q——浆液注入量,m^3;

R——浆液扩散半径,m;

H——注浆段长度,m;

η——岩层裂隙率,一般取 1%～5%;

β——浆液在裂隙内的有效充填系数,视岩层性质而定,为 0.3～0.9。

施工中对注浆压力、浆液浓度、压入量等参数可以人为控制与调整。对于大的溶裂、大的溶洞,裂隙率大于 5%,浆液注入量难以计算,因此,在这种情况下,宜用注浆压力控制注浆量,注浆量只能按注浆终压规定值时的注浆总量来决定。

注浆扩散半径在孔隙性岩层中比较规则、均匀,在岩层裂隙中是不规则的。浆液的扩散半径随岩层裂隙系数、注浆压力、压入时间的增加而增大,随浆液浓度和黏度的增加而减小。

3)注浆压力

注浆压力的大小,取决于被注地层的山体压力和浆液的渗透性质。注浆压力愈大,浆液扩散范围也愈大,在一定扩散半径下所需的注浆持续时间愈短。但压力过大,会造成注浆管止浆面破裂产生冒浆及引起地面隆起。在满足注浆要求的情况下,压力不宜过大,实际采用多大压力应通过试验确定。

4)注浆管间距

注浆管间距应小于扩散半径的 2 倍,否则两相邻孔不能交圆成幕。间距太小,注浆时浆液从相邻管中溢出,影响注浆效果,因此其间距选用扩散半径的 1.5 倍较为合适。

为了对注浆做出合理的设计和施工方案,必须事先对被加固地层进行物理力学指标试验,以查清其含水率、容重、压缩系数、内摩擦角、黏结力、渗透系数、孔隙比、pH值及抗压强度等,并在现场选择适当的地点进行注浆试验。

7.4.2 初期支护

初期支护一般由锚杆、喷射混凝土、钢架、钢筋网等及其他的组合组成,它是现代隧道工程中最常用的支护形式和方法。

初期支护施作后即成为永久性承载结构的一部分,它与围岩共同构成了永久的隧道结构承载体系。锚喷支护较传统的构件支撑具有施工的灵活性、及时性、密贴性、深入性、封闭性和柔性等特点。

1. 锚杆支护

锚杆支护是用金属(木)制成的锚栓装置,插入岩层中,然后用水泥砂浆、树脂或摩擦力固定的一种方法。这种方法是将坑道周围被开挖扰动的岩体锚固在一起,增加岩体的稳定性。

1)锚杆的布置

(1)局部布置原则。

局部布置主要用于裂隙围岩,重点加固不稳定块体,隧道拱顶受拉破坏区为重点加固区域。拱腰以上部位锚杆方向应有利于锚杆的受拉,拱腰以下及边墙部位锚杆宜逆向不稳定岩块滑动的方向。局部加固的锚杆,必须保证不稳定块体与稳定岩体的有效连接。

(2)系统布置原则。

在隧道横断面上,锚杆宜垂直隧道周边轮廓布置,对水平成层岩层,应尽可能与层面垂直布置,或使其与层面成斜交布置;对于倾斜成层的岩层,其失稳原因主要是层面滑动,锚杆与层面成斜交布置;锚杆呈菱形排列,间距为 0.6~1.5 m,密度为 0.6~3.6 根/m²。为了使系统布置的锚杆形成连续均匀的压缩带,其间距宜小于锚杆长度的1/2,在Ⅳ、Ⅴ级围岩中,锚杆间距宜为 0.5~1.2 m,但当锚杆长度超过 2.5 m 时,若仍按间距小于 1/2 锚杆长度的规定,则锚杆间的岩块可能因咬合和连锁不良而导致掉块坠落,为此,其间距应小于 1.25 m。

2)施工流程

开挖后,应尽快地安设锚杆,围岩较差时先喷后锚,围岩较好时可先锚后喷,或只锚不喷。锚杆杆体露出岩面长度,不应大于喷层的厚度。不同类型的锚杆有不同的施工流程。

3)施工方法与要求

(1)锚杆类型选择。

根据地质条件、使用要求及锚固特性,可选用中空注浆锚杆、树脂锚杆、自钻式锚杆、砂浆锚杆和摩擦型锚杆等;按设计要求,在洞外加工或由厂家直接提供,由运料车运至洞内。

(2)锚杆黏结剂。

黏结强度、凝固时间、抗老化及抗侵蚀性能须满足设计要求,对环境无污染。水泥砂浆强度应高于M20。

(3)锚杆孔要求。

①钻孔机具根据锚杆类型、规格及围岩情况选择;

②按设计要求定出位置,孔位允许偏差为±150 mm;

③应保持直线,应与其所在部位的围岩主要结构面垂直;

④深度及直径应与杆体相匹配,锚杆杆体露出岩面长度小于喷层厚度;

⑤有水地段应先引出孔内的水或在附近另行钻孔;

⑥对成孔困难的地段,应采用自钻式锚杆。

(4)锚杆安装。

①杆体插入锚杆孔时,保持位置居中,插入深度满足设计要求。

②砂浆锚杆孔内灌注砂浆饱满密实,砂浆或水泥浆内可添加适量的微膨胀剂和速凝剂。

③药包型锚杆、树脂锚杆先检查药包和树脂卷质量,受潮或变质者不得使用。在杆体插入过程中注意旋转,使黏结剂充分搅拌。

④锚杆垫板与孔口混凝土密贴,并随时检查锚杆头的变形情况,及时紧固垫板螺帽。

⑤锚杆垫板安装在锚杆已经具有抗拔力的情况下进行。

⑥锚杆安设后不得随意敲击,其端部在填充砂浆终凝前不得悬挂重物。

(5)普通水泥砂浆锚杆。

普通水泥砂浆锚杆主要设置在边墙部位,施工时采用锚杆台车或风钻钻锚杆孔,机械配合人工安装锚杆,水泥砂浆终凝后安设孔口垫板。

①砂浆配合比(质量比):砂灰比宜为1∶1~1∶2,水胶比宜为0.38~0.45,砂的粒径不宜大于2 mm。

②砂浆拌合均匀,随拌随用,一次拌合的砂浆在初凝前用完。

③注浆作业:注浆开始或中途暂停超过30 min时,用水润滑注浆管路,注浆孔口压力应小于0.4 MPa,注浆管应插至距孔底5~10 cm处,随水泥砂浆的灌入缓慢均匀地拔出,随即迅速将杆体插入,杆体插入长度至少为设计长度的95%。若孔口无砂浆流出,应拔出杆体重新注浆。

2. 喷射混凝土支护

喷射混凝土是新奥法施工的支护手段,其作用主要是支撑围岩、使围岩有一定"卸载"、填平补强围岩、覆盖围岩表面、阻止围岩松动、重新分配外力等。喷射混凝土具有强度增长快、黏结力强、密度大、抗渗性好的特点。与普通模筑混凝土相比,喷射混凝土施工将输送、浇筑、捣固几道工序合而为一,更不需要模板,因而施工快速、简捷而且能及早地发挥承载作用。但喷射混凝土与模筑混凝土相比,其密实性和稳定性要差一些。

喷射混凝土的施工要点如下:

(1)喷射作业施工准备工作做好后,严格控制规定的速凝剂掺量,并添加均匀。喷射手应严格控制水灰比,使喷层表面平整光滑,无干斑或滑移流淌现象。

(2)按风—水—料顺序开机,料—水—风停机,如喷嘴风压正常,喷出来的水和高压风应呈雾状。开机后先进行空转,待喷机运转正常后才开始投料、搅拌和喷射。

(3)喷射应分段、分部、分块,按先墙后拱、自下而上地进行喷射。喷嘴需对受喷岩面做均匀的顺时针方向的螺旋转动、一圈压半圈的横向移动,螺旋直径为20~30 cm,以使混凝土喷射密实。

(4)为保证喷射混凝土质量,减少回弹量和降低粉尘,作业时还应注意以下事项:

①喷射时分段长度不超过6 m,分部为先下后上,分块大小为2 m×2 m,并严格按先墙后拱、先下后上的顺序进行喷射,以减少混凝土因重力作用而引起滑动或脱落现象。

②掌握好喷嘴与受喷岩面的距离和角度:喷嘴至岩面的距离为0.8~1.2 m,

过大或过小都会增加回弹量;喷嘴与受喷面垂直,并稍微偏向刚喷射的部位(倾斜角不宜大于10°),则回弹量最小、喷射效果和质量最佳。对于岩面凹陷处应先喷和多喷,而凸出处应后喷和少喷。

(5)调节好风压与水压:风压与喷射质量有密切的关系,应通过试验和实践正确选定,并在喷射时随时注意调整。过大的风压会造成喷射速度太高而加大回弹量,损失水泥;风压过小会使喷射力减弱,则混凝土密实性差。

(6)一次喷射厚度:喷射作业应分层进行,一次喷射厚度不得太大或太小,它主要与喷射混凝土层和受喷面之间的黏结力及受喷部位等有关,并且应根据掺或不掺速凝剂、喷射效率、回弹损失率等因素而定。一次喷射太厚,在自重作用下,喷层会出现错裂而引起大片坍落。一次喷射太薄,大部分粗骨料会回弹,使受喷面上仅留下一层薄薄的混凝土或砂浆,势必会影响效果及工程质量。一般情况下,一次喷射厚度:边墙为5~7 cm,拱部为3~4 cm(不掺速凝剂)。当掺入速凝剂后,边墙不宜超过10 cm,拱部不宜超过6 cm。分层喷射厚度,一般为粗骨料最大粒径的2倍,如一次喷射厚度小于5 cm时,使用石子的最大粒径也要求相应减小。

(7)分层喷射的间隔时间:分层喷射,一般分2~3层喷射;分层喷射合理的间隔时间应根据水泥品种、速凝剂种类及掺量、施工温度(最低不宜低于+5 ℃)和水灰比大小等因素,并视喷射的混凝土终凝情况而定。

分层喷射间隔时间不得太短,一般要求在初喷混凝土终凝以后,再进行复喷;当间隔时间较长时,复喷前应将初喷混凝土表面清洗干净。在复喷时应将凹陷处进一步找平。

一般在常温下(15~20 ℃),采用红星一型速凝剂时,可在5~10 min后,进行下一次喷射;而采用碳酸钠速凝剂时,最少要在30 min后,才能进行复喷。

(8)喷射混凝土养护:喷射混凝土终凝2 h后,应喷水养护,时间不得少于14 d。气温低于+5 ℃时不得喷水养护。冬季施工洞口喷射混凝土的作业场合应有防冻保暖措施。在结冰的层面上不得进行喷射混凝土作业。作业区的气温和混合料进入喷射机的温度不应低于+5 ℃。混凝土强度未达到6 MPa前,不得受冻。

3. 钢拱架

无论是采用喷射混凝土还是锚杆,或是在混凝土中加入钢筋网、钢纤维,主要都是利用其柔性和韧性,而对其整体刚度并无过多要求。这对支护不太破碎的围岩并使其稳定是可行的。但当围岩软弱破碎严重且自稳性差时,开挖后就要求早期支护具有较大的刚度,以阻止围岩的过度变形和承受部分松弛荷载。钢拱架就具有这样的力学性能。

1)钢架加工

(1)钢架加工尺寸,应符合设计要求,其形状应与开挖断面相适应。

(2)不同规格的首榀钢架加工完成后,应放在平整地面上试拼,周边拼装允许偏差为±30 mm,平面翘曲应小于20 mm。当各部尺寸满足设计要求时,方可进行批量生产。

2)钢架安装

(1)钢架拱脚必须放在牢固的基础上。应清除底脚下的虚碴及其他杂物,脚底超挖部分应用喷射混凝土填充。

(2)钢架应分节段安装,节段与节段之间应按设计要求连接。连接钢板平面应与钢架轴线垂直,两块连接钢板间采用螺栓和焊接连接,螺栓不应少于4颗。

(3)相邻两榀钢架之间必须用纵向钢筋连接,连接钢筋直径不应小于18 mm,连接钢筋间距不应大于1.0 m。

(4)钢架应垂直于隧道中线,竖向不倾斜,平面不错位、不扭曲。上、下、左、右允许偏差为+50 mm,钢架倾斜度应小于2°。

7.4.3 二次衬砌

在隧道及地下工程中常用的支护衬砌形式主要有整体式衬砌、复合式衬砌和锚喷式衬砌。整体式衬砌即为永久性的隧道模筑混凝土衬砌;复合式衬砌是由初期支护和二次支护所组成,初期支护是帮助围岩达成施工期间的初步稳定,二次支护则是提供安全储备或承受后期围岩压力。目前隧道衬砌主要是指二次衬砌,且大多采用模筑混凝土。

1. 衬砌施工准备工作

1)断面检查

根据隧道中线和水平测量,检查开挖断面是否符合设计要求,欠挖部分按规范要求进行修凿,并做好断面检查记录。

墙脚地基应挖至设计标高,并在灌注前清除虚碴、排除积水、找平支承面。

2)放线定位

根据隧道中线和标高及断面设计尺寸,测量确定衬砌立模位置,并放线定位。

采用整体移动式模板台车时,实际是确定轨道的铺设位置。轨道铺设应稳固,其位移和沉降量均应符合施工误差要求。轨道铺设和台车就位后,都应进行位置、尺寸检查。放线定位时,为了保证衬砌不侵入建筑限界,须预留误差量和预留沉落量,并注意曲线加宽。

预留误差量是考虑到放线测量误差和拱架模板就位误差,为保证衬砌净空尺寸,一般将衬砌内轮廓尺寸扩大5 cm。

预留沉落量是考虑到混凝土的荷载作用会使拱架模板变形和下沉;后期围岩压力作用和衬砌自重作用(尤其是先拱后墙法施工时的拱部衬砌)会使衬砌变形和下沉,故须预留沉落量。这部分预留沉落量根据实测数据确定或参照经验确定。

预留误差量和预留沉落量应在拱架模板定位放线时一并考虑确定,并按此架设拱架模板和确定模板架的加工尺寸。

3)拱架模板整备

使用拼装式拱架模板时,立模前应在洞外样台上将拱架和模板进行试拼,检查其尺寸、形状,不符合要求的应予以修整。配齐配件,模板表面要涂抹防锈剂。洞内重复使用时亦应注意检查修整。拱架模板尺寸应按计算的施工尺寸放样,并注意曲线加宽后的衬砌及模板尺寸。

使用整体移动式模板台车时,应在洞外组装并调试好各机构的工作状态,检查好各部件尺寸,保证进洞后投入正常使用。每次脱模后应予检修。

4)立模

根据放线位置,架设安装拱架模板或模板台车就位。安装就位后,应做好各项检查,包括位置、尺寸、方向、标高、坡度、稳定性等,并注意处理好以下几个问题:

(1)每排拱架应架设在垂直于隧道中线的竖直平面内,不得倾斜;对于曲线隧道,因曲线外弧长、内弧短,则应分段调整拱架方向和模板长度。

(2)拱架应立于稳固的地基上。拱架下端一般应焊接端头板,以增大支承面,减少下沉;当地基较软弱时,应先用碎石垫平,再用短枕木支垫,此垫木不得伸入衬砌混凝土中。当采用整体移动式模板台车时,其走行轨道应铺设稳定,轨枕间距要适当,道床要振捣密实,必要时可先施作隧道底板,防止过量下沉。

(3)拱架的架设要牢固稳定,保证其不产生过量位移。拱架立好后还应对其稳定性进行检查。固定的方法:横向有横撑(断面较小时采用)、斜撑(断面较大时采用);纵向有带木、拱架间撑木、拉杆及斜撑。拱架模板的架设和加强,均应考虑其腹部的通行空间,以保证洞内运输的畅通。

(4)挡头板应同样安装稳固,挡头板常用木板加工,现场拼铺,以便于与岩壁之间的缝隙嵌堵严密,也可以采用气囊式堵头。

(5)设有各种防水卷材、止水带时,应先行安装好,并注意挡头板不得损伤防水材料,以免影响防水效果。

5)混凝土制备与运输

由于洞内空间狭小,混凝土多在洞外拌制好后,用运输工具运送到工作面再灌注。其实际待用时间中主要是运输时间,尤其是长大隧道和运距较长时。因此,运输工具的选择应注意装卸方便、运输快速,以保证拌好的混凝土在运输过程中不发生漏浆、离析泌水、坍落度损失和初凝等现象。

可结合工程情况,选用各种斗车、罐式混凝土运输车或输送泵等机械。

2. 混凝土的灌注、养护与拆模

(1)保证捣固密实,使衬砌具有良好的抗渗防水性能,尤其应处理好施工缝。

(2)整体模筑时,应注意对称灌注,两侧同时或交替进行,以防止混凝土对拱架模板产生偏压而使衬砌尺寸不合要求。

(3)若因故不能连续灌注,则应按规定进行接茬处理。衬砌接茬应为半径方向。

(4)边墙基底以上1 m范围内的超挖,宜用同级混凝土同时灌注,其余部分的超、欠挖应按设计要求及有关规定处理。

(5)衬砌的分段施工缝应与设计沉降缝、伸缩缝及设备洞位置统一考虑,合理确定位置。

(6)封口方法。当衬砌混凝土灌注到拱部时,需改为沿隧道纵向进行灌注,边灌注边铺封口模板,并进行人工捣固,最后堵头,这种封口称为"活封口"。当两段衬砌相接时,纵向活封口受到限制,此时只能在拱顶中央留出一个50 cm×50 cm的缺口,最后进行"死封口"。采用整体式模板台车配以混凝土输送泵时,可以简化封口。

（7）多数情况下隧道施工过程中,洞内的湿度能够满足混凝土的养护条件。但在干燥无水的地下条件下,则应注意进行洒水养护。采用普通硅酸盐水泥拌制的混凝土,其养护时间一般不少于7 d;掺有外加剂或有抗渗要求的混凝土,一般不少于14 d。养护用水的温度应与环境温度基本相同。

（8）一次衬砌的拆模时间,应根据混凝土强度增长情况来确定。一般在混凝土达到施工规范要求的强度时方可拆模。有承载要求时,应根据具体受力条件确定。

3.仰拱和底板

若设计无仰拱,则铺底通常是在拱墙修筑好后进行,以避免与拱墙衬砌和开挖作业的相互干扰。若设计有仰拱,说明侧压和底压较大,则应先修筑仰拱使衬砌环向封闭,避免边墙挤入造成开裂甚至失稳。但仰拱和底板施工占用洞内运输道路,对前方开挖和衬砌作业的出碴、进料造成干扰。因此,应对仰拱和底板的施作时间、分块施工顺序和与运输的干扰问题进行合理安排。

为施工方便,仰拱和底板可以合并灌注,但应保证仰拱混凝土强度符合设计要求。

待仰拱和底板纵向贯通,且混凝土达到一定强度后,方能允许车辆通行,其端头可以采用石碴土填成顺坡通过。

灌注仰拱和底板时,必须把隧道底部的废碴、杂物及淤泥清除干净,排除积水。超挖部分应用同级混凝土或片石混凝土灌注密实。

7.5　隧道防排水施工

7.5.1　防水板施工

围岩如有淋水,应先采用注浆措施将大的淋水或集中出水点封堵,然后在围岩表面设排水管或排水板竖向盲沟引排局部渗水。初期支护如有淋水,在初期支护与二次衬砌之间设竖向排水。竖向排水在拱脚处用硬聚氯乙烯排水管穿过二次衬砌排入侧沟中。在初期支护与二次衬砌之间铺设土工布、防水板,变形缝、施工缝采用中埋式橡胶止水带或其他止水措施。

1. 基面处理

(1)喷射混凝土基面的表面应平整,两凸出体的高度与间距之比,拱部不大于1/8,其他部位不大于1/6,否则应进行基面处理。

(2)拱墙部分自拱顶向两侧将基面外露的钢筋头、铁丝、锚杆、排水管等尖锐物切除锤平,并用砂浆抹成圆曲面。

(3)欠挖超过5 cm的部分需做处理。

(4)仰拱部分用风镐修凿,清除回填碴土和喷射混凝土回填料。

(5)隧道断面变化或突然转弯时,阴角应抹成半径大于10 cm的圆弧,阳角应抹成半径大于5 cm的圆弧。

(6)检查各种预埋件是否完好。

(7)喷射混凝土强度要求达到设计强度。

2. 缓冲垫层的铺设

常用缓冲材料有土工布和聚乙烯泡沫塑料,铺设过程如下:

(1)将垫衬横向中线同隧道中线对齐。

(2)由拱顶向两侧边墙铺设。

(3)采用与防水板同材质的ϕ80 mm专用塑料垫圈压在垫衬上,使用射钉或胀管螺丝锚固。

(4)垫衬缝搭接宽度不小于5 cm。

(5)锚固点应垂直基面并不得超出垫圈平面,锚固点呈梅花形布置。锚固点间距,拱部为0.5~0.7 m,边墙为1.0~1.2 m,凹凸处应适当增加锚固点。

3. 防水板铺设

防水板铺设多采用无钉(暗钉)铺设法。无钉铺设法是先在喷射混凝土基面上用明钉铺设法固定缓冲层,然后将防水板热焊或黏合在缓冲层垫圈上,使防水板无穿透钉孔。防水板铺设要点如下:

(1)防水板需环向铺设,相邻两幅接缝错开,结构转角处错开不小于规定值。

(2)防水板短长边的搭接均以搭接线为准。防水板搭接处采用双焊缝焊接,焊接宽度不小于10 mm,且均匀连续,不得有假焊、漏焊、焊焦、焊穿等现象。

(3)防水板铺设应自上而下进行,铺设时根据基面平整度的不同,应留出足够的富余,防止浇筑混凝土衬砌时因防水板绷得太紧而拉坏防水材料或使衬砌背后形成积水空隙。

(4)在检查焊接质量和修补质量时,严禁在热的情况下进行,更不能用手撕。

(5)防水板铺设可采用自制台车进行。

4. 防水板搭接

防水板通常采用自动爬行热合机双焊缝焊接。防水板焊接在热融垫片表面。焊接前将防水板铺设平整、舒展,并将焊接部位的灰尘、油污、水滴擦拭干净,焊缝接头处不得有气泡、褶皱及空隙,而且接头处要牢固,强度不得小于同一种材料;防水板焊接时,要严格掌握焊接速度或焊接时间,防止过焊或焊穿防水材料;防水板之间搭接宽度为 10 cm,双焊缝的每条缝宽 1 cm,两条焊缝间留不小于 1.5 cm 宽的空腔做充气检查用。焊缝处不允许有漏焊、假焊,凡烤焦、焊穿处必须用同种材料片焊接覆盖。防水板搭接要求呈鱼鳞状,以利排水。

5. 质量检验

(1)在洞外检查防水板及土工布的颜色、厚度、合格证是否符合要求。

用手将已固定好的防水板上托或挤压,检查其是否与喷射混凝土层密贴,检查防水板有无破损、断裂、小孔,吊挂点是否牢固,焊缝有无烤焦、焊穿、假焊和漏焊现象,搭接宽度是否符合设计要求,焊缝表面是否平整光滑,有无波形断面。

防水板安装后至混凝土浇筑前这段时间的施工非常容易损伤防水卷材,从而影响整体的防水效果。如果防水卷材两面的颜色是对比色,裂痕或损伤会明显地表现出卷材内层较深的颜色,这样可直接看出安装好的卷材整体质量,对破损处可通过焊接同材质的材料进行修补。

(2)防水板焊接质量检测。防水板铺设应均匀连续,焊缝宽度不小于 20 mm,搭接宽度不小于 100 mm,焊缝应平顺、无褶皱、均匀连续,无假焊、漏焊、过焊、焊穿或夹层等现象。检查方法有压气检查、压缩空气枪检查及焊缝拉伸强度、抗剥离强度检查等。

检查出防水板上有破坏之处时,必须立即做出明显标记,以便毫无遗漏地把破损处修补好,补后一般用真空检查法检查修补质量。补丁不得过小,离破坏孔边缘不小于 7 cm。补丁要剪成圆角,不要有正方形、长方形、三角形等的尖角。

6. 混凝土施工时防水板保护

(1)底板防水层可使用细石混凝土保护。

(2)衬砌结构钢筋绑扎时不得划伤或戳穿防水板,钢筋头采用塑料帽保护。焊接钢筋时,用非燃物(如石棉板)隔离。

(3)浇筑混凝土时,振动棒不得接触防水层。

7.5.2 防水混凝土施工

隧道衬砌混凝土既是外力的承载结构,也是防水的最后一道防线,因此要求衬砌既要有足够的强度,还要有一定的抗渗性。衬砌采用防水混凝土。为了能够更好地满足设计要求,施工中要加强管理,对混凝土施工进行全过程控制。

(1)防水混凝土施工尽量在围岩和初期支护基本稳定后进行,施工前要做好初期支护的注浆堵水和结构外防水的防水层铺设。

(2)为减少水化热现象的出现,施工时在混凝土中掺入部分粉煤灰,借以提高混凝土的和易性。粉煤灰采用Ⅰ级标准,掺量比例不大于25%。

(3)防水混凝土的搅拌除可使材料均匀混合外,还能起到一定的塑化和提高和易性作用,这对防水混凝土的性能影响较大,为此混凝土搅拌要达到色泽一致后方可出料,拌合时间不应小于2 min。混凝土采用混凝土拌合车运送,在运输过程中要避免出现离析、漏浆现象,并要求浇筑时有良好的和易性,坍落度损失减至最小或者损失不至于影响混凝土的浇筑质量与捣实。

(4)防水混凝土的灌注。

①二次衬砌可采用模板台车和组合钢模板,每次立模长度以9~12 m为宜。

②模板要架立牢固、严密,尤其是挡头板,不能出现跑模现象。混凝土挡头板做到表面规则、平整,避免出现水泥浆漏失现象。

③防水混凝土采用高压输送泵输送入模。施工前,用等强度的水泥砂浆润管,并将水泥砂浆摊铺到施工接茬面上,摊铺厚度为20~25 mm,以促使施工缝处新旧混凝土有效结合。混凝土泵送入模时,左右对称灌注,每一循环应连续灌注,以减少接缝造成的渗漏现象。为了控制其自由倾落高度,应将混凝土输送管接到离浇筑面不大于2 m的位置,并随着模内混凝土浇筑高度的上升而经常提升管口,模板台车和组合钢模板按灌注孔先下后上、由后向前有序进行,防止发生混凝土砂浆与骨料分离。

④混凝土振捣时,振捣棒应等距离地插入,均匀地捣实全部混凝土,插入点间距应小于振捣半径,前后两次振捣的作用范围应相互重叠,避免漏捣和"过捣",振捣时严禁触及钢筋和模板。顶部浇筑混凝土时,采用附着式振捣器捣固,

混凝土的振捣时间宜为10~30 s,以混凝土开始出浆和不冒气泡为准。

⑤隧道拱顶混凝土灌注采用泵送挤压混凝土施工工艺,拱顶宜设计三个灌注孔,由后向前灌注。为便于拱顶浇筑,可在衬砌台车顶部加一台方便纵向移动的浇筑平台车。由于客观原因,拱顶混凝土往往会出现不密实、灌不满等现象,对此部位的混凝土施工,根据工程经验,可在拱顶最高位置贴近防水板面预埋注浆管。其目的:一是作为排气孔,排除拱部附近空气,减小泵送压力;二是通过灌注过程观察灌浆情况,检查混凝土饱满程度;三是作为注浆管,对二次衬砌实施回填注浆,以弥补混凝土因收缩或未灌满造成的拱顶空隙。

⑥混凝土灌注完毕,待终凝后应及时采用喷、洒水养护。由于模板台车和组合钢模板不能及时拆除,初期养护洒水至模板表面和挡头板进行降温,待拆模后,对结构表面及时进行洒水养护,保持混凝土表面湿润,养护期不短于14 d,以防止混凝土在硬化期间产生干裂,形成渗水通道。

7.5.3 施工缝、变形缝施工

施工缝、变形缝是防水的薄弱环节,因此必须按规范规定和设计要求认真施作。

1. 施工缝

施工缝处采用止水带或止水条防水,设置在结构厚度的1/2处。

(1)施工时要对其材质、性能、规格进行检查,应符合设计要求,无裂纹和气泡。

(2)先施工结构中预埋的一半止水带,应用止水带钢筋夹固定或通过边孔的钢丝固定在结构钢筋骨架上,并用两块挡头板牢牢固定住,避免混凝土灌注过程中止水带移位。止水带不得打孔或用铁钉固定。

(3)拆模时和进行施工缝凿毛处理时,应仔细保护止水带,以防被破坏。后施工的结构在灌注前,必须对止水带加以清洗。

2. 变形缝

变形缝是由于考虑结构不均匀受力和混凝土结构胀缩而设置的允许变形的缝隙,它是防水处理的难点,也是结构自防水中的关键环节。

变形缝缝宽为20~30 mm,防水材料可选用钢边橡胶止水带、双组分聚硫橡胶、四油两布双组分聚氨酯、聚苯板、EVA(ethylene-vinyl acetate copolymer,乙烯-醋酸乙烯共聚物)防水砂浆等。结构中间埋入钢边橡胶止水带,止水带两侧分别用聚苯乙烯泡沫板填充。

具体操作方法:用特制钢筋箍夹紧钢边橡胶止水带,使其准确居中,在封口处开宽90 mm、深35 mm的槽,槽体与缝交接处放双组分聚硫橡胶,其余部分填聚苯板。在嵌双组分聚硫橡胶前,将缝两边基面的表面松动物及浮碴等凿除,清扫干净并用砂浆找平,使其与变形缝两侧黏结牢固。槽体的槽帮涂四油两布双组分聚氨酯,槽体填充EVA防水砂浆。

3. 变形缝、施工缝的质量保证措施

(1)保证施工缝粘贴止水条处混凝土面光滑、平整、干净,施工缝凿毛时不被破坏。

(2)止水条的安装确保密贴、牢固,混凝土浇筑前无膨胀失效,使用氯丁胶粘贴并加钢钉固定,接头用氯丁胶斜面粘贴紧密。

(3)止水带的安装确保居中、平顺、牢固、无裂口脱胶,并在浇筑混凝土的过程中注意随时检查,防止止水带移位、卷曲。塑料止水带接头采取焊接。

(4)各种贯通的施工缝、变形缝的止水条、止水带的安装确保形成全封闭的防水网。

(5)浇筑混凝土前,先将混凝土基面充分凿毛并清洗干净。采用手工凿毛时,对施工缝的清洗必须彻底,必要时还要用钢刷刷干净。

(6)混凝土浇筑时,确保新旧混凝土结合良好,使混凝土结合处有20～30 mm厚的水泥砂浆。水平施工缝可先铺设20～30 mm厚的与混凝土等强度的防水砂浆。

7.6 隧道辅助施工技术

7.6.1 通风与除尘

1. 施工通风方式

施工通风方式应根据隧道的长度、掘进坑道的断面大小、施工方法和设备条件等诸多因素来确定。在施工中,有自然通风和机械通风两类,其中自然通风是

利用洞室内外的温差或高差来实现通风的一种方式,一般仅限于短直隧道,且受洞外气候条件的影响极大,因而完全依赖于自然通风的情况是较少的,绝大多数隧道均应采用机械通风。

机械通风按照通风类型、通风机安装位置的不同,可分为风管式、巷道式两大类。而风管式根据隧道内空气流向的不同,又可分为压入式、吸出式和混合式三种。

1)风管式通风

此种通风形式的风流经由管道输送,可分为以下三种形式:

(1)压入式通风。这种通风方式的特点为:风机将洞外新鲜空气通过风管压送到工作面,而工作面的污浊空气沿巷道排到洞外,以达到通风的目的。这种通风方式若采用大功率、大管径风机,其适用范围较广。

(2)吸出式通风。这种通风方式的特点为:风机将工作面的污浊空气吸入风管而排到洞外,巷道内空气新鲜而工作面附近空气污浊;风机离工作面距离较近时,易被爆破飞起的石块砸坏。这种通风方式一般不宜单独使用,常与压入式风机配合组成混合式通风。

(3)混合式通风。这种通风方式的特点为:设置两套风机与风管,一套吸出式,将洞内污浊空气排到洞外;另一套压入式,向工作面输送新鲜空气。既保持了前述两种通风方式的优点,又避免了它们的不足,因此是施工现场常采用的通风方式。但管路、风机等设施增多,在管径较小时可采用,若有大管径、大功率风机时,其经济性不如压入式。

采用混合式通风必须注意的技术要求如下:

①压入和吸出两台风机必须同时启动;

②吸出风机的通风能力应比压入风机的通风能力大20%～30%;

③吸出风机和压入风机的位置布置最少要交错30 m,以免在洞内形成短循环风流;

④压入风机的风管端部与工作面间的距离应在风流有效射程之内,一般为15～20 m。

2)巷道式通风

巷道式通风是利用隧道本身(包括成洞、导坑及扩大地段)和辅助坑道(如平行导坑)组成主风流和局部风流两个系统互相配合而达到通风的目的。现以设有平行导坑的隧道为例说明,如图7.1所示。

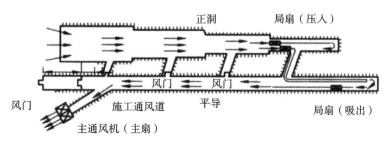

图7.1　巷道式通风(单位:m)

(1)主风流循环系统。

利用平行导坑与正洞的横向联络通道作为风道,在平行导坑口侧面的风道口处设置主风机(主扇),通风时把平行导坑口设置的两道挡风门关闭。当主扇向外吸风时,平行导坑内空气产生负压,正洞外面新鲜空气即通过正洞向洞内补充,污浊空气经由最前端横通道进入平行导坑,再经施工通风道排到洞外,从而形成以坑道为通风道的主风流循环系统,使主风流范围内的污浊空气很快被排到洞外。

挡风门是巷道式通风的关键之一,必须做到:

①平行导坑口设置两道挡风门,其间距为1.2~1.5倍出碴列车长度,一般为60~80 m。

设置两道挡风门,是为了保证当列车通过平行导坑口时,始终有一道挡风门处于关闭状态,而不出现风流短路。

②不做运输的横通道应及时关闭,以减少风流损失。

③挡风门应做到顺风关、逆风开,要做到严密不漏风,并应派专人看守和维修。

(2)局部风流循环系统。

正洞及平行导坑开挖作业区,必须配置风扇,以形成局部风流循环系统。正洞开挖作业区布置一台压入式风机,压入新鲜空气,工作处的污浊气体即随主风流系统经横通道、平行导坑排到洞外。为了提高平行导坑开挖作业区的通风效果,可布置成以吸出式为主、压入式为辅的混合式通风。主风流中部分新鲜空气由压入式风机压送到平行导坑工作面,而污浊气体则由吸出式风机吸出到平行导坑中排到洞外。

2.通风机的安装与使用要求

(1)主风机安装必须满足通风设计的要求,洞内辅助风机安装在新鲜风流中;对于压入式通风,主风机架设在距洞口大于30 m且有一定高度的高架上。

(2)主风机保持正常运转,如需间歇时,因停止供风而受影响的工作面必须停止工作。

(3)通风机前后5 m范围内不得堆放杂物,通风机进气口应设置铁箅,并装保险装置,当发生故障时能自动停机。

(4)通风机应有适当的备用数量。

(5)当巷道内的风速小于通风要求的最小风速时,可布设射流风机来卷吸升压,以提高风速。

3.通风管理

隧道施工通风要取得良好的效果,除合理选择通风设备外,还必须加强通风管理,并要求做到以下几点:

(1)定期测试通风量、风速、风压,检查通风设备的供风能力和动力消耗;

(2)发现风管、风门、封闭的通道等处漏风时,必须立即堵塞;

(3)通风巷道中,避免停放闲置的车辆、堆积料具和废渣;

(4)采用平行导坑做通风巷道时,除最外一个横通道外,其余均应设置风门,在通风时及时关闭风门。

4.防尘

在隧道施工中,由于钻眼、爆破、装碴、喷射混凝土等,在洞内浮游着大量的粉尘,这些粉尘对施工人员的身体健康危害极大。特别是粒径小于10 μm的粉尘,极易被人吸入,或沉附于支气管中,或吸入肺泡,隧道施工人员常见的硅肺病就是因此而形成的。此病极难治愈,病情严重发展会使人肺功能完全丧失而死亡。因而,防尘工作是十分重要的。

目前,在隧道施工中采取的防尘措施是综合性的,通常为湿式凿岩、机械通风、喷雾洒水和个人防护相结合,综合防尘。

1)湿式凿岩

湿式凿岩,就是在钻眼过程中利用高压水湿润粉尘,使其随水流流出炮眼,以防止岩粉的飞扬。根据现场测定,这种方法可降低粉尘量80%。目前,我国生产并使用的各类风钻都有给水装置,使用方便。

缺水、易冻害或岩石不适于湿式钻眼的地区,可采用干式凿岩孔口捕尘,其效果也较好。

2)机械通风

施工通风可以降低隧道内的有害气体浓度,给施工人员提供足够的新鲜空气,同时也是防尘的基本方法。因此,除爆破后需要通风外,还应保持通风的经常性,这对于消除装碴运输中产生的粉尘是十分必要的。

3)喷雾洒水

喷雾一般是爆破时实施的,主要是防止爆破中产生的粉尘过大。喷雾器分两大类:一类是风水喷雾器;另一类是单一水力作用喷雾器。前者是利用高压风将流入喷雾器中的水吹散而形成雾粒,更适合于爆破作业时使用。后者则无须高压风,只需一定的水压即可喷雾,此类喷雾器便于安装、使用方便,可安装于装碴机上,故适合于装碴作业时使用。

洒水是降低粉尘浓度的简单而有效的措施,即使在通风较好的情况下,洒水降尘仍有必要。因为单纯加强通风,还会吹干湿润的粉尘而使粉尘重新飞扬。对碴堆洒水必须分层洒透,一般每吨岩石洒水的耗水量为10~20 L;如果岩石湿度较大,水量可适当减少。

4)个人防护

对于防尘而言,个人防护主要是指佩戴防护口罩,在凿岩、喷射混凝土等作业时还要佩戴防噪声的耳塞及防护眼镜等。

7.6.2 供水与排水

施工中的供水和排水是同施工安全密切相关的。坑道内出现地下水会软化围岩,引起落石坍方;坑道底部积水不及时排除,则有碍钻眼、爆破、清底和铺道;坑道顶部淋水对工人健康不利;水量过大时甚至会淹没工作面,迫使工作停顿,这是水对施工不利的一面。但是,坑道内凿岩、喷雾洒水、灌注衬砌、机械运转和施工人员日常生活等都离不开水。因此,隧道工程既要有供水设施,又要有排水措施,方能确保施工安全顺利进行。

1. 施工供水

1) 水质要求

凡无臭味、不含有害矿物质的洁净天然水,都可以做施工用水;饮用水的水质则要求更为新鲜清洁。无论是生活用水还是施工用水,均应做好水质化验工作。

2) 用水量估算

用水量与隧道工程的规模、施工进度、施工人员数量、机械化程度等条件有关,变化幅度较大,一般可参照表7.1来估算1 d的用水量,再加一定的储备量。

表7.1　1 d的用水量

用水项目	单位	耗水量	说明
手持式凿岩机	t/(台·h)	0.20	
喷雾洒水	t/min	0.03	每次爆破后喷雾30 min
灌注衬砌	t/h	1.50	包括混凝土养护及洗石
机械运转	t/(台·h)	5.00	循环冷却
浴池	t/次	15.0	
生活	t/人	0.02	

3) 供水方式

供水方式主要根据水源情况而定。选择水源时,应根据当地季节变化,要求有充足的水量,保证不间断供水。通常应尽量利用自流水源,以减少抽水机械设备。一般是把山上流水或泉水、河水或地下水(打井)用水管或抽水机引或扬升到位于山顶的蓄水池中,然后利用地形高差形成水压,通过管路送达使用地点。

蓄水池形式一般为开口式,水池容量根据最大计算用水量、水源及抽水机等情况而定,还应考虑备用水量。根据经验可按1 d用水量的1/2~2/3来修建。

蓄水池位置应选择在基底坚固的山坡上,避开隧道洞顶,以防水池下沉开裂后漏水渗入隧道,造成山体滑动或洞内坍方。

4) 供水管道布置

(1)管道敷设要求平顺、短直且弯头少,干路管径尽可能一致,接头严密不漏水。

(2)管道沿山顺坡敷设悬空跨距大时,应根据计算来设立支柱承托,支撑点与水管之间加木垫;严寒地区应采用埋置或包扎等防冻措施,以防水管冻裂。

(3)水池的输出管应设总闸阀,干路管道每隔300~500 m应安装闸阀一个,以便维修和控制管道。管道闸阀布置还应考虑一旦发生管道故障(如断管)能够暂时由水池或水泵房供水的布置方案。

(4)给水管道应安设在供电线路的异侧,不应妨碍运输和行人,并设专人负责检查养护(可与压风管道共同组织一个维修、养护工班)。

(5)管道前端至开挖面,一般保持的距离为30 m,用直径50 mm的高压软管接分水器,中间预留的异径三通,至其他工作面供水使用软管(ϕ13 mm)连接,其长度不宜超过50 m。

(6)如利用高山水池,其自然压头超过所需水压时,应进行减压。一般是在管路中段设中间水池做过渡站,也可直接利用减压阀来降低管道中水流的压力。

2. 施工排水

施工期间的排水包括洞外排水和洞内排水两部分。

1)洞外排水

施工期间的洞外排水,主要是做好洞口的防洪和排水措施,防止雨季到来时山洪或地面水倒流入洞,对于斜井、竖井尤应多加注意。其次是将与地下水有补给关系的洼地、沟缝用黏土回填密实,并施作截水沟截流导排。

2)洞内排水

洞内水主要来源于地下水和施工用水。对于有污染性的施工用水,还应按环境保护要求经净化处理后方能排入河流。洞内排水方式应根据线路坡度大小和水量大小而定,按隧道开挖方向和线路坡度情况可分为两种:顺坡施工排水和反坡施工排水。

(1)顺坡施工排水。

沿上坡进行隧道开挖时,随着隧道延伸,在一侧(或两侧)开挖排水沟,使水顺坡自然排到洞外。

(2)反坡施工排水。

沿下坡进行隧道开挖时,水会向工作面汇集,需借用机械将地下水排到洞外,斜井开挖也属于此类。

7.6.3 供风与供电

1. 隧道供风施工

隧道施工中应用大量种类众多的风动机具,诸如凿岩机、混凝土压送器、混凝土喷射机、压浆机、锻钎机等,无不以压缩空气为动力,需要大量的压缩空气的供应。这些压缩空气由空气压缩机(简称空压机)生产,并通过高压风管输送给风动机具。

空压机分为电动和内燃两种,一般短隧道多采用移动式内燃型,而长隧道则采用大型固定式电动型。空压机集中在洞口的空压机站工作,用高压风管向风动机具输送压缩空气。

每座空压机站的生产能力,按其所服务的风动机具同时工作耗风总量,加上管路漏风量和一定的储备量而定。

1) 风量与风压

空压机站的设备能力应能满足同时工作的各种风动机具的最大耗风量。国产空压机排气压力一般为 0.7~0.8 MPa,经过管道的压力损失,要求到达最前面的工作面风压不小于 0.5 MPa。确定风管管径时,可根据计算的总耗风量和允许的最大压力损失,按有关施工手册查表,一般不需精确计算。即首先根据总耗风量与管路总长查表选用钢管直径,至于管路中的变径管、弯头、阀门、三通等,均可查表折合为直线长度而并入管路总长,再由总耗风量与钢管直径或胶管直径便可查表得出风压损失。如此反复查选调整,便可得出能保证工作面风压的合理管路与管径。

2) 高压风管安装

(1) 高压风管应敷设平顺,接头严密且不漏风。

(2) 在空气压缩机站和水池总输出管上必须设总闸阀;主管上每隔 300~500 m 应分装闸阀。高压风管长度大于 1000 m 时,应在管路最低处设置油水分离器,定时放出管中的积油和水。

(3) 洞内高压风管应敷设在电缆电线相对的一侧,风管的前端至开挖面距离宜保持 30 m,并用分风器连接高压软风管。当采用导坑或台阶法开挖时,软风管的使用长度不宜大于 50 m。

(4)高压风管在安装前应进行检查,有裂纹、创伤、凹陷等现象时不得使用,管内不得有残余物和其他脏物。

(5)高压风管使用中应有专人负责检查、养护。

2. 隧道供电施工

隧道施工离不开用电。洞内必须有充足照明,洞外有大量电动机械和设备。

隧道供电一般是通过变电所将6～35 kV的系统电压降到三相四线400/230 V的动力和成洞地段照明电压,然后在工作地段降为36 V、32 V、24 V、12 V四个等级的照明电压。动力设备采用三相380 V,照明电压作业地段不得大于36 V,成洞和不作业地段可用220 V。

对于长隧道,低压长距离输电的压降太大,往往需用6～10 kV的高压电引入洞内,在洞内适当地点设置变电站,将电压降到400/230 V,然后再在工作地段用携带式照明变压器降到24 V或36 V。

变压器容量应按电气设备总用电量确定。当单台电动设备容量超过变压器容量的1/3时,应适当考虑增加启动附加容量。

洞外变电站宜设在洞口附近,并应靠近负荷集中地点和设在电源来线一侧。变电站电源来线如跨越施工地区,电线距人行道和运输线路的最小高度:35 kV为7.5 m;6～10 kV为6.5 m;400 V为6 m。

洞内照明和动力线路安装在同一侧时(风水管路相对一侧),必须分层架设,电线悬挂高度距人行地面,400 V以下不小于2 m,6～10 kV不小于3.5 m。高压在上,低压在下;动力线在上,照明线在下;干线在上,支线在下。禁止在动力线上加挂照明设施。

工作地段的动力线都应用橡套电缆,以确保安全。当施工地段没有高压电时,一般采用自主发电解决。

参 考 文 献

[1] 包萨拉,温春杰.公路勘测设计[M].北京:北京理工大学出版社,2019.

[2] 鲍学员,马延安,沈建成.桥梁工程[M].银川:宁夏人民出版社,2014.

[3] 程国柱,李英涛.道路线形设计[M].北京:知识产权出版社,2014.

[4] 丰柱林.关于城市道路立体交叉设计的思考[J].工程建设与设计,2022(15):110-112.

[5] 冯少杰,高辉,孙成银.公路桥梁隧道施工与工程管理[M].长春:吉林科学技术出版社,2021.

[6] 关凤林,薛峰,黄啓富.公路桥梁与隧道工程[M].长春:吉林科学技术出版社,2019.

[7] 过秀成.城市交通规划[M].2版.南京:东南大学出版社,2017.

[8] 霍丽红.公路路线设计原则及注意要点[J].工程建设与设计,2017(14):98-99.

[9] 蒋雅君.隧道工程[M].北京:机械工业出版社,2021.

[10] 中华人民共和国交通运输部.公路隧道设计规范 第一册 土建工程:JTG 3370.1—2018[S].北京:人民交通出版社,2018.

[11] 交通运输部公路局,中交第一公路勘察设计研究院有限公司.公路工程技术标准:JTG B01—2014[S].北京:人民交通出版社,2014.

[12] 交通运输部公路科学研究院.公路水泥混凝土路面施工技术细则:JTG/T F30—2014[S].北京:人民交通出版社,2014.

[13] 李海贤,杨兴志,赵永钢.公路工程施工与项目管理[M].长春:吉林科学技术出版社,2021.

[14] 李进贵.公路隧道端墙式洞门辅助设计研究[D].西安:长安大学,2013.

[15] 李亚东.桥梁工程概论[M].4版.成都:西南交通大学出版社,2020.

[16] 李燕.公路勘测设计[M].北京:北京理工大学出版社,2020.

[17] 梁波.隧道工程[M].重庆:重庆大学出版社,2015.

参 考 文 献

[18] 刘富强.公路隧道设计与施工技术探究[J].工程建设与设计,2017(7):96-98.

[19] 刘勇.公路隧道施工中的防排水施工技术[J].工程建设与设计,2022(11):179-181.

[20] 罗春德,尹雪云,李文兴.公路桥梁工程施工技术与养护管理[M].长春:吉林科学技术出版社,2022.

[21] 罗国富,宋阳,刘爱萍.公路工程施工与管理[M].长春:吉林科学技术出版社,2022.

[22] 秦峰,程崇国.公路隧道土建结构养护[M].北京:人民交通出版社,2019.

[23] 全国水泥标准化技术委员会.道路硅酸盐水泥:GB/T 13693—2017[S].北京:中国标准出版社,2017.

[24] 申建,慕平.桥梁工程技术[M].北京:北京理工大学出版社,2019.

[25] 史建峰,陆总兵,李诚.公路工程与项目管理[M].北京:九州出版社,2018.

[26] 孙宏伟,曹志军,张永福.隧道工程[M].成都:西南交通大学出版社,2021.

[27] 孙永军,林学礼,曲明.公路桥梁工程与施工管理[M].长春:吉林科学技术出版社,2021.

[28] 覃仁辉,王成.隧道工程[M].3版.重庆:重庆大学出版社,2011.

[29] 王道远.隧道施工技术[M].2版.北京:中国水利水电出版社,2020.

[30] 王海彦,骆宪龙,付迎春.隧道工程[M].成都:西南交通大学出版社,2016.

[31] 吴大勇,赵战丰,王栋.公路隧道施工与安全技术研究[M].北京:北京工业大学出版社,2022.

[32] 熊建军,胡森东,陈永祥.隧道工程建设与路桥设计[M].哈尔滨:黑龙江科学技术出版社,2022.

[33] 杨光耀,杨新,郑胜利.公路桥梁施工与维修养护研究[M].长春:吉林科学技术出版社,2022.

[34] 杨剑,黄天立,李玲瑶,等.桥梁建造与维养[M].北京:中国铁道出版社,2023.

[35] 袁志平.公路隧道洞口工程施工技术分析[J].工程建设与设计,2017(2):125-126.

[36] 张磊,周裔聪,林培进.公路桥梁施工与项目管理研究[M].延吉:延边大学

出版社,2022.

[37] 张义海.公路勘测设计[M].北京:北京理工大学出版社,2021.

[38] 中华人民共和国交通运输部.公路路线设计规范:JTG D20—2017[S].北京:人民交通出版社,2017.

[39] 中华人民共和国住房和城乡建设部.城市道路工程设计规范:CJJ 37—2012[S].北京:中国建筑工业出版社,2012.

[40] 中交公路规划设计院有限公司.公路水泥混凝土路面设计规范:JTG D40—2011[S].北京:人民交通出版社,2011.

后 记

公路桥梁隧道建设作为现代化建设中的重要组成部分,关系着城市的发展。完善基础设计并提升施工技术水平,有助于强化公路桥梁隧道建设的质量控制,从而最大化地发挥其使用功能。

鉴于我国各个地区施工现场情况的不同,为做好公路桥梁隧道施工工作,要求施工单位必须在做好基础设计工作的同时,秉持实事求是的原则,合理选择现代化施工技术,高效推动公路桥梁隧道基础施工工作,这是支撑我国公路桥梁隧道施工行业可持续目标尽快实现的重要保证。

公路桥梁隧道不仅承担着交通运输的重要功能,同时也在一定程度上彰显国家的经济实力。在公路桥梁隧道基础设计与施工过程中,在保证安全环保的基础上,要重视技术创新,开展精细化施工,以确保公路桥梁隧道建设质量符合相关要求,促进公路桥梁隧道建设事业的稳定健康发展。